明清史评论

第二辑

复旦大学历史学系　编

张海英　本辑执行主编

中华书局

图书在版编目（CIP）数据

明清史评论.第二辑/复旦大学历史学系编;张海英执行主编.
—北京:中华书局,2019.12
ISBN 978-7-101-14463-5

Ⅰ.明… Ⅱ.①复…②张… Ⅲ.中国历史–研究–明清时代
Ⅳ.K248.07

中国版本图书馆 CIP 数据核字（2020）第 044439 号

书　　名	明清史评论(第二辑)
编　　者	复旦大学历史学系
执行主编	张海英
责任编辑	黄飞立
出版发行	中华书局
	（北京市丰台区太平桥西里38号　100073）
	http://www.zhbc.com.cn
	E-mail:zhbc@zhbc.com.cn
印　　刷	北京市白帆印务有限公司
版　　次	2019 年 12 月北京第 1 版
	2019 年 12 月北京第 1 次印刷
规　　格	开本/710×1000 毫米　1/16
	印张 20¼　插页 2　字数 250 千字
印　　数	1-900 册
国际书号	ISBN 978-7-101-14463-5
定　　价	78.00 元

《明清史评论》
学术委员会和编辑委员会

目　录

江南研究专栏

李伯重　"壶里乾坤大"
　　　　——江南史研究长盛不衰的原因初探……………………… 001

陈　江　明代江南文人画家笔下的日常生活与精神世界……… 017

任　放　乡镇志所见明清以降上海法华地区的经济实态……… 039

唐永余　明代九峰三泖图画考
　　　　——以璩之璞《峰泖奇观卷》为重点………………… 094

黄敬斌　曲圣的塑造
　　　　——晚明清初魏良辅文化形象的构建………………… 110

范金民　乾隆帝首次南巡地方备办迎驾事务实录
　　　　——黄印《乾隆南巡秘记》解读…………………… 141

张海英　清代江南地区的乡约……………………………………… 169

叶　舟　流杯宴集
　　　　——清代江南的文人雅集…………………………… 186

李春博　《耆年谦集诗》与康熙中期江南文人的诗文雅集……… 213

尹玲玲　论民国二十五年的岱山盐户渔民暴动案……………… 234

专题论文

刘永华　"其板不许资与外人刷印"
　　　　——晚清闽西四保的书板流通与社会关系………… 253

博论撷英

郭墨寒　《近代日本编纂中国地志研究》概要 …………………… 277

林秋云　行业变革中的男伶群体与清代都市社会
　　　　——《戏曲行业的变革与边缘身份的演化：清代京沪
　　　　男伶群体研究》简介 ……………………………… 284

学术动态

钟无末　上海博物馆"熠熠千年——中国货币史中的白银"展简介
　　　　………………………………………………………… 290

夏蓓蓓　"丹青宝筏——董其昌书画艺术大展"回顾 ………… 302

《明清史评论》征稿启事 ………………………………………… 317

"壶里乾坤大"

——江南史研究长盛不衰的原因初探

李伯重

（北京大学历史学系）

摘要： 江南史研究是中国区域史研究中历史最悠久、成果最丰富的领域。为什么江南史长盛不衰、具有持久的生命力呢？我认为是因为江南史研究很好地具备了史学研究的三大基本要素：问题意识、史料和方法。史学研究必须具备这三个要素（至少其中两项）才能够进行。要了解江南史研究何以经久不衰的原因，就要从这三个方面进行讨论。由于问题意识、史料和方法都在不断变化，因此江南史研究也在不断变化，在不断出现的新的问题意识、史料和方法的推动下，江南史研究也得以不断推陈出新，继长增高，踵事增华。江南史研究为史学创新提供了一个广阔的天地，因此江南史研究不仅得以长盛不衰，而且将前途无量。正因如此，江南这个面积不到全国面积1%的狭小地域，可以成为史家大展身手的广阔天地，从这个意义上来说，江南史研究确实是"壶里乾坤大"。

关键词： 江南　区域史　明清

如果从我第一本历史作品的写作算起[1]，我从事江南史研究已有四十多年了，因此可以说不仅是见证了，而且是亲历了江南史研究在这四十多年中走过的历程。虽然我在江南史研究中注入大半辈子的精力，但从未感到江南史已经被研究得差不多了，没有很大空间可以发展了。这个感觉并非我一人独有，而是众多同仁的共同体会，因为四十多年来整个江南史研究领域的变化已经充分证明了，江南史并未如一些过去曾经"大红大紫""风光无限"的研究领域一样，随着史学研究的发展而走向衰落，相反久而弥盛。为什么会如此？本文即对此进行探讨。

一、长盛不衰的江南史研究

江南史研究是中国区域史研究中历史最悠久、成果最丰富的领域。在1980年代以前的海内外史坛上，江南史研究可谓一枝独秀。20世纪国际学坛中关于中国史研究中的诸多重要见解[2]，都是以江南史研究为基础提出的。在20世纪60、70年代，国内的江南史研究同整个历史学科一样，受到严重挫折，乃至停顿。改革开放以后，我国区域史研究勃兴，特别是以"华南学派"为代表的华南区域史研究发展迅速，成就尤大，成为"显学"。不过，江南史研究虽然不复独领风骚，但依然盛况不衰。仅就江南史研究中的明清江南史研究一个领域而言，即可清楚地看到这种情况。2008年华东师范大学思勉人文高等研究院江南学研

---

① 《北宋方腊起义》，云南人民出版社，1975年，与延之合著（本人署名使用笔名千里）。
② 例如"中国停滞"论及其变种"高水平平衡机制"论与"过密化"论、"唐宋变革"论、"冲击—回应"论、"近代早期中国"论、"资本主义萌芽"论、"市民社会"论、"乡绅与乡村自治"论，等等。

究中心主办的"明清江南史研究视域与方法回顾"学术研讨会总结说：
"自上世纪80年代始，明清江南史研究复兴，几与改革开放三十年同
步。经过三四代学者的努力，明清江南研究成为国内区域史研究中的显
学，积淀厚重，颇具规模，海内外有重大影响。"事实确实如此。在改
革开放以来的四十余年中，关于江南史研究的成果丰硕[①]，关于江南史
的学术会议也频繁召开[②]，并有《江南社会历史评论》[③]等专业学术期
刊出版。在一些大学里，江南史也成为青年学子感兴趣的领域，因此有
关于江南史的研究生学术入门手册[④]刊出。

在中国大陆之外，江南史研究也出现了新的局面。日本一向是海
外江南史研究的重镇。根据清水浩一郎的总结，日本的江南史研究在
1980年代获得了突破性的进展。第二次世界大战后的日本历史学曾
经有过依据以"阶级斗争"等为代表的特定历史观来设定研究对象的
情况，这种僵化的、从既有结论出发的研究难免会出现漏洞，于是从
1980年代以后，出现了以江南等地域为对象、尝试脱离战后历史学桎
梏的研究方法。这些方法意在分析中国特定地域的社会形态，吸引了多
数研究者的注意。如同战后的历史学史观在1980年代以后被地域社会
史取代一般，随着日本的中国史研究者对江南这一地域看法的改变，江

---

① 仅就明清江南史研究而言，1980年—2010年的主要成果，见王家范主编：《明清江南
史研究三十年》，上海古籍出版社，2010年。
② 仅上海地区三所高校和上海社会科学院最近几年来举办的江南史学术会议，就有复
旦大学主办的"江南灾害与社会变迁"学术研讨会、"明清以来江南城市的发展与文
化交流"国际学术研讨会、"明清江南与近代上海"国际学术讨论会；上海师范大学
主办的"江南社会史国际学术论坛"；华东师范大学主办的"全球视野下的江南史研
究"国际学术研讨会、"明清以来江南社会文化史"国际学术研讨会；上海社科院
主办的"多学科视野下的江南史研究展望"学术研讨会、"博物与图像视野下的江南
史"学术研讨会等。其中上海师范大学主办的"江南社会史国际学术论坛"（年会）
已连续举办多年。
③ 上海师范大学主办，2009年创刊，迄今已出版10辑。
④ 范金民：《江南社会经济史研究入门》，复旦大学出版社，2012年。

南地域史研究也在改变。目前，由于受到全球化的强烈影响，单纯细致观察某一地域状况的做法已经难以得出有意义的结论。可以说，对某一地域的研究已经成了东亚史等更大研究范畴的一部分。[①]

在改革开放以来的四十余年中，江南史研究从先前社会经济史一枝独秀的格局，走向更为广阔的天地。除了江南社会经济史继续发展外，江南文化史、文学史、思想史、艺术史、城市史、乡村史、自然地理史、生态环境史、人口史、政治史、中外关系史、民间社会史、宗教与民间信仰史等，都蓬勃兴起，成为新兴领域。与此同时，江南史研究中不仅新研究课题不断出现，就是一些原有的问题也不断被提出并展开讨论，甚至连像"何为江南"这样一个最基本的问题，在过去四十余年中也一直争论不断。[②]这种争论是在不同学科背景、不同观察视角之下，江南史研究进一步深入的体现。

为什么江南史研究长盛不衰，具有持久的生命力呢？我认为，是因为江南史研究很好地具备了史学研究的三大基本要素：问题意识、史料和方法。史学研究必须具备这三个要素（至少其中两项）才能够进行。要了解江南史研究经久不衰的原因，就要从这三个方面进行讨论。下面，先从问题意识开始。

---

① 清水浩一郎：《日本江南史研究管窥——以20世纪80年代以后的研究为中心》，《浙江大学学报》（人文社会科学版）2016年第2期。

② 多位学者都提出了自己对"江南地区"的看法。冯贤亮在《明清江南地区的环境变动与社会控制》（上海人民出版社，2002年）的"绪论"中，对2002年以前主要是社会经济史学者的看法作了综述。除此之外，不少其他领域的学者也提出了不同的看法，主要有周振鹤《释江南》（《中华文史论丛》第49辑，上海古籍出版社，1992年）和《江南是沿革》（《中国国家地理》2007年第3期），景遐东《唐前江南概念的演变与江南文化的形成》（《沙洲师范高等专科学校学报》2008年第1期和《中国国家地理》2007年第3期"江南专辑"），高逸凡、范金民《区域历史研究中的太湖流域："江南"还是"浙西"》（《安徽史学》2014年第4期）和《明代官方文书中的"江南"》（《江苏社会科学》2017年第2期），杨念群《何处是"江南"？——清朝正统观的确立与士林精神世界的变异》（生活·读书·新知三联书店，2010年）。

二、问 题 意 识

今天我们的史学研究是科学的研究，而科学的研究方法就是波普尔（Karl Popper）所提出"社会学的技术方法"。他说："应当把科学设想为从问题到问题的不断进步——从问题到愈来愈深刻的问题。"①他强调了三个重要的方面：第一，"科学只能从问题开始"。科学发现从问题出发，科学的创新源自提出新的问题。第二，产生原创性理论的问题有着特定的环境，也就是所谓的"问题情境"。问题以及与之有关的猜测和假设都可能具有普遍意义，但问题的出现或发现则要依赖于相对特定的情景。第三，问题的显现主要在于原有理论和客观现实的不吻合状态。任何理论都有它解决不了的问题，一旦这种问题被发现，就可能产生新的理论。②"科学在其发展中在任何时候都遇到问题。科学不能从观察开始，或不能从'资料的收集'开始，这是一些研究方法的学者们所主张的。在我们能够收集资料之前，我们对某类资料的兴趣必定已经产生了。这就是说，问题总是最先出现的。问题的提出又可以由于实践的需要或者由于科学的和前科学的信念（因某种缘故）而有修改必要之故。科学的问题总是因为人们需要某种解释而被提出来。"③克莱斯维尔（John W. Creswell）也指出："研究是一个用来收集和分析信息的多

① ［英］卡尔·波普尔：《猜想与反驳——科学知识的增长》，转引自王晓林：《证伪之维——重读波普尔》，四川人民出版社，1998年，第62页。

② "Karl Popper", in *Stanford Encyclopedia of Philosophy*, First published Thu Nov 13, 1997; substantive revision Tue Aug 7, 2018, available at https：//plato.stanford.edu/entries/popper.并参阅秦亚青：《国际关系理论的核心问题与中国学派的生成》，《中国社会科学》2005年第3期。

③ ［英］卡尔·波普尔著，杜汝楫、邱仁宗译：《历史决定论的贫困》，上海人民出版社，2009年，第96页。

步骤组成的过程，目的是增进我们对于一个问题的了解。这个过程包括三个步骤：提出问题，收集资料，然后提出对这个问题的回答。"①简言之，科学研究就是从问题开始，提出理论和假设，通过批判检验和消除错误，最终得到正确的结果。

进行史学研究，情况也是如此。费布里（Lucien Febvre）说："提出一个问题，确切地说来是所有史学研究的开端和终结。没有问题，便没有史学。"②德罗伊森（Johann Gustave Droysen）也说："有一定的历史问题，才可能开始寻找遗迹、纪念物及文献资料；也就是说：找答案。"③刘子健（James Liu）则说："余英时说'史无定法'，研究历史的题材不同，自然没有一成不变的方法，所以更妥帖地说应当是'史采佳法'，因题制宜。再更大胆地说是'因问求法'，如同科学家做实验一样不断尝试终可能走出一条路来。或许有人怀疑应当先有方法再寻问题。这不对，应先有问题意识，再去尝试并强调'学问'的'问'。"④从问题开始，就是所谓"问题意识"。大致而言，问题意识就是发现问题、界定问题、综合问题的能力。

然而，问题意识从何而来？不同学者由于学术关注点不同，所提出的问题也不同。但总的来看，每个时代的学者的关注点都有其特点，与其他时代的学者的关注点有很大不同。一个人的问题意识是由其所处的

---

① John W. Creswell, *Educational Research : Planning, conducting, and evaluating quantitative and qualitative research*（ 3rd ed.）, Upper Saddle River : Pearson, 2008.
② 姚蒙：《法国当代史学的主流——从年鉴派到新史学》，三联书店（香港），1988年，第47页。
③ ［德］德罗伊森著，胡昌智译：《历史知识理论》，北京大学出版社，2006年，第25页。
④ 刘子健：《史学的方法、技术与危机》，首刊于《新史学》第1卷第1期（创刊号），1990年3月，后收入康乐、彭明辉主编：《史学方法与历史解释》，中国大百科全书出版社，2005年，第120—133页。

时代和环境所决定的，这就是波普尔说的"问题情境"，即问题的出现（或发现）要依赖于相对特定的情景。西方学界也把这种情景称为舆论氛围（the climate of opinion）。一个时代的科学研究，必然受到其舆论氛围的影响，而且必须为社会所关心的问题提供有用与有意义的结果。这种舆论气候非常重要，因为学者不能逃脱其所生活的时代，因此时代决定了被提出的问题。[1]所以，科克斯（Robert Cox）将问题意识定义为：在特定历史时期对某些问题或事件的意识。[2]每个时代都会产生新问题，这些问题是该时代所特有的，是该时代人们所处的客观环境作用于主观的产物。正如一个人不可能用双手拉着自己的头发使身体脱离地面一样，没有人能够超越客观条件而提出与其所处时代完全无关的问题。史学家也是这样，因此每一代史学家都会面对他们的前辈所不曾面对的问题，从而产生他们自己的问题意识。因此，不同的时代有不同的问题意识。

在今天，中国和世界都处在一个史无前例的大变化时代，提出了无数的新问题。为了解决这些新问题，为了寻求新答案，我们需要从历史中汲取智慧。因此，带着对这些问题的关注去研究历史，我们就有了新的问题意识。

今天世界上最重大的变化之一是中国的崛起。[3]考虑到中国经济现代化的规模之大和速度之快，这当然可以说是世界历史上最大的经济奇

---

[1] Daniel R. Fusfeld, *The Age of the Economist*, Scott, Foresman Company, 1982, p.5. 他的这个看法虽然是在讲经济学时讲的，但我认为也适用于史学。

[2] Robert Cox, "Social Forces, States and World Order", in Robert Keohane（ed.），*Neorealism and Its Critics*, Columbia University Press, 1986, p.207.

[3] 被称为"金砖四国（BRICK）概念之父"的欧尼尔（Jim O'Neill）说："中国是我们这个世代最伟大的传奇故事。"欧尼尔：《高成长八国》，天下远见出版股份有限公司（台北），2012年，第123页。

迹。①而在中国内部，江南又是经济成长最迅速成功的地区，因此江南的经济表现可以说是"奇迹中的奇迹"。②

　　造就今日"江南奇迹"的因素当然很多，其中最重要者之一，是历史留给江南的现代经济成长的基础，即柏金斯所说的"经验与复杂的组织和制度的预先积累"（prior-accumulation of experience with complex organizations or institutions）。这种积累在19世纪中期西方到来之前已形成了坚实的基础，以后长期的战争、内战、动乱乃至激进的"左"倾政策，虽然严重地破坏了这个基础，但是未能彻底摧毁它。因为具备这个基础，所以到了改革开放（特别是1992年邓小平南行之后），这个地区便能一马当先，走在全国各地区之前。③由于江南在经济上的成功，江南史受到国内外学人的青睐是很自然的。这样的时代氛围也为江南史研究提出了各种各样的新问题，从而为研究者提供了新的问题意识，需要他们去寻找答案。

---

① 柏金斯（Dwight Perkins）指出："18世纪中期工业革命在英国发生，随后横扫欧洲其他部分（包括苏联阵营）和北美，用了250年的时间，才使这些地区实现工业化，提高了今天世界23%的人口的生活水平。而中国今天的经济发展倘若能够继续下去，将在四五十年内使得世界另外23%的人口生活在工业化世界中。"Dwight Perkins, *China : Asia's Next Economic Giant?*, University of Washington Press（Seattle），1986.

② 就人均国内生产总值而言，江南1978年为大约1 200美元，不到当年法国（9 424美元）的1/8或者英国（5 727美元）的1/5。然而到了2009年，江南的人均国内生产总值已上升到11 600美元（依照官方汇率计算），比1978年几乎增加了十倍。如果使用PPP方法计算2009年江南人均国内生产总值，得出的结果是为21 190美元，相当于当年英国（35 200美元）人均国内生产总值的60%，法国（32 800美元）的65%，而大大高于新近加入欧盟的匈牙利（18 600美元）和波兰（17 900美元），以及前世界超级大国俄罗斯（15 100美元）。以上参阅李伯重：《"江南经济奇迹"的历史基础——新视野中的近代早期江南经济》，《清华大学学报》（哲学社会科学版）2011年第2期；Li Bozhong, "The early modern economy of the Yangzi delta in a new perspective", *Social Sciences in China*（《中国社会科学》英文版），Vol. 36, no. 1（2015）.

③ 参阅前引李伯重文。

三、史   料

傅斯年有句名言:"史学便是史料学。"原因是"史学的对象是史料……史学的工作是整理史料,不是作艺术的建设,不是做疏通的事业,不是去扶持或推倒这个运动,或那个主义"。因此他说:"综之,近代史学,史料编辑之学也,虽工拙有异,同归则一,因史料供给之丰富,遂生批评之方式,此种方式非抽象而来,实由事实之经验。"[①]虽然他的这个论断可能不够全面,但史料的重要性是无可置疑的。因此,吴承明强调:"史料是史学的根本,绝对尊重史料,言必有证,论从史出,这是我国史学的优良传统。治史者必须从治史料开始,不治史料而径谈历史者,非史学家。由于史料并非史实,必须经过考据、整理,庶几接近史实,方能使用,因此史料学和考据学的方法可以说是历史学的基本方法。从乾嘉学派到兰克学派,中外史家都力图通过考证分析,弄清历史记载的真伪和可靠程度。"[②]余英时也指出:"史学论著必须论证(argument)和证据(evidence)兼而有之,此古今中外之所同。不过二者相较,证据显然占有史基本的地位。证据充分而论证不足,其结果可能是比较粗糙的史学;论证满纸而证据薄弱则并不能成其为史学。韦伯的历史社会学之所以有经久的影响,其原因之一是它十分尊重经验性的证据。甚至马克思本人也仍然力求将他的大理论建筑在历史的资料之上。韦、马两家终能进入西方史学的主流绝不是偶然的。"[③]

---

① 傅斯年:《历史语言研究所工作之旨趣》(1928年),收入《傅斯年全集》第4册,联经出版事业公司(台北),1980年,第253—266页。
② 吴承明:《中国的现代化:市场与社会》,生活・读书・新知三联书店,2002年,第362—363页。
③ 余英时:《关于韦伯、马克思与中国史研究的几点反省》,收于余英时:《文化评论与中国情怀》(第2版),允晨文化实业股份有限公司(台北),1990年。

史学研究要发展，就必须有充分的史料。江南自宋代以来，不仅在经济上，而且在文化上，都是中国最发达的地区，给我们留下了极为丰厚的文化遗产。这份遗产也包括自晚明以来不断输入的海外文化。因此可以说，相对于中国其他地区，江南史研究在史料方面可谓得天独厚。

具体而言，江南地区具有悠久的修志传统。与中国其他大部分地区修纂的地方志相比，江南地区所修之志不仅数量多，而且质量高。①传统江南社会的一个重要特点，是本地学者在地方事务中十分活跃，并且对地方经济活动颇感兴趣。因此之故，在他们的私人著述中，留下了大量的史料。此外，还有大量的碑刻、家谱等官私文献。就明清社会经济史而言，改革开放以后，一些学者就从各种地方文献中搜罗了大量的史料，编辑出版了若干具有重要价值的资料集。②作为中国近代经济发展的中心和中国对外开放程度最高的地区，江南（特别是上海）也拥有异常丰富的近代史资料。这些资料包括近代中外机构和人士在江南进行的实地调查，各种中外档案、报刊、文艺作品、私人文件、图像资料乃至文物古迹等，数量惊人。其中一些已经得到整理，并有学者对其中的史料进行专门的研究。③

这些资料由于数量庞大，收藏分散，收藏者情况不同，因此其中

---

① 例如仅就明清的苏、松两府而言，各种文献的数量就很大，参阅陆振岳：《苏州旧方志概述》，《苏州大学学报》1986年第4期；陈其弟：《苏州旧方志述略》，发布于http://blog.sina.com.cn/s/blog_4af00a4f01000akp.html；上海师范大学图书馆编：《上海方志资料考录》，上海书店出版社，1987年；许洪新：《上海旧方志述评》，发布于http://www.shtong.gov.cn/node2/node70393/node70403/node72542/node72638/userobject1ai82450.html。

② 仅在改革开放以后的头一二十年中，就出版了诸如洪焕椿编的《明清苏州农村经济资料》、徐新吾主编的《江南土布史》，以及江苏省博物馆编的《江苏省明清以来碑刻资料选集》、上海博物馆图书资料室编的《上海碑刻资料选辑》、苏州历史博物馆等合编的《明清苏州工商业碑刻集》等重要资料集。

③ 例如上海档案馆编的《上海档案史料研究》，自2006年至今已出版22辑。

的大部分，学者很难涉猎。即使是文字资料也是如此[1]，因此学者坐拥宝山而不自知或者不得入。到了今天，随着技术的进步，大量资料被数码化，建成各种各样的资料库[2]，使得这些资料可以被广大研究者使用，从而极大地扩大了研究的史料来源。这些新旧史料的发现、收集和整理，为江南史研究的发展奠定了坚实的基础。对于研究者而言，过去无法接触到的资料都可以说成是"新"的资料。这些"新"资料数量之多、内容之丰富，可以说是前所未有。因此在此意义上来说，今天的江南史研究者遇到了一场"资料革命"。

在这样的背景之下，江南史研究的蓬勃发展也就有了史料基础。

四、方　　法

吴承明指出："即使做到所用史料尽都正确无误，仍然不能保证就可得出正确的结论。"[3]这句话非常精辟，点明了史学研究的一个基本要素：要得出正确的结论，研究方法必须正确。

今天我们进行的史学研究是科学研究，而美国资源委员会对科学研

---

[1] 翦伯赞曾说："我们可以看出，中国文献学上的史料之丰富，正如一座无尽的矿山，其中蕴藏着不可以数计的宝物。这座'史料的矿山'，在过去，虽曾有不少的人开采过，但都是用的手工业方法，器械不利，发掘不深，因而没有触到史料之主要的矿脉。"（见翦伯赞：《史料与史学》，北京出版社，2005年，第21页）他这话是半个多世纪以前说的，那时的史料还局限于数量相对有限的传世文献，但情况已然如此。

[2] 例如，与江南史研究直接有关的数据库，已建成上海图书馆家谱古籍数据库、苏州图书馆馆藏古籍数据库以及宁波图书馆特色资源、中国地方历史文献数据库（上海交通大学馆藏地方文献数据库）、台湾辅仁大学南京教区契约文书数位典藏等。此外，近年来海内外建立的各种关于中国的电子资料库或数据库，也包含大量江南史研究资料。

[3] 吴承明：《中国经济史研究的方法论问题》，《中国经济史研究》1992年第1期。

究的定义是："科学研究工作是科学领域中的检索和应用，包括对已有知识的整理、统计以及对数据的搜集、编辑和分析研究工作。"①

现代史学是史学科学化的产物。这个科学化的开端是史料学的科学化。史学的科学化过程发轫于19世纪后期，经历了整个20世纪，至今仍然在进行。余英时对此作过一个总结："自十九世纪末以来，西方（英、美、法）史学主流便是要把它变成一种'科学'（即所谓'科学的史学'，Scientific History）。二十世纪西方史学的流派多不胜数，但其中最有势力的几乎都企图从不同的角度与层面把史学化为'科学'。……二十世纪初叶美国'新史学'继'科学史学'之后，其目的仍然是为了扩大史学的'科学化'，不过不是直接与自然科学接轨，而是与社会科学合流，而社会科学当然奉自然科学为最高的知识典范。这一潮流在美继长增高，至五十、六十年代而登峰造极。"②在中国，20世纪初兴起的"新史学"运动，就是在西方的史学科学化浪潮的激荡之下出现的。③梁启超1903年发表了著名的长文《新史学》，倡言"史界革命"，号召创立新史学。虽然后人对"什么是新史学"的看法颇有歧异④，但梁氏自己说得很清楚：这种新史学的主要特征就是必须获得

① 转引自 http://www.wm23.com/wiki/152278.htm；http://baike.baidu.com/link?url=OkB ypBFcpRKuiCGF2hrjLfijq9QAPgpjMVTmGXoCY-07k-u7rE_uHIGGtuPqq8Uedm2eE5 Wb3Kho0WoAFrScAa。

② 余英时：《两种文化的百年思索》，转载于北京师范大学出版社豆瓣网站 https：//site. douban.com/114617/widget/notes/16362530/note/349233653/。

③ 以下论述参阅李伯重：《迎接我国的第二次"新世纪，新史学"》；李伯重：《二十世纪初期史学的"清华学派"与"国际前沿"》，《清华大学学报》（哲学社会科学版）2005年第4期；李伯重：《回顾与展望——中国经济史学百年沧桑》，《文史哲》2008年第1期。

④ "新史学"一词使用频率甚高，其含义亦相当宽泛：从胡适的实验主义史学，顾颉刚的疑古史学，王国维"地上与地下文献互证"的史学，到郭沫若诸人的"马克思主义"史学，均以"新史学"名之。见陈峰：《两极之间的新史学：关于史学研究会的学术史考察》，《近代史研究》2006年第1期。

"诸学之公理、公例"，即利用社会科学的理论方法研究历史。自梁启超开始，"新史学发展的主流始终在'科学化'，历来的巨子，莫不以提高历史学的'科学'质素为职志"[①]。

经过百年的引进，社会科学的方法已成为我国现代史学不可或缺的组成部分。这些方法多姿多彩，丰富多样。就经济史而言，"按照诺斯的说法，目前用于研究经济史的经济理论不外古典经济学、新古典经济学、马克思主义经济学，等等"[②]。这些经济学的方法，在国际经济史学发展过程中都起着重要的作用。同时，这些方法自身也在不断更新改进。

改革开放以来，新的研究方法以空前的规模和速度引进中国。吴承明指出："具体而言，在中国经济史研究中可以利用的经济学方法，特别值得重视的有经济计量学方法、发展经济学方法、制度经济学方法（也可称社会学方法）、区域经济史方法，等等。"[③]斯波义信引用弗里德曼（Maurice Freedman）的话总结说：经济史研究所涉及的社会科学学科，至少包括经济学、政治学、社会学、社会心理学、人口学、社会地理学、经济地理学等。这些学科的研究方法与模式，都可以参考借用。例如，经济学家的研究模式（由抽象到具体，先假说后论证）、社会学家的研究模式（从具体入手，注重统计）以及别的研究模式（如把以社会横断面比较为基础的复数指标进行组合，根据对各种指标的比重及组合方式的适当处理进行归纳，等等），都可用到中国经济史研究中。[④]

---

① 许冠三：《新史学九十年（1900—）》上册自序，香港中文大学出版社，1986年，第Ⅵ页。
② 吴承明：《经济学理论与经济史研究》，《中国经济史研究》1995年第1期；吴承明：《中国经济史研究方法杂谈》（1986年12月在中国经济史学会成立大会上的讲话），《中国近代经济史资料》1987年第6辑。
③ 吴承明：《经济学理论与经济史研究》；吴承明：《中国经济史研究方法杂谈》。
④［日］斯波义信：《宋代江南経済史の研究》，汲古书院（东京），2001年，第31页。

此外，经济史研究也向自然科学借用方法，并从自然科学的研究成果中受益。近年来史学科学化的趋势，除了表现为史学日益社会科学化外，还表现为自然科学研究方法向史学的渗透。许多自然科学研究的成果，对于经济史学研究来说也非常有帮助。

在引进"新"方法的同时，许多"老"方法（例如传统的考据学、文献学方法）也被重新发现和运用。吴承明说："就方法论而言，有新、老学派之分，但很难说有高下、优劣之别"；"新方法有新的功能，以至开辟新的研究领域；但就历史研究来说，我不认为有什么方法是太老了，必须放弃"；"在方法论上不应抱有倾向性，而是根据所论问题的需要，和资料等条件的可能，作出选择"。①各种"新""老"方法并存，使得学者有了更多的选择，可以根据所研究的题目，采用最好的方法，即如刘子健所言："余英时说'史无定法'，研究历史的题材不同，自然没有一成不变的方法，所以更妥帖地说应当是'史采佳法'。"②

在今天，我们可以使用的方法远比我们的前辈丰富，这就使得我们在江南史的研究中有了越来越多、越来越好的工具，利用这些工具，可以设计出更好的蓝图，建造形式多样、用途各异的学术建筑。韩愈有言："术业有专攻。"从事史学研究的学者都各有专长，有自己最熟悉、最喜欢、运用最为得心应手的方法。但是使用所有方法的共同目的，都是揭示历史的真实。当然，各种方法也都有自身的优点和缺点，因此我们应当对不同的方法持有一种开放的心态，而不能抱有偏见。

问题意识、史料和方法三者彼此密切相关。这种关系，前贤已有很好的认识。如前所述，有了新的问题意识，才会有新的眼光，而有

① 吴承明：《中国经济史研究的方法论问题》。
② 刘子健：《史学的方法、技术与危机》。

了新的眼光，就如顾颉刚所说："现在用了新的眼光去看，真不知道可经开辟出多少新天地来，真不知道我们有多少新的工作可做。"①有了新方法，也才会更好地利用史料，所以菲雷（François Furet）说"不是史料决定研究方法，而是研究方法决定史料"，因此"在确定自己的研究对象的过程中，历史学家必须'创制'自己的原始资料"。②同时，新史料的出现也会引起史学研究的重大变化。年鉴学派第三代领袖勒高夫（Jacques Le Goff）说："历史学今天正经历着一场'资料革命'，这一革命与新史学有着千丝万缕的关系。"③陈寅恪也认为："一时代之学术，必有其新材料与新问题。取用此材料，以研求问题，则为此时代学术之新潮流。治学之士，得预于此潮流者，谓之预流。其未得预者，谓之未入流。"④

希尔（Christopher Hill）说："每一代人都要重写历史，因为过去发生的事件本身没有改变，但是现在改变了，每一代人都会提出关于过去新的问题，发现对过去都有一种新的同情，这是和他们的先辈所不同的。……不仅有新的问题提出，而且书写历史的资料和方法也变了：新史料的发现和新方法的发明，使得我们对过去提出新的解释不仅成为可能，而且也成为必然。"⑤简言之，每一代人都会提出不同的问题，同时资料和方法也在不断改变。因此每一代人都要重写历史，从而形成一

① 顾颉刚：《一九二六年始刊词》，《北京大学研究所国学门周刊》，1926年第2卷第13期；顾颉刚：《古史辨》（一），上海古籍出版社，1982年，第55页。
② 见［法］弗朗索瓦·菲雷：《从叙述史学到面向问题的史学》，收于史学理论丛书编辑部编：《八十年代的西方史学》，中国社会科学出版社，1990年，第225页。
③ ［法］J. 勒高夫、P. 诺拉、R. 夏蒂埃、J. 勒韦尔主编，姚蒙编译：《新史学》，上海译文出版社，1989年，第7页。
④ 陈寅恪：《陈垣敦煌劫余录序》，《金明馆丛稿二编》，生活·读书·新知三联书店，2009年，第266页。
⑤ Christopher Hill, *The World Turned Upside Down: Radical Ideas During the English Revolution*, Harmondsworth, UK : Penguin Books, 1984, p.15.

波接一波的"新史学"。

江南本是文献名邦，文献资料极为丰富；又有治史的深厚传统，特别是到了清代，更成为乾嘉学派的重镇。同时，自现代史学出现以来，在各种史学研究方法的引进中，江南也走在前面。不仅如此，作为中国经济和文化最发达的地区，江南在感受时代氛围方面也最为突出，江南史学者从中也获得更丰富的问题意识。由于问题意识、史料和方法都在不断变化，因此江南史研究也在不断变化，在不断出现的新的问题意识、史料和方法的推动下，江南史研究也得以不断推陈出新，继长增高，踵事增华。

被称为"创新之父"的熊彼特（Joseph Alois Schumpeter）提出的创新理论，被后人归纳为五个创新，依次为产品创新、技术创新、市场创新、资源配置创新和组织创新。这个创新理论，在一定程度上也适用于史学创新。具体而言，史学创新的内容包括：（1）为社会提供新的产品，以满足社会对历史知识的新需求；（2）采用新方法；（3）开辟新领域；（4）开辟新的资料来源。如果做到这些，在史学研究中不断创新就不仅是可能的，而且是必然的。[①]江南史研究为史学创新提供了一个广阔的天地，因此江南史研究不仅得以长盛不衰，而且将前途无量。正因如此，江南这个面积不到全国面积1%的狭小地域，可以成为史家大展身手的广阔天地，从这个意义上来说，江南史研究确实是"壶里乾坤大"。

---

① 参阅李伯重：《原创与积累：中国人文学术如何创新》,《探索与争鸣》2018年第5期；李伯重：《创新是史学发展的主旋律》,《人民日报》2018年9月5日。

明代江南文人画家笔下的
日常生活与精神世界

陈　江

（华东师范大学历史学系）

摘要：以图像史的方式研究明代江南的社会与文化，虽有描摹逼真的写实长卷可资利用，但其数量可谓凤毛麟角。因此，存世量较多的明代江南文人画家的作品也是了解文人群体日常生活与精神世界的窗口。据文人画家作品的内容与形式看，大致可分三类。其一，以实景为主，对日常生活作了比较真实的描绘，涉及的主要题材有居所、雅集、宴饮、清赏等。其二，内容虚实相间，表现了对理想生活的憧憬，常见的题材有渔隐、幽居、品茗等。其三，借景抒情，主要表现文人群体内心的情感与志趣，其间，既有标榜清高的，也有心系国计民生的。可见，江南文人画家的作品应成为江南史研究的图像资料渊薮。

关键词：明代　江南　文人画家　日常生活　精神世界

　　近年来，随着各类图像资料不断被发掘、整理和运用，图像史的研究也取得长足进步。在明清江南史的研究领域，明代佚名画家的《南都繁会图》、清代徐扬的《姑苏繁华图》等，都受到诸多学者的高度重视，无论是画中物像的独立解读，还是图像与文献的互证，皆有丰硕的研究成果。然而，明清时期，《南都繁会图》《姑苏繁华图》之类城市生活百科全书式的写实长卷，毕竟凤毛麟角，文人画家在中国古代绘画的发展进程中逐渐占据了主导地位，其脱略形似，强调神韵，追求主观意趣表现的写意画作品，在现今留存的明清绘画作品中也属绝大多数。此类文人画家的作品能否成为图像史研究中的主体资料，或图文互证中的辅助性资料，答案应该是肯定的。当然，与客观描摹真实物像的院体风格的写实画作品相较，文人画不同程度地融入了个人主观的心性意趣，对其物像和意境的索解多了几分曲折，但也大大开拓了可资利用的图像资料范围，更重要的是，借此"有我之境"，还可窥探画家的精神世界，了解这一文人群体的心路历程。本文欲就明代江南文人画家作品的利用作一粗浅的探讨，以求教于各位方家。

一、明代江南文人画家及其作品

两宋画坛虽以院体画为主流，但自苏轼、文同等人提出文人画的艺术主张，并亲身示范以来，其影响不断扩大，至元代，尤其在江南一带的文人群体中得以传承提升，发扬光大，被誉为"元四家"的黄公望、吴镇、倪瓒、王蒙即为其中的典范代表。明代前期，沿袭院体画风的宫廷画家和浙派画家仍有颇大影响；明代中期，以沈周、文徵明为代表的吴门画派异军突起。自此，文人画家不仅在江南，而且在全国，逐渐占有压倒性的优势，至明末，更可谓文人画家一统天下。

南宋以来，江南地区随着经济的高度发展，已成为文人学士聚居的人文荟萃之地。据画史统计，明代知名画家中约有三分之二出生或活动于江南一带，若仅以文人画家计，江南的文人画家人数当远在总数的三分之二以上。不过，本文使用文人画家这一称谓时，其含义与一般绘画史上的指称略有差异。画史论者更注重绘画风格的发展与演变，其词义其实是"文人画"家，即遵循苏轼、文同、元四家以来文人画艺术追求和绘画风格的画家。本文则从历史学的角度论及这一特殊的群体，词义实为"文人"画家，即业余从事绘画创作的，包括毕生专擅绘画艺术的文人学士。（中国古代自诩为"士人""士夫"者，即便鬻画为生也不愿承认以绘事为主业，甚至主业之余"游于艺"时，绘画也往往被置于诗文、书法之下。）因此，无论专擅者、业余者，还是偶尔为之者，无论其画风近于院体画，还是文人画，只要其出身为文人学士，或其生活趣味和情感寄托同于文人学士，本文皆将其纳入"文人"画家的范畴。如画史上称为"明四家"之一的唐寅，画风多样，最擅长的却是南宋李唐、刘松年一路的院体山水画，而从其出身和思想情感看，无疑属于"文人"画家。同为"明四家"的仇英，虽出身漆工，但曾从文徵明学画，受文氏的赞誉和提携，成名后与吴中诸名士旦夕游处，作品尤富文人画的"士气"，所以他的画作也可纳入江南"文人"画之列，至少可以作为"文人"画的补充。本文不纳入讨论范围的是明代的宫廷画家以及号称"浙派"的职业画家。

文人画家及其作品的数量，在明代尤其是明代中后期的江南地区急速增长，大致有两个重要原因。其一，经济、政治、社会、文化的多重变化，致使江南文人的内心充满了犹疑彷徨、矛盾冲突，于是人生理想和精神追求更趋复杂化，志趣的表现与情感的抒发也变得更加强烈和迫切。然而，明初以来的文字狱又使他们对文字的表述深感畏惧，因此，苏轼等人寄情丹青，聊以抒写胸臆的文人画宗旨，即所谓的"诗不能尽，溢而为书，变而为画"①，对他们深有触动。既然绘画作品的内心表现可以更为隐晦、曲折、安全，诸多文人以此作为情感宣泄的一种方式，实属顺理成章。其二，文人画强调的是作者内心情感的表现和文化素养的展示，与描摹精细、物象逼真的写实院体画相较，无疑在绘画艺术的技能技巧层面降低了要求。也就是说，作为文人学士，虽未经过长期而系统的专业训练，造型能力偏弱，绘画技艺欠精，但只要具有深厚而全面的文化素养以及自书法中得来的娴熟、精湛的笔墨技巧，有思想，有情趣，不乏个性，即可从事文人画创作，甚至凭借诗、书、画、印的综合展现，在文人群体中获得赞赏。显然，文人画几乎是为文人量身定制的一种特殊的艺术样式，故而，文人对文人画情有独钟，便不难理解了。

据此，本文所称"明代江南文人画家及其作品"的涵盖范围实较一般绘画史所指称的稍大一些。就画家而言，凡是文人学士，包括思想情感上的同道者，即便是偶尔画几笔的，皆涵盖在内。作品自然以苏轼、文同、元四家以来的较典型的文人画居多，但也包含其他各种画风、画法的作品。浏览现今留存的明代江南文人的画作，确实有不少反映了这一文人群体的思想情感和生活追求。此类作品从物象描绘和画面表现看，大致可分为以下三大类，现例举一些典型画作分别予以介绍。

二、实景为主的生活情景

中国古代绘画创作的核心理论之一是"外师造化，中得心源"，即

---

① 苏轼：《苏轼文集》卷二十一《文与可画墨竹屏风赞》，中华书局，1986年，第614页。

画家作画始终处在自然物象与内在情感不断交融的过程中，所以，作品中的物象既非纯客观的自然存在，亦非纯主观的内心表现，而是主、客体融合后的产物。其最高妙之处即所谓的"似与不似之间"。不过，主、客体融合后形成的"虚实相间"之景，其虚、实的比例并不相同。一部分表现日常生活的作品，虽包含对理想生活的憧憬而不乏虚构的成分，但大多对真实存在的客观物象和生活场景有所依托，其中更有不少是以实景为主的。明代江南文人画家此类作品，涉及现实生活的诸多方面，最常见的主题有居所、雅集、宴饮、清赏等。

明代中后期，江南文人士大夫城居的现象颇为盛行。城居可享受城市生活的一切便利，却又与文人士大夫在剧烈的政治、社会变动之际，为追求内心的平静而向往清幽隐逸的居所氛围相悖。为此，不少人在郊外依山傍水的风景名胜处购置别墅，或修建草堂、小筑，用以弥补城居的缺憾。文徵明的《浒溪草堂图》①即为反映上述现象的代表之作。

文徵明《浒溪草堂图》

文徵明（1470—1559），长洲（今江苏苏州）人，"明四家"之一，"吴门画派"的领袖人物。该图是为其友沈天民而作。沈天民祖上世代居于浒墅，城居后怀念以往的乡居生活，遂于祖屋所在处修筑草堂数间，名"浒溪草堂"，并请当时的名流为之赋诗记事。文徵明不仅吟诗

---

① 文徵明：《浒溪草堂图》，纸本设色卷，纵26.7厘米，横142.5厘米，现藏辽宁省博物馆，见《中国美术全集》（光盘版第39盘），人民美术出版社，1997年，第58图。

一首，还为之作画题跋。题跋称："沈君天民，世家浒墅。今虽城居，而不忘桑梓之旧，因自号浒溪，将求一时名贤咏歌其事。余既为作图，复赋此诗，以为诸君倡。"其诗云："何处闲云筑草堂，虎嘤溪上旧吾乡。百年鱼鸟常关念，一曲风烟拟自藏。南望帆樯依树转，西来墟落带山长。最怜出郭红尘远，春水还堪着野航。"画面作层峦叠翠，小桥流水，高木浓荫之间，掩映草堂数间，主宾二人于案前对坐，似在高谈阔论；溪岸边另作高士二人，似为主人迎接来客，引其缓缓走向草堂。细观此

居节《万松小筑图》

画，不难发现，画家虽因友人之请而作，其实也倾注了自己的意趣和向往。

与上图意境相仿的名作还有居节的《万松小筑图》①。居节（约1524—约1585），吴县（今江苏苏州）人，年少时即师从文徵明，学习书法、绘画，成为文徵明的高足。为人崇尚气节，以诗书、丹青自娱，不屑仰事权贵。所作《万松小筑图》也真切地反映了画家的人生志趣。画面作高山飞瀑，流水淙淙，近处苍松环抱，浓荫繁密，其间露出数间小屋；屋前的小桥上有访客缓步走来，楼下的书童拱手而立，正在迎候，楼上的主人倚窗眺望，似在静静地等待友人。画作着墨不多，但满满透出文人特有的生活情趣。

① 居节：《万松小筑图》，纸本设色轴，纵61.5厘米，横29.5厘米，现藏上海博物馆，见《中国美术全集》（光盘版第39盘），第100图。

以诗酒、书画等"高雅娱乐"为主要内容的文人聚会，古称"雅集"，在明代江南文人画家作品中，以此为主题的也颇常见，沈周的名作《魏园雅集图》①即为其中之一。

沈周（1427—1509），长洲（今江苏苏州）人，"明四家"之一，"吴门画派"的开创者和典范画家，一生不应科举，专事诗文、书画创作，名声闻于遐迩。成化五年十二月十日（1470），沈周与刘珏一同拜访苏州友人魏昌，随即，祝颢、陈述、周鼎三人也来访。主人魏昌遂于魏家园墅聚会雅集，设酒招待五位名士。诸人赋诗作文，抚琴高歌，欢声笑语，一醉方休。沈周为之作画，将当时的情景真切地描绘下来。画面中央峰峦高耸，山壑间有涌泉清溪；溪旁茅亭中，四位文士席地而坐，吟诗论文，神态各异，一名书童在旁携琴侍候；山径丛林下，另有一位文士曳杖而行，走向茅亭。画家以浑厚苍润的笔墨刻意营造出一种山峦林泉之间特有的"野趣"，借以表现江南文人钟情

沈周《魏园雅集图》

于结庐尘世的情怀。沈周与刘珏、祝颢、陈述、周鼎以及主人魏昌皆在画上题写了所赋之诗，魏昌还有题跋记述了雅集的经过。沈周题诗为："扰扰城中地，何妨自结庐。安居三世远，开圃百弓余。僧授煎茶法，

---

① 沈周：《魏园雅集图》，纸本设色轴，纵145.5厘米，横47.5厘米，现藏辽宁省博物馆，见《中国美术全集》（光盘版第39盘），第18图。

儿钞种树书。寻幽知小出，过市即巾车。"由此，该图成为诗、书、画俱佳的杰作。

在表现文人雅集的绘画中，文徵明的《东园图》①也是一件名作。东园原名太府园，位于南京钟山东凤凰台下，为明朝开国元勋中山王徐达的赐园。徐达的五世孙予以修葺扩建，辟作别墅，更名"东园"。园内叠有峰嶂，川泽相通，灵岩怪石环列前后，奇花异草郁郁葱葱，亭台楼阁错落有致。徐氏后人经常与时贤名士聚会于该园之中。文徵明此图即描绘了文人在东园雅集的情景，引首有明代徐霖所题篆书"东园雅集"四字。

文徵明《东园图》

明代江南文人经常举行的另一聚会活动为宴饮，这在绘画作品中同样多见，其中，陆治的名作《元夜燕集图》②颇具代表性。陆治（1496—1576），吴县（今江苏苏州）人，曾从祝允明、文徵明学诗文、书画，为吴门画派中很有个性和新意的画家。嘉靖二十六年（1547）元宵节夜晚，陆治应文徵明之邀至文家宴饮，参与者还有与陆为师友的王守、彭年、王穀祥、文彭等人。当晚，众人饮酒赋诗，欢度佳节，尽兴而散。事后，陆治应陆师道之请，绘就此图。画中所绘为文徵明家的

① 文徵明：《东园图》，绢本设色卷，纵30.2厘米，横126.4厘米，现藏故宫博物院，见《中国美术全集》（光盘版第39盘），第53图。
② 陆治：《元夜燕集图》，纸本设色卷，纵28厘米，横118.4厘米，现藏上海博物馆，见《中国美术全集》（光盘版第39盘），第108图。

陆治《元夜燕集图》(局部)

宅园，院墙内有堂室走廊，园中假山别致，树木扶疏，构建十分精巧。诸文士或在堂中欢饮畅谈，或在园中散步观赏，生活气息浓郁，元夜宴饮的情景跃然纸上，真切地反映了江南文士日常生活的一个侧面。卷后还有文徵明、王守、彭年、王毂祥、文彭的题诗。

一般来说，典型的"文人画"家大多不擅长人物画，因此表现人物活动时，主要是烘托气氛，凸显意境，人物的细节往往有所欠缺。对此，传为仇英所画的《春夜宴桃李园图》①可作为很好的补充。仇英（？—1552），原籍江苏太仓，后移居苏州，"明四家"之一，擅长多种画科和画法，尤精于人物画。该图虽以唐代诗人李白春夜设宴于桃李园的典故为画题，其实反映的是现实生活中江南文士的宴饮活动。画中四位文士神态各异，坐于桌右者正举杯欲饮，前端背对者微微低头显出几分醉态，坐于左方者举首仰望似在观赏明月，末端持笔者似在构思诗文。餐桌周围，众侍从正忙于上菜、斟酒。画中人物形象的刻画惟妙惟肖，从而将文士宴饮的情景表现得极为生动、逼真。

---

① 仇英：《春夜宴桃李园图》，绢本设色轴，纵224厘米，横130厘米，现藏日本京都知恩院，见《海外中国名画精选·明代》，上海文艺出版社，1999年，第118页。

仇英《春夜宴桃李园图》(局部)

　　近年的研究揭示，明代中后期江南文人鉴藏字画、碑帖、铜器、玉器、瓷器、古版图书等各类文物的风气极为兴盛。[①]文物鉴赏集学术研究与文化消遣于一身，故被文人视为"清赏"之举，个人或与同道好友一同品鉴古董遂成为江南文人精神生活的重要组成部分。上述现象不仅见诸文献，绘画作品也多有表现，尤求的《品古图》[②]即为著名的一幅。尤求，长洲（今江苏苏州）人，移居太仓，活动于隆庆、万历年间，与吴中一带文士多有交往，与太仓名士王世贞关系颇为密切。该图以白描画法描绘了文士鉴赏文物的情景，画面以庭院为背景，一位高士凭案而坐，正在展玩一卷字画，案上还置放着另两卷字画，案旁有三位文士，或坐或站，与其一同观赏品鉴。分侍左右的数名书童家仆，手捧字画、

---

① 参见拙文《明代江南文人的文物鉴藏及其审美趣味》，《华东师范大学学报》（哲学社会科学版）2012年第2期。

② 尤求：《品古图》，纸本墨笔轴，纵93.1厘米，横36.1厘米，现藏故宫博物院，见《中国美术全集》（光盘版第39盘），第153图。

尤求《品古图》（局部）

铜器、瓷器等古玩，等待众文士次第鉴赏。画中人物逼真传神，气氛静谧幽雅，将文士鉴赏古玩的情景表现得非常真切。该图落款为"壬申仲秋长洲尤求制"，据此，当作于隆庆六年（1572）。

文人清赏的内容不限于古玩，还涉及赏花、赏竹之类，高濂《遵生八笺》之《燕闲清赏笺》即有专文谈论花木的鉴赏。各类观赏性植物中，梅、兰、竹、菊不仅是文人"四君子画"的题材，也是日常清赏的重要对象。沈周的《盆菊幽赏图》①描绘了江南文人此类清赏的情景。画中作一草亭构建于岩崖之上，下临江渚沙洲，周围树木繁盛，亭边排列众多盆菊。亭中有三位文士正在饮酒赏菊，一名童仆在旁持壶侍候。画面情景十分传神，沈周还有题诗："盆菊几时开，须凭造化催。调元人在座，对景酒盈杯。渗水劳童灌，含英遣客猜。西风肃霜信，先觉有香来。"

---

① 沈周：《盆菊幽赏图》，纸本设色卷，纵23.4厘米，横86厘米，现藏辽宁省博物馆，见《中国美术全集》（光盘版第39盘），第14图。

沈周《盆菊幽赏图》（局部）

三、虚实相间的情趣表现

明代江南文人画家除依托实景表现其日常生活，还以虚实相间的手法抒写其对理想生活的憧憬。此类画作往往虚构的、主观想象的成分居多，画中的物象和情景大多不是真实的存在，画家只是凭借这些景物来寄托自己的人生志向与生活情趣。因此，在解读此类绘画作品时，必须更多地考虑画家本人的精神世界和内心表现。以表现个人主观的人生追求和生活情趣为主的作品，最多见的主题有渔隐、幽居、品茗等。

中国早在先秦时期即有隐居山林湖泊，躲避人世纷扰，以求内心安宁，个性舒张的观念，由此形成绵延数千年的"隐逸文化"。在古人心目中，渔夫、樵夫不耕种国家土地，不缴纳官府地租，因此不受束缚，自由自在，最符合理想中的隐居生活。渔隐、樵隐的文字传述起源甚早，但见诸绘画则自宋元以来逐渐多见，元四家中的吴镇即以善画渔夫图闻名。明代中后期的江南文人盛行"市隐"之思，虽入城居住，内心

却充满对隐逸生活的向往，于是，渔隐之类的画作更趋流行。沈周的
《江村渔乐图》①可谓此中名作。

　　该图描绘了江河湖泊间的一处小渔村，山坡起伏，树木摇曳，房舍
若隐若现。水面上有渔夫或驾船垂钓，或张网捕捞。江岸边已有渔夫捕
获而归，屋前场院中还有数人饮酒进餐，自在快活。画家刻意凸显了一
种静谧闲适的氛围和无拘无束、悠然自得的渔家之乐，借以寄托自己的
隐逸之趣。其题诗称："沙水萦萦浪拍堤，芦花枫叶路都迷。卖鱼打鼓
晚风急，晒网系船西日低。蓑草雨衣眠醉叟，竹枝江调和炊妻。人间此
乐渔家得，我困租佣悔把犁。"有意思的是，如果我们将另一幅戴进的
《渔乐图》②与之相比较，就可看出两者之间的明显差别。戴进（1388—

沈周《江村渔乐图》

---

① 沈周：《江村渔乐图》，纸本设色卷，纵24.8厘米，横169厘米，现藏美国弗利尔美术
　馆，见《海外中国名画精选·明代》，第44—45页。
② 戴进：《渔乐图》，纸本设色卷，纵46厘米，横740厘米，现藏美国弗利尔美术馆，
　见《海外中国名画精选·明代》，第30页。

戴进《渔乐图》（局部）

1462），钱塘（今浙江杭州）人，画工出身，浙派绘画的创始者，曾被征入宫中充任宫廷画师。其《渔乐图》重在表现渔民的现实生活，因此渔民之家渔业劳作的具体细节都被描绘得生动逼真、栩栩如生。而沈周意不在此，而且可能他对渔民的具体劳作和真实生活知之甚少，所以在他的画中强调的只是文人想象中虚拟的"渔隐之乐"，劳作和生活的细节是没有的，也是不必要的。

与渔隐相似的是所谓幽居，即避开喧嚣的尘世，不受俗事的羁绊，独自一人享受其清幽高雅的生活情趣，悠然闲适，自由自在。显然，这种生活理想在现实世界中是难以实现的，因此，江南文人也只能通过绘画虚拟出一个理想的生活环境，将自己的思想情感寄寓于幻境之中。幽居的首选自然是深山老林，但仿照自然景观构筑的园林也不失为一个既现实又理想的好去处，文徵明的《高人名园图》表现的就是在"城市山林"中幽居的情景。画中绘出苍松环绕，浓荫掩映，秋水澄澈，远山缥缈。园内草房中一位高士神态悠然，凭案独坐，一名书童在旁侍候。画家自题诗称："高人绿水有名园，旋着林堂映筚门。兴寄五湖鱼鸟近，秋荒三径菊松存。委心久已忘形迹，取抱何妨且悟言。尘土不惊幽境寂，十分清思属琴尊。"

陆治的《幽居乐事图册》①也是一件名作。整套册页共有10开，画家选取乡村幽居生活中赏心怡神的十件乐事图绘成册，每页都有小篆书写的图名，分别为《梦蝶》《笼鹤》《观梅》《采药》《晚雅》《停琴》《渔父》《放鸭》《听雨》《踏雪》。所绘十事可能皆非陆治本人亲身经历过的真情实景，而只是其心目中的理想生活，但

文徵明《高人名园图》

陆治《幽居乐事图》之《观梅》

---

① 陆治：《幽居乐事图册》，绢本设色册页，纵29.2厘米，横51.7厘米，现藏故宫博物院，见《中国美术全集》（光盘版第39盘），第107图。

陆治《幽居乐事图》之《采药》

陆治《幽居乐事图》之《停琴》

陆治《幽居乐事图》之《听雨》

画家确实倾注了自己的情感，画出了隐居之士的野逸之趣。

　　明代中后期，江南文人在追求日常生活艺术化、高雅化的过程中，品茗逐渐成为一个重要组成部分。从现今留存的文献看，江南文人不仅将饮茶作为物质享受，更作为独具特色的精神休闲和文化消遣，是其悠然闲适的生活情趣的典型体现。为了寻觅一种清幽高雅的品茗意境，文人雅士对饮茶的场所、环境、气氛都极为讲究，包括同饮的"茶侣"也有所选择，绝不苟且。江南文人以品茗为主题的画作现存颇多，如唐寅《事茗图》、文徵明《惠山茶会图》《品茶图》、陆治《竹泉试茗图》等都是其中的名作。文徵明的《惠山茶会图》以实景为主，而现藏台北"故宫博物院"的《品茶图》①则属虚实相间的作品。这件《品茶图》作于嘉靖十年（1531），画面上绘出山林深处的一座草堂，苍松高耸，小桥流水，环境清静幽雅，堂舍轩敞，几榻明净；堂内两位文士据案对坐，品茗清谈，堂外另有一人正过

文徵明《品茶图》

————————

① 文徵明：《品茶图》，纸本设色轴，纵142.3厘米，横40.9厘米，现藏台北"故宫博物院"，见台北"故宫博物院"网站书画资料检索系统。

桥向草堂走来；侧室中一僮仆正扇火煮茶，侍候主客。画家自题诗称："碧山深处绝纤埃，面面轩窗对水开。谷雨乍过茶事好，鼎汤初沸有朋来。"其跋称："嘉靖辛卯，山中茶事方盛，陆子传过访，遂汲泉煮而品之，真一段佳话也。"陆子传即陆师道，文徵明门生。可见陆师道拜访文徵明，文氏在茶寮中招待他是实事，而画家着意表现的品茗的最佳意境，则是依据心目中的理想状况而虚拟的。

无独有偶，仇英有一幅《松溪论画图》①也涉及品茗的情境，所以亦称《煮茶图》。画面中苍松巨岩，远山缥缈，临水的平坡上有两位文士席地而坐，一边鉴赏古画，一边品尝香茶，旁边的僮仆正煮茶侍候。显然，这一品茗的情景也是依据心中的向往而虚拟的。

仇英《松溪论画图》

---

① 仇英：《松溪论画图》，绢本设色轴，纵60厘米，横105厘米，现藏吉林省博物馆，见《中国美术全集》（光盘版第39盘），第60图。

四、借景抒情的内心世界

明代江南文人画家还有一类作品，其物象、景观只是一种道具或象征物，画家或托物言志，或寄情于景，或借景抒情，通过对外在的客观物象的描绘，表现其内在的主观情感与志趣。此类作品的表现方式往往比较隐晦和曲折，所以大多通过诗文、书法、印章等予以提示，使观赏者尤其是同道之人得以窥见作者的心迹。

此类作品中最典范最具代表性的是徐渭的《墨葡萄图》①。徐渭（1521—1593），绍兴山阴（今浙江绍兴）人，才华横溢，精于诗文、书画，却生平坎坷，曾一度发狂，又下狱多年，故绘画作品多借景抒情，以宣泄心中愤懑。《墨葡萄图》以水墨大写意的画法画出葡萄的枝叶和果实，笔墨淋漓疏放，形象生动传神，不求形似而意态自足。其自题诗以纵横奇崛的笔势写道："半生落魄已

徐渭《墨葡萄图》

---

① 徐渭：《墨葡萄图》，纸本水墨轴，纵165.7厘米，横64.5厘米，现藏故宫博物院，见《中国美术全集》（光盘版第39盘），第157图。

陈淳《梅花水仙图》

成翁，独立书斋啸晚风。笔底明珠无处卖，闲抛闲掷野藤中。"整个画面，配以诗文、书法，其怀才不遇之悲愤，晚景孤寂之凄凉，皆跃然纸上，对于这种人生境况的呐喊，任何文字的描写都显得苍白无力。

梅、竹、兰、菊"四君子"以及水仙等，自宋元以来往往被文人拟人化，用作文人"墨戏"的主题，以表现坚贞、高洁的节操和志趣。此类题材的作品在明代江南文人中更有长足发展，极为流行。诸多擅长水墨写意的文人画家常借此抒发自己的内心情感，陈淳的《梅花水仙图》①即为一件颇具代表性的名作。陈淳（1483—1544），长洲（今江苏苏州）人，明代写意花卉画的代表性画家。此图以水墨写意画法作老梅一枝，干虬枝疏，沿细枝圈出白梅数朵，老梅根旁一丛水仙正绽蕾吐芳。画面上方有自题诗句："谁知冰雪里，却有麝兰香。"绘画、诗句、书法，三位一体，将作者标榜清高的内心情怀表现得非常明白。

除借景寄寓个人情怀，也有心系国计民生者，借用绘画中的景观、物象，托物言志，抒发自己经国济民的理想与抱负。孙艾所作的《蚕桑

---

① 陈淳：《梅花水仙图》，纸本水墨轴，纵72.5厘米，横34.5厘米，现藏故宫博物院，见《中国美术全集》（光盘版第39盘），第86图。

孙艾《蚕桑图》　　　　　　孙艾《木棉图》

图》^①和《木棉图》^②即为此类作品的代表。孙艾（1452—？），常熟（今属江苏）人，沈周的弟子，擅长诗画。《蚕桑图》画桑树枝干和桑叶，其上有数条蚕正在啮食桑叶，画风清疏淡雅。画上有沈周题诗："啮蚕

---

① 孙艾：《蚕桑图》，纸本设色轴，纵64.7厘米，横29.4厘米，现藏故宫博物院，见《中国美术全集》（光盘版第39盘），第71图。
② 孙艾：《木棉图》，纸本淡设色轴，纵75.4厘米，横31.5厘米，现藏故宫博物院，见《中国美术全集》（光盘版第39盘），第72图。

惊雨过，残叶怪云空。足食方足用，当知饲养功。"《木棉图》画木棉一丛，枝叶繁盛，花苞待放，画风清新秀逸。画上也有沈周题诗："当含黄蕊嫩，棉韫碧铃深。小草存衣被，长民谁此心。"诗后还有题跋："世节（引者按：孙艾字）生纸写生，前人亦少为之。甚得舜举（钱选）天机流动之妙。观其《蚕桑》《木棉》二纸，尤可骇瞩，且非泛泛草木所比，盖寓意用世。世节读书负用，于是乎亦可见矣。弘治新元中秋日，沈周志。"可见，孙艾为学始终秉持经世致用的精神，对江南一带关乎民生的蚕桑、植棉、丝织、棉纺之类极为关心，但现实并无机会让他伸展自己的抱负，无奈中只能以绘画抒发内心情怀。而沈周同样心系民生，因此观赏两图后，深有感触，对孙艾大加赞赏。

江南文人画家作品的图像史研究目前尚处于起步阶段，历史学而非美术学的解读还有很长的路要走。好在这方面的图像资料已越来越受人重视，相关的图像数据库也开始建立，相信在学界同仁的共同努力下，一定会取得更多的研究成果。

乡镇志所见明清以降
上海法华地区的经济实态[*]

任　放

（武汉大学历史学院）

摘要：位于上海西郊的法华镇兴起于明代，以该镇为中心的法华地区在明清时期持续发展，体现为村落增加、移民入迁、人口增长，由地方官员及士绅合作开展的水利事业形成了稳定的运作机制，为地方经济提供了重要基础。法华地区的农业经济包括粮食作物、蔬果以及药材的种植，而棉花种植及以此为基础发展起来的棉纺织业则是当地毫无疑义的经济支柱，自晚明以来，随着有识士绅的提倡，蚕桑业在当地也有所发展。明清时期法华地区赋役、田亩、荒政等地方事务的运行，可与过去学界在相关问题上的宏观及区域个案研究作参证，同时又具有自身地域性的特点，如保、图之下有"棚"这一基层组织，"法华仓"在荒政中具有核心地位，等等，均值得注意。晚清以来，随着上海的开埠以及邻

---

* 本文为任放教授（1964—2019）遗稿，摘要为编者所拟。任教授英年早逝，令人痛惜，谨此表达我们的哀思。本文系教育部人文社会科学重点研究基地重大项目"明清社会结构与社会变迁"（项目批准号：16JJD770036）、国家社科基金重大招标项目"清代财政转型与国家财政治理能力研究"（项目批准号：15ZDB037）阶段性成果。

近新兴商业区的兴起，法华日趋衰落，最终整体蜕变为城市街区，失去了过去乡村社会的传统风貌。

关键词：法华镇　社会经济　上海

一、引　言

本文所言之法华地区，今属上海市。"法华"之名，源自北宋开宝年间在此兴建的法华禅寺。史载："法华禅寺，宋开宝三年，僧慧建，博士王昭素请额。"另据明初僧人释心泰的《寺记》："上海法华寺，在邑治之西一十八里。宋开宝间，僧慧为开山第一代。"①彼时，该处有条河，俗称法华浜。民间有"先有法华，后辟上海"之说。因其广植牡丹，又有"小洛阳"之誉。宋代，法华隶属华亭县，元至元二十九年（1292），松江知府划拨华亭五乡为上海县，法华遂隶属上海县。法华因寺成名，因寺成巷，亦因寺成镇。史称"初犹称巷，以附邑独近，为冠盖之冲，遂成镇，始于前明中叶"，"至镇所自起，由于商贾之辏集、文物声名之蔚起，以渐而然也"。法华镇是明清时期上海地区最早出现的市镇，兴于明嘉靖，盛于清乾（隆）嘉（庆），清末有东西镇之分。该镇位于今上海西部，号称"沪西首镇"，"镇在邑西，鳞壤毗接，声教景从，古邑志列为镇市首"。②清代吴淞巡检司设此，管辖范围包

---

① 嘉庆《法华镇志》卷五《寺观》。按，本文所引三部法华乡镇志，均据上海市地方志办公室编：《上海乡镇旧志丛书》第12辑，上海社会科学院出版社，2006年。唯《法华乡志》兼参民国刊本，另在断句标点方面有所更易。下文不赘，仅列书名卷名。又按，释心泰，即明初僧人岱宗心泰，别号佛幻，俗姓孙，浙江上虞人，著有《佛法金汤编》。参见段玉明：《呼唤居士：〈佛法金汤编〉研究》，《四川大学学报》（哲学社会科学版）2011年第5期。

② 嘉庆《法华镇志》卷一《沿革》。

括徐家汇、浦东等处，约今之长宁、徐汇、静安诸市区。

历史上，法华名称多有变动。明清时期称法华镇，晚清又有局、区、乡之称谓。史载："法华本属镇名，自咸丰十年谕办团练，谓之法华局；光绪三十二年，开办学堂，局改为区，谓之法华区；宣统三年，城镇乡自治成立，丁口不满五万者谓之乡，又改称法华乡。"①其间，部分区域划归上海公共租界及法租界。民国十七年（1928），划归上海特别市，改称法华区，东至特别区（法租界）、沪南区，西接蒲淞区，南邻漕泾区，北毗苏州河，面积约20平方千米。民国二十七年撤销法华区，改属沪西区。

在文献方面，笔者征引的史料主要是三部法华乡镇志，略如下示：

其一，嘉庆《法华镇志》，王钟纂修。据相关文献，王钟，字一亭，号纪辰，附贡生，"品端学粹，工古诗文词，书得二王法，善擘窠大字，笔力遒劲，名重一时，凡廨庙颜额多出其手。嘉庆甲戌，与修邑志（引者按：指《上海县志》）。戊寅，与修郡志（引者按：指《松江府志》）。手辑《法华镇志》，穷乡僻壤，搜索无遗。著《毋自广斋诗文稿》。道光十七年无疾而终，年七十八"。②王钟一家，上自祖、父辈，下迄儿、孙辈，皆好学问，堪称书香门第。其所著《法华镇志》，体例详备，文辞雅驯，是乡镇志之精品。

其二，光绪《法华镇志》，乃邑人金祥凤在嘉庆志的基础上增修而成。据悉，金祥凤于民国四年（1915）毕业于北洋大学土木系，获工科学士学位，后出任水泥工程师一职。其所增补者，止于清光绪三十三年（1907）。③虽然该志错讹较多，且亡佚卷八"游寓""方外""遗事""录异"诸内

① 民国《法华乡志》卷一《沿革》。
② 民国《法华乡志》卷五《文苑》。
③ 按，此据光绪《法华镇志》卷首许洪新《整理说明》。

容，但对于今人了解晚清法华镇的变迁仍有助益。

其三，民国《法华乡志》，乃邑人胡人凤在嘉庆志、光绪志基础上增修而成。该志最大的特点，不仅在时间上下迄民国十一年（1922），而且新增篇幅十之六七，添加地图七幅，成为截至今日关于法华地区历史变迁最为详尽的志书，字数超过前二志之总和。胡人凤，字笠夫，附贡生，候选训导，曾任二十八保十六图图董兼法华乡农会会长。对于此志，时人评价甚高。上海县知事沈宝昌称"至其遗献佚文，搜罗翔实，足以补邑志所不逮"；寓居法华的词人邹弢称"博采旁搜，探赜索隐……名周沪渎，纸贵洛阳"；邑人、时任外交部特派浙江交涉员王丰镐称"其搜补翔实，可与其县之志并行不悖"；邑人、上海县视学员朱赟伯称"胡君乡居久且熟掌故，举凡农田、水利、自治诸要政，尤能悉心研究，而对于外人之擅自筑路及侵害主权之处，俱能洞若观火，而笔之于书，是真能以爱乡之心以爱国者，视王志之重要为何如也"，认为胡志的价值超过王志（嘉庆志）。法华乡经董李鸿翥指出："胡君笠夫……详搜博考，郑重增删，虽体例局于一隅，而记载似悉循县志"，"兹《法华乡志》八卷，笠夫不惮穷研广采，祁寒暑雨，朝夕一编，虚而陈者淘汰之，正而新者增辑之……其参订披研数四，觉此志之辑，足以存文献而善方隅，余韵流风，大资观感，不第见沧桑世变已也"。①

乡镇志之价值，在于存留了诸多历史细节，为后人考察基层社会之情形提供了无可比拟的资料，此乃省府州县诸志所不及。所谓"《周礼》职司，于乡遂都鄙之间，凡山川、风俗、物产、人伦系于史事者，盖至纤悉无漏。后世方志，无官守、制度、乡遂、都鄙，私家著述又不

---

① 均见民国《法华乡志》卷首，沈序、邹序、王序、朱序、李序。

能在在自为纪载，故州县掌故，往往有征之于乡而犹不得其翔实者，而府省总志更无论矣。……殆犹乡详其乡，合则详其一州一县，胥史法之至精至密者也"①。基于上述三部乡镇志，我们大致能够了解明代至民国数百年间上海法华地区的经济诸面相，这对于深化上海史的历史认知大有裨益。

二、地理及乡村聚落

在法华地区未纳入上海市区之前，它属于乡村地带，尽管此时它毗邻上海县城，且系沪西首镇。文献称："法华因寺得名，南襟蒲汇，北带吴淞，夙称文物声名之地。宋高宗南渡后，颇有达者家于此焉。有明之世，渐成市廛，懋迁有无，化居者日益众。"②宋代法华如何兴起，元代如何存续，因文献阙失，具体之情形已无从知晓。迨至明代，法华渐成市镇，但仍属乡村范畴。不唯法华，上海县城大体也是明代方才缓慢兴起。恰如史载："上海一隅，本海疆瓯脱之地。有元之时，国家备海寇，始立县治于浦滨，斥卤方升，规模粗具。自明至让清之初，均无所表见。明市肆盛于南城，城之北荒烟蔓草、青冢白杨，其农户烟村多散处于西、南二境。法华，其西境之市集也。明以前，海邑荒凉，县且无志，而况于乡！"又称："法华离城十二里，为余世代故居，俗尚俭朴。初为城西首镇，所毗连之地，东北曰静安寺，东南曰龙华，南曰漕河泾，西南曰虹桥，西曰北新泾，西北曰杠桥；若徐家汇、曹家渡，

---

① 民国《法华乡志》卷首王丰镐序。
② 民国《法华乡志》卷首朱赟伯序。

则后起之秀也。近则城乡分治，此疆彼界，各自为乡。"①毫无疑问，村落是上海法华地区的基本聚落形态。相关方志多有记述，详示于下：

表1　清嘉庆年间法华乡镇的村落概览

方　位	距离（里）	村　落	
		数量（个）	名　称
东至宅前	3	3	周家宅、许家弄、娄浦
西至北新泾	9	10	许家兜、陆家宅、马家角、王家楼、宗家巷、金家巷、应瑞庙、龚家宅、陈家巷、许家宅
南至蒲汇塘	6	16	何家宅、左家宅、蒋家巷、宋家宅、姚家宅、唐子泾、冯家宅、陈巷、朱家宅、柿子湾、周家宅、艾家宅、凌家弄、曹家宅、沈家墙前、刘泾桥
北至吴淞江曹家渡汛	3	7	陶家宅、潘家库、石家宅、沈家宅、芦屑场、苏家角、曹家宅
东南至龙华镇	9	15	杨家库、何家宅、徐家库、赵巷、谈家宅、潘家宅、殷家角、南北庄宅、蔡家宅、王家宅、唐家宅、赵家库、大刘家宅、小刘家宅、芦浦桥
西南至虹桥市	6	10	何家角、长行桥、姚家宅、沈陈巷、马家巷、逢场庙、龚家浜、安国寺、陈家宅、新港口
东北至吴淞江	6	7	侯家宅、草庵、刘家宅、曹家堰、朱家库、汪家弄、枝安浜
西北至真如镇	6	5	徐家角、三泾、高家巷、顾家弄、周家桥

资料来源：嘉庆《法华镇志》卷一《沿革·里至》。

说明：法华镇位于高昌乡二十八保，东北抵上海县城13里，西抵松江府城陆路90里、水路63里，西抵江苏省城陆路270里、水路240里。

---

① 民国《法华乡志》卷首李鸿焘序。

值得注意的是，在这些村落中，许多村名前都冠有某姓，说明这些家族是较早迁入法华的移民，约有周、许、陆、马、王、宗、金、龚、陈、何、左、蒋、宋、姚、唐、艾、凌、曹、沈、刘、陶、潘、石、苏、杨、徐、赵、谈、殷、蔡、侯、朱、汪、高、顾等35姓。就方位而言，村落数量不一，多者16个，少者3个。其中，西至北新泾、南至蒲汇塘、东南至龙华镇、西南至虹桥市，村落数均超过10个，应该是主要农耕区，也是农业人口较密集的乡村地带。在明清时期，由于户籍管理的松弛、经济利益的驱动、天灾人祸的纷扰等原因，人口流动成为社会生活的常态。对于法华地区而言，在嘉庆至光绪的数十年间，外来人口有了较大幅度的增长，下表可资印证：

表2　清光绪年间法华乡镇的村落概览

方　位	距离（里）	村　落	
		数量（个）	名　称
东至陈泾庙	3	6	周家宅、许家弄、娄浦、西宅前、陈家巷、陈泾庙
西至北新泾	9	15	许家兜、陆家宅、应瑞庙、马家角、陈家巷、王家楼、王龚家宅、宗家巷、薛家库、朱家巷、滕家巷、（大小）金家巷、许家宅、杜家宅、曹家宅
南至蒲汇塘	6	18	（南北）胡家宅、林家弄、蒋家巷、童家宅、姚家宅、沈家港、冯家宅、左家宅、朱家宅、田渡、（东西）周家宅、潘家荡、宋家宅、艾家宅、唐子泾、（东西）曹家宅、（南北）陈家巷、刘家港
北至吴淞江曹家渡汛	3	10	陶家宅、潘家库、石家宅、姚家角、芦屑场、徐家宅、沈家宅、苏家角、（南北）曹家宅、曹家渡（归镇市门）

（续表）

方　位	距离（里）	村　落	
		数量（个）	名　称
东南至龙华镇	9	12	蔡家宅、唐家宅、谈家宅、（大小）刘家宅、殷家角、芦浦桥、赵巷、何家弄、潘家宅、邢庄家宅、王家宅、赵家库、杨家库（归镇市门）、徐家汇（归镇市门）
西南至虹桥市	6	13	何家角、姚家巷、马家巷、长行桥、龚家浜、沈陈巷、沈家宅、逢场庙、陈家宅、安国寺、诸家宅、新港口、王家弄
东北至吴淞江	6	11	侯家宅、曹家堰、刘家宅、汪家弄、李家宅、朱家库、陈家宅、诸安浜、钱家宅、唐家弄、钱家弄、静安寺（归镇市门）
西北至吴淞江	3	6	徐家角、三泾、高家巷、顾家弄、周家桥、北王家宅

资料来源：光绪《法华镇志》卷一《沿革·里至》。

说明：法华镇位于高昌乡二十八保五图，东抵上海县城12里，西抵松江府城陆路70里、水路63里，西抵江苏省城陆路270里、水路240里。

在村落数量方面，此时已有91个，远远超过嘉庆时的73个；在姓氏方面，也增加了钱、邢、童、滕、薛、冯等家族。南至蒲汇塘的村落数仍然位居榜首，为18个，较前增加2个；西至北新泾15个，增加5个；西南至虹桥市13个，增加3个；东北至吴淞江11个，增加4个；北至吴淞江曹家渡汛10个，增加3个，呈现普遍增长态势。但也有例外，如东南至龙华镇为12个，较前减少3个。在传统时代，人口增长是农业生产的基本保障。法华地区的村落增加，似可说明其经济处于稳步上升阶段。迨至清末民初，在上海开埠的刺激下，法华地区的人口持续增长，村落数量也依次递进，略如下表所示：

表3 民国年间法华乡镇的村落概览

方　位	距离（里）	村　落	
		数量（个）	名　称
二十八保五六图		17	法华东西镇、章家宅、北胡家宅、杨家库（法租界）、袁家宅（法租界）、侯家宅。以上6村，五图 徐家汇市（明徐文定公故居，原名徐家库东市，法租界）、 土山湾、新谈家宅、唐子泾后宅、池圈、南胡家宅、姚家宅、宋家宅、蒋家宅、左家宅、田大（明鸿胪寺卿何子升故居）。以上11村，六图
二十八保东七图（在法华西南、西北）	1—3	10	崇明沙、何家角、陆家宅、程家宅、许家兜、陈家巷、沈家巷、陶家巷、潘家库（前宅）、徐家宅（浜南西边）
二十八保八九图（在法华北）	3—6	12	钱家巷、高家宅、丁家库、南曹家宅、田大、北曹家宅（东半宅）。以上6村，八图 北曹家宅（西半宅）、曹家渡市、卢薛宅、吴家宅湾、苏家角、姚家角（浜西）、三泾（东后宅）。以上7村，九图
二十八保北十二图（在法华东北）	1—4	21	老鸦巢、陈家巷（法租界）、周家宅（法租界）、许家弄（法租界）、马家宅（法租界）、李家宅（法租界）、陈家宅（法租界）、朱家库（明监察御史朱瑄故居）、曹家堰、张家宅。以上10村，南半图 汪家弄、唐家弄、东诸安浜、西诸安浜、王家塘、徐家宅、石家宅（明刑部主事石英中故居）、南石家宅、沈家宅、姚家角（浜东）、潘家库（后宅）。以上11村，北半图
二十八保十六图（在法华东南）	3—6	29	周沈巷、褚家湾、唐湾、盛家宅、小闸、沈家塘、周家宅、陈家宅、小潘家宅。以上9村，在蒲汇塘南

（续表）

方　位	距离（里）	村落	
		数量（个）	名　称
二十八保十六图（在法华东南）			艾家宅（明中书舍人艾大有故居）、东周家宅、柿子湾（又名朱家宅）、唐子泾前宅（即徐家汇火车站）、陆家宅、冯家宅、小宅、西周家宅、东曹家宅、西曹家宅、林家弄、沈家港（又名墙前）、童家宅。以上13村，在蒲汇塘北 马家巷、小马家巷、沈陈巷、陶浜、厍里、沈家宅、杨家搭（又名汤家弄）。以上7村，在东上澳塘西
二十八保东十八图（在法华东南）	4—7	14	大潘家宅、沈家宅、渡船角、庄家宅、邢家宅、乔家里、姚家里、王家里、唐家宅、马家宅、赵家厍、刘家宅、里芦浦桥、外芦浦桥

资料来源：民国《法华乡志》卷一《沿革·里至村路》。

说明：东抵上海县城12里，西抵苏州149里，西抵江宁省城880里。

由上可知，民国初年的法华地区拥有103个村落，达到历史新高。入住居民姓氏中，新增盛、林、褚、丁、李、卢、章、袁、程、胡等家族。略加比对，可以发现原先的若干村落不复存在，新增者居多，亦反映了世事之转移。在村落规制上，嘉庆时仅有乡—保，光绪及民国间变为乡—保—图，大体呈现人口增加之后基层管理体制的变化。

在人口统计方面，由于欠缺相关史料，尚无法确知明代至民国间法华地区的具体数字。迄今为止，仅有民国八年（1919）的统计数据，参见下表：

表4　法华乡人口统计（1919年）

居　民　区	户　口　数	性　　别	
		男（丁）	女（口）
二十八保五图	601	1 625	1 426
二十八保六图	675	3 079	1 428
二十八保东七图	359	861	815
二十八保八九图	1 490	4 288	3 255
二十八保北十二图	475	1 120	1 263
二十八保十六图	708	1 502	1 549
二十八保东十八图	407	1 076	1 088
总　　　计	4 715	13 551	10 824

资料来源：民国《法华乡志》卷一《户口》。

上表显示，法华乡所在的二十八保各图中，八九图人口最多，户口过千；十六图、六图、五图位居其次，户口约为六七百；排在后面的是北十二图、东十八图、东七图，户口约为三四百。关于法华地区的人口规模，清末民国的乡镇自治规章提供了一个模糊的印象。史称，民国初年，号称"自治乡区，东北毗连租界，计辖图六，户口二万有奇"[1]。又，"法华本属镇名，自咸丰十年谕办团练，谓之法华局；光绪三十二年，开办学堂，局改为区，谓之法华区；宣统三年，城镇乡自治成立，丁口不满五万者谓之乡，又改称法华乡"[2]。可见，截至民国初年，法华地区的人口不足3万。民国八年（1919）的人口调查结果表明，法华地区的户口数为4 715，男丁女口合计24 375，男女性别比为1.25∶1。这亦是法华镇改称法华乡的重要依据。

---

[1] 民国《法华乡志》卷首朱赞伯序。

[2] 民国《法华乡志》卷一《沿革》。另，清秦荣光《同治上海县志札记》（松江振华德记印书馆清光绪二十八年刊本）对户口有详细考订，不赘。

三、水利及河道疏浚

中国以农立国，以故水利事业对于农业生产关系重大。扩而言之，水利的价值不仅体现在经济领域，而且对王朝更替、历史周期均有深刻影响。①上海法华地区位于江南水乡，水利之于社会经济的意义毋庸赘言。恰如时人所论："水以利言，则壅塞非利，横流亦非利。所以古者命官考绩，治法治人并重也。法华虽蕞尔，而襟浦带江，治或不善，非壅塞则横流矣。"②

水利的要义有二：一是农田灌溉，二是水路交通。对于前者，关键是利用自然水利条件，开凿修筑人工水利设施（陂、塘、堰、渠、井、垸、堤等），避免干旱或洪涝；对于后者，关键是疏浚积壅，使河道畅通，便于人们航行。当然，疏浚河道对于农田水利往往极为重要。康熙《上海县志》称："疏河导江，神禹之勤至矣。玄圭告成，乃复尽力沟洫者，以治田也。故农田水利合为一书，郡县亦设有专职，以水之为利害也。"③清道光八年（1828），里人陆旦华在《重浚李漎泾水利序》中写道："窃维水利者，资蓄泄，备暵溢，关乎农事为重。"他分析了法华地区的水利状况，指出："吾邑北有吴淞江，南有蒲汇塘，为邑之干河。河旁支港甚多，灌溉田畴，公私交利。其间有李漎泾一河，蜿蜒蟠曲，约长二千余丈，南北出入处即两干河也。两潮并进，浑入清出，始则沙随潮以入河，继则河积沙而日隘。且傍河之田，人多争小利而

---

① 参见冀朝鼎著，朱诗鳌译：《中国历史上的基本经济区与水利事业的发展》，中国社会科学出版社，1981年。
② 嘉庆《法华镇志》卷二《水利》。
③ 康熙《上海县志》卷二《水利》，清康熙二十二年刊本。

忘大患，菱芦丛杂，竹树蒙茸，潮汐不通，旋开旋淤，深者略有余波，浅者几同平陆。生于斯者，悯田园之将芜，虑旱潦之不时……"①可见，法华地区的河道淤塞相当严重，对农业生产和百姓生活造成不利影响。

上海地区最主要的河流是吴淞江，与娄江、东江合称三江。清人张起霞《三江水利考》称："论水利，于东南与西北异。西北之水利，欲其有所蓄也；东南之水利，则欲其有所泄。考之《禹贡》，曰三江既入，震泽底定。盖东南之水，自江淮而外，莫大于震泽。而其为百川灌输滋溉民田者，亦莫急于震泽。"然而，治理震泽，必自三江入手。娄江，发源于胥江，"萦绕吴郡，至娄关东注，历唯亭，跨沙湖，经鹿城，至太仓刘家河入海"；东江，源自茸城上洋界，"自白鹤江东南入海，父老相传谓即今之黄浦也"；松江（即吴淞江），在三江中是最大的一条河流，"衿带苏松二郡，自长桥东走三十余里，过金鸡堰、斜塘、甫里，一折而北，汇青洋江、大小霅渚水，复折而南，至张家桥，仍折南东，绵亘百余里，然后入海"。由于修筑海塘等原因，东江逐渐湮灭，仅存娄江、松江。不过，年岁既久，娄江、松江泥沙淤积日多，排泄功能锐减，造成"吴中诸郡数以水旱告，水既有泛滥之虞，旱又苦于沟洫之易涸"。按照张起霞的观点，当务之急，是采取有效措施治理河道，主要是疏浚松江（吴淞江）："窃谓东江既不可考，娄江又如衣带，为今计者莫若专治吴淞。盖吴淞西受震泽，东下海门，中跨常、昆、嘉、上诸境，其故道犹可仿佛。吴淞治则诸水无不治，而三吴田赋可以无忧矣。"②

实际上，自宋元以降，治理吴淞江未曾停歇，明清时期尤其重视。明隆庆时，巡抚兼都御史海瑞吁请开浚，数十年后"灌莽之区渐

---

① 光绪《法华镇志》卷二《水利》。
② 嘉庆《法华镇志》卷二《水利》。

成沃壤，百姓尸祝之"。万历时，又出现淤塞。为此，朝廷于万历十五年（1587）设置水利道，以副使许应达领导疏浚工程。清康熙十一年（1672），巡抚兼御史马祐疏请开浚。雍正五年（1727），原任山东巡抚陈世倌、郎中鄂礼，会同江苏巡抚陈时夏，"动帑督浚，不累土民，本年十一月兴工，明年告竣"。当时，倾盆大雨冲决堤坝，松江知府周中铉、把总陆章不畏艰险，亲赴一线督工，不幸堕水而亡，以身殉职，获朝廷恤荫。这一事例亦可说明地方官员对待河工深具认真负责之精神。嘉（庆）道（光）年间及至光绪时期，疏浚不断。在此过程中，地方大官纷纷出马，亲自督导水利工程。例如，著名的经世实学官员陶澍时任江苏巡抚，他于道光七年（1827）传檄巡道陈銮，"起十一州县夫大浚，开直五湾"。咸丰六年（1856），江苏布政使王有龄"派委勘估，拟浚龙王渡起，迤至东野鸡墩，时上海知县黄芳承其役"。咸丰十一年，上海知县刘郇膏下令团勇"捞浅"，范围自蟠龙江至新泾口，所捞泥沙用于修筑防御工事。同治元年（1862），江苏巡抚李鸿章传檄按察使刘郇膏，"督浚曹家渡至野鸡墩淤浅"。翌年，布政使刘郇膏札委上海知县王宗濂勘估，"将五逆湾自谈家渡起，至长生庵东南出口止，就民田开通取直"。同治十年，又大兴工程，次年五月告竣，具体负责人是上海知县陈其元。光绪十六年（1890）十月，江苏巡抚刚毅传檄候补知府周莲，"调募兵民大浚，自四江口迤东之横娄沟起，至大王庙，一律疏通"，历时一年完工。①光绪二十一年上海知县黄承暄、宣统元年（1909）上海知县田宝荣均有修浚之举。

对于法华地区而言，除了吴淞江，还有直接相关的若干河道，主要有蒲汇塘、肇嘉浜、李漎泾。与吴淞江相通的蒲汇塘，明清时期多次疏

---

① 嘉庆《法华镇志》卷二《水利》；光绪《法华镇志》卷二《水利》。

浚。清康熙十七年（1678）、二十九年、四十八年、五十九年，雍正元年（1723），乾隆元年（1736）、十年，嘉庆七年（1802）、十五年，道光八年（1828）、十六年，咸丰八年（1858），同治九年（1870），光绪六年（1880）、二十一年，屡修屡淤，成效不彰。其间，江苏巡抚林则徐传檄上海知县黄冕疏浚蒲汇塘。这一行为不是个别事例，包括上文提及的陶澍等人在内，折射出道咸年间的经世实学对水利、漕运等实务的注重，此乃中国思想文化史特殊时期（由传统旧学向近代新学过渡）的一道亮光。肇嘉浜"东连黄浦，南接蒲汇塘，西通李漎泾，为法华抵邑舟行故道"。相较之下，南临蒲汇塘、北靠吴淞江的李漎泾更为重要，它号称法华市河（俗称法华港），"论东南水利，吴淞为要；论一方水利，李漎泾为先"；其东段"趋北折而东者，为盛娄，俗呼牛桥浜，镇北田畦资以灌溉"。文献记载，从清乾隆十二年到光绪二十二年的百余年间，历任地方官都对李漎泾进行过疏浚，未敢懈怠。民国方志家声称："李漎泾水利攸关本镇，考据不厌其详，俾后之治河者有所依据焉。"民初乡贤胡人凤《李漎泾水利论》声称："李漎泾者，为蒲肇、吴淞南北交通之小干河也。蜿蜒十余里，通舟楫，资饮料，灌田畴，夕汐朝潮，商民交利。"[1]

水利建设千头万绪，涉及技术、劳力、经费等细节，殊为不易。仅就经费而言，诚如清道光十六年（1836）修竣蒲汇塘刊刻之《留坝碑》所言："总因经费浩繁，集资大为不易。"大体上，开浚河道所需经费概有多种来源：

一是国家财政拨款，即上文所谓"动帑督浚"。同治六年（1867），

---

① 嘉庆《法华镇志》卷二《水利》；光绪《法华镇志》卷二《水利》；民国《法华乡志》卷二《水利》。按，民国《法华乡志》还记载了东上澳塘、西上澳塘等水利事项，暂略述。

上海知县朱凤梯着手开浚李漴泾，"顶浚之图，凡二十七保四图，二十八保四、五、六、七、八、九及北十二、十八图，共田二万九千四百零七亩，每亩挑土四分八厘四毫六丝零，禀由县津贴钱七百千文，交董办理，并奉批准开挑"。同治九年，朱凤梯再度开浚李漴泾，在亩捐之外，不敷部分由官项填充。

二是士绅捐资，如乾隆五十五年（1790），"明李漴泾久淤，里绅议捐重资，呈请开浚，县饬吴淞司董其役"。有时，也包括官员自愿捐廉，如光绪二年（1876）监督挑土工程的吴淞司钱维崧，其"舆轿夫役自行捐廉，不费商捐分文"。

三是向商人派捐，如咸丰八年（1858）江苏布政使王有龄札饬上海知县黄芳开浚蒲汇塘，"时民力不支而商力尚裕，议请于冬商船派捐充费，农民不累分文"，此系光绪志的说法。民国志稍有不同，称"时民力不支而商力尚裕，议请拨丝茶厘捐、各商船捐充费，不累业佃分文"。前引陆旦华《重浚李漴泾水利序》也提及"募临河市肆中捐厘生息，以为捞浅地步"，说明商民之厘捐是治河资金的来源之一。具体商捐数额见之于同（治）光（绪）年间的记载。同治十一年（1872）起至光绪元年（1875），本镇商民着手捞浅事宜。史载："先是，九年冬间疏浚李漴泾，用亏钱三百六十一千八百六十五文。十年二月，经董李曾裕、杨坚等请续收商捐，以弥亏款，并补冬间捞浅之费。是年，捞去市河河底砖石，用钱八十五千六百四十一文。十二年正月，东口徐家汇、西口周家桥分段捞浅，用钱一百五十一千九百七十四文。十三年正月，捞徐家汇进口及老鸦窝、香店桥等处，用钱二百五十九千三十五文。光绪元年正月，自三泾庙至周家桥出口，捞浅九百余丈。皆取给于商捐。"紧接着，光绪二年冬季，法华商民刘正泰等请求提前顶浚李漴泾（按惯例，李漴泾与蒲汇塘、肇嘉浜一同开浚），得到上海知县莫祥芝的批准，谕令士绅黄崇基、李鸿都等人"查照旧章，劝集沿河八图编夫顶浚"。在经费用度上，"各图田额二万九千四百七亩，每亩挑土四分三毫，实用车坝等费钱三百五十四千九百四十三文。除动用积存捞浅商捐钱二百九十七千五百三十四文外，不敷钱五十七千九百九文，即在本年捞浅商捐弥补"。从"积存捞浅商捐""本年捞浅商捐"的表述看，商捐的数额不在少数，成为治理河道的经常性开支。光绪七年春，经士绅提议，上海知县同意，筹拨商捐钱三百千，加上"蒲、肇工款内拨钱七百千"，同时开浚李漎泾、蒲汇塘、肇嘉浜；为了妥当起见，另于"蒲、肇工款内加拨二百千，尽贴方价"。按照预算，"工长一千八百四十四丈，面宽三丈，底宽一丈，平水浚深四尺，合土一万四千五百八十三方五分八厘，每方给价钱一百七十文。顶浚各图，额田除火药局占用公地五十亩外，共存二万九千三百五十六亩四分三厘，每亩挑土四分九厘零，应给方价钱八十四文。扣抵蒲、肇工费每亩六十六文，应贴钱十八文，共贴五百四十一千六百八十五文，尚余六百五十八千三百十五文作偿"。问题在于，此前由于提前顶浚，经费出现缺口，"提先顶浚，民力不足，贴还每亩钱二十二文零，其车坝、局费共用九百二十八千一百七十一文，以五年分结，存商捐本息钱四百十六千一百二十文。六年，续捐钱一百七十一千一百十五文，尚不敷钱四百四十千九百三十六文，暂由镇商筹垫，以俟续收河捐弥补"。宣统二年（1910），做出各项扣除后，工程款项"不敷钱二百六十七千八百八十六文，暂由各商号筹垫，俟续收河捐弥补"。这里提及的"河捐"，也是向商民派征，但起征过程不详。民国志宣统二年"水利"条目下，仅见"历年积存河捐本息钱一千一百五十三千五十三文"的记述。另从民国志中华民国四年"水利"条目所载"各商积存河捐"一语看，河捐似与商捐类同；但是，商号垫支不敷部分，日后却从河捐中抵扣，又与"商捐"不同，待考。总之商人出资是水利事业得以保障的重要前提，这在以商业发达著称的江南地区尤为明显。恰如前引胡人凤《李漎泾水利论》所言："法华镇坐落是河中心点，在嘉道间为阖邑之首市，百货充盈，筹捐亦易。"

四是按照田亩摊派（"亩捐"），例如乾隆二十八年（1763），江苏巡抚庄有恭"请疏借帑，按田征还，自三十年起，分三年派征。时上海知县于方柱董其事"。又如嘉庆七年（1802），为了通浚蒲汇塘，知府康基田饬令"三邑协浚，派亩三五分不等。……嘉庆十五年，知府孔继干仍令三邑派亩协浚"。道光十六年（1836），开浚蒲汇塘时，"通县按亩出夫，不给土方工价，惟局费出之官项"。同治九年（1870），为了治理蒲汇塘，上海知县朱凤梯"筹劝亩捐，雇夫重浚。除顶浚李、新二泾外，尚有额田六千顷，每亩派指六十六文，可抵工资。估完工长五千二百二十八丈，面宽六丈，底宽二丈，除旧河形，挑土十二万一千八百余方，每方一百七十文"。光绪二十一年（1895），上海知县黄承暄开浚蒲汇塘，"工长五千九十一丈七尺，完挑土十二万一千九百三十六方八分，除顶浚李、新、三林外，每亩派捐六十文"。治理李漎泾，也动用了"亩捐"手段。同治九年上海知县朱凤梯开浚，"此次沿河八图，始议不派蒲肇河捐外编夫顶浚。李漎泾自南口起，二十八保东十八图，二十七保四图，二十八保五六图、北十二图、东七图、八九图、西十八图、西七图、四图、三图、东半图，计田额二万九千四百七亩，每亩挑土四分八厘四毫六丝。除亩捐扣抵工资外，由县在蒲肇项下拨款津贴不敷钱七百千文。援照蒲肇每方一百七十文，除亩捐应收六十六文外，共贴四百八十一千七百八十一文，余充车坝杂费"。当然，亩捐只是治理河道所需经费的一部分，通常情形下既有亩捐，也有商捐等经费。例如，光绪二十二年春季，上海知县黄承暄照章饬令开浚李漎泾，"奉拨蒲、肇工款项下钱七百千文，照蒲、肇每方一百七十文，除收亩捐六十六文外，共贴钱三百二千九百七十二文，尚余三百九十七千二十八文。及筹集商捐八百余千，以充车坝、局费"。按田征派，无疑会增加民众负担，但为了长远之计，只能如此行事。为了均平起见，一般多会"按图捞浅""按图摊派"。①

除了上述各项经费，另有其他筹措途径。例如，民国四年（1915）冬，法华地区筹捐捞浅，"县拨沈悦堂款五百元，跑马总会一百二十八元二角，各商积存河捐及善士捐助，共洋七百八十七元八角二分二厘。不敷洋四百七十五元，暂向各商号借垫，嗣有相当公款及续收河捐归还"。②筹款渠道的多元化，有助于水利事业的维持和发展。

仅从上海法华地区的水利事业看，主事者是封疆大吏（布政使、巡抚）以及地方要员（知府、吴淞司），具体落实者是县级官员（知县、知事）以及受知县委派之基层官员（巡检）。例如，蒲汇塘、李漎泾的开挖及挑土工程，多次由巡检亲自督工。咸丰八年（1858），"知县黄芳委巡检章棠督浚"；同治六年（1867），"委巡检汪祖绥督其役"；同治九年，"委巡检汪组（祖）绥、袁承恩分段督挑，悉照上届"；光绪六年（1880），"委巡检年维崧督挑，悉照上届例"；光绪七年，"知县莫祥芝委巡检年维崧督挑，仍照旧例，惟提先捞浅"等等。巡检的主要职责是维持社会治安，其负责河工一事（时称"督工员"），颇值得探讨基层社会管理者注意。另有受上海知县委派的巡防局官员参与开浚，如光绪二十二年治理李漎泾，"县委徐家汇巡防局员陈嘉谟为监挑员，不支薪水，颇洽舆情"。民国四年（1915），上海知事沈宝昌委派徐家

---

① 以上经费来源均见嘉庆《法华镇志》卷二《水利》；光绪《法华镇志》卷二《水利》；民国《法华乡志》卷二《水利》。
② 民国《法华乡志》卷二《水利》。

汇警局署员余炳文"到工弹压，亦不酌送薪水"。①于此可见，巡检、巡防、警员参与河工，主要职责是维持工程秩序，避免有人寻衅滋事。

参加水利疏浚的人手，既有普通民众，又有士兵（"团勇"）。开浚工程一直延续到民国。例如，吴淞江在民国八年（1919）由苏省水利局购置挖泥机器，"逐段捞挖"。其间，地方士绅（文献所称"镇绅""图董""镇董"等）也发挥了重要作用。例如在疏浚李漎泾的提议上，清咸丰八年（1858），"镇绅、前贵州思州府知府李钟瀚等呈请筹捐开浚"；同治九年（1870），"镇绅李曾裕、杨坚等呈请开浚"；光绪七年（1881）的顶浚工程，"镇董黄崇基、吴铨总其事"。尤其是宣统二年（1910）春，上海知县田宝荣饬令开浚。当时，镇董李鸿模因年老体弱退出，"公举李鸿翥、胡人风为总董，黄炽、杨洪钊为协董，吴淞司贺庆澂为督工员"。民国四年冬，法华乡经董杨洪钧、农会会长胡人风呈请捞浅，得到县署批准。②作为一方意见领袖，这些精英人物的提议往往会带动官府的行为，而且往往直接参与或负责工程建设。值得注意的是，晚清时期为了兴办团练，上海知县刘郇膏于咸丰十年（1860）设置法华局。战事结束后，"专办水利、荒政、保甲、清乡及一切公益事宜"。宣统三年开展乡镇自治，法华局改称乡公所，亦负责水利事业。民国三年，"自治停办，奉令又改称法华乡经董办事处"。③无论法华局抑或法华乡公所，均系地方士绅掌控，对法华乡镇事务拥有较大的发言权。

水利兹事体大，在兴办过程中难免出现这样或那样的问题。一是贪污腐败现象。清康熙十七年（1678），邑人张锡怿请求官府开浚，获得批准。不曾想，开浚工程被"奸蠹包揽侵渔，偷决大坝，致督工

---

① 光绪《法华镇志》卷二《水利》；民国《法华乡志》卷二《水利》。
② 民国《法华乡志》卷二《水利》。
③ 民国《法华乡志》卷一《沿革·建置》。

官、县丞郦蜇煌自经死，迄无成功"。二是利益纠纷引发社会矛盾。乾隆五十五年（1790），知县周云翻饬令吴淞司屠国英督导疏浚李淤泾工程，结果出现了意想不到的阻碍。史载："有三泾张姓私计广门前场地，移河稍南。官不许，责之。适其母病死，籍挟为诈，诸不逞群和之，欲毁辱呈首以遂其私，几成大狱。邑令侦知，霣夜出按，尽得其实，执为首唆事者重惩之，事乃已"。①因水生利或因水生隙，皆系常态。对于后者，只要因势利导、处置得当，不会妨碍社会秩序正常运转。

成亦水利，败亦水利。晚清以降，法华乡镇社会的衰微有多种原因，其中之一便是水利不畅。时人称：

> 试观通商大埠，必因水利而兴。法华地属奥区，帆樯绝迹，河形隘窄，兼之两口进潮、会聚停蓄，虽历次疏通，不旋踵而顿形淤塞。究其原因，有三误焉。一李淤泾应与三泾、丁浦合为一河，直出吴淞江，何等便捷！即使丁浦久淤，应在三泾西购地，开通范家浜，出吴淞江，亦为直径。凡开河，贵直不贵曲，直起直落，易刷泥沙，工省费微，一劳永逸。何必屈曲盘旋，如龙华十八湾，湾湾面龙华，循故道而达周家桥出口哉？此不易开之原因一。一在咸丰八年，邑侯黄芳奉檄来浚，悯市河形同沟洫，最狭处石岸驳占不盈一丈，不成为舟楫往来之市河。谕将下塘房屋一律拆除，开阔加深，帆樯云集，实为振兴商业之基础。无如各绅董狃于小利，不愿拆除，是以乡河河面四丈，而众安桥至种德桥市河仅定三丈，甚至石驳不拆，中间仍不盈一丈。束缚既多，其流必滞，此不易开之原因二。一咸丰八年，既浚乡河，河面四丈，何以同治九年不

---

① 嘉庆《法华镇志》卷二《水利》。

遵成例，乡河河面亦开三丈，缩小范围，节节让步？今则东镇迤南洋商驳占，年盛一年，欲求三丈而亦不可得，此不易开之原因三。总之，市面之盛衰，关乎水利；而水利之通塞，端在人为。今已势难挽回，为目前计，为权宜计，惟有浚深西段，通商运货，苟延一线之生机。设或租界扩张，不知主权何属也？茫茫后顾，夫复何言！①

这一大通激愤之论，将水利与市镇兴衰之关系揭示得相当透彻。作为"沪西首镇"，法华乡镇社会的兴衰变迁，至少可以从水利事业的角度获得某种诠释或启迪。当然，河道不畅固然是法华镇式微的原因，但上海开埠后的西力东渐（"今则东镇迤南洋商驳占，年盛一年"），亦是传统市镇陷于窘境的一大背景。

四、种植及食物结构

从生态环境看，法华地区堪称典型的江南水乡，农业是支柱产业。因此，粮食种植奠定了法华地区的经济基础。乡镇志关于《淞溪八咏·吴淞帆影》的歌咏，便有"稻香最是丰年乐，两岸田歌和櫂歌"之句。②而关于风俗的记述，则有"法华人物朴茂，不事雕饰。士尚气节，农勤耕织，商贾务本安分，向称仁里"的自鸣得意。③

---

① 民国《法华乡志》卷二《水利》。
② 嘉庆《法华镇志》卷一《沿革》。
③ 嘉庆《法华镇志》卷二《风俗》。

表5　法华地区的粮食种植概况

品　种	说　明
粳　稻	有二种：早黄仙最合宜，李子红较迟，不多见。
糯　稻	有二种：花边糯、白壳糯。性软，酿酒多汁。
旱　稻	不需水，木棉田畔皆可种，唯收谷甚少。
大　麦	古谓之牟，有芒，性凉。暑时宜煮茶，亦可煮饭。
小　麦	古谓之来，无芒。一种名舜歌麦、火烧麦。磨细作面，甚白。可作酱皮，曰秬皮。以水洒其汁，而手摇之，曰面筋。汁滞而成粉，曰小粉。
圆　麦	一名□麦，又名白麦，有赤、白二种。种植与大小麦同，获较早。磨粉煮饭，食之耐饥，土人赖饱以力耕。艺者常过大小麦之半。
黄　豆	早种，名落车黄、长其黄。晚种，形粗，名白芒稜眼白、红芒稜眼白；形细，名急急山。俱可榨油，亦可作豆腐，名来其。
大　豆	有黑、白二种。黑者，绿肉，补品。嫩时均可作蔬，曰毛豆荚。
青　豆	晚种，形细，出关山东，谓之关青豆，亦可榨油。
蚕　豆	同蚕熟，故名，亦名寒豆。有青、白二种，青者佳。嫩时蔬食最美。老可炒食，作粥菜。
牛踏扁豆	有黑、白二种，形长而扁，嫩时可作蔬食。
小红寒豆	形甚小，可治痢疾。
绿　豆	一种灰绿，微糙，性糯，名蚕沙绿。春种夏实，荚长三四寸，实苍赤色，而大于常绿。酷类蚕沙，故名。煮易烂。夏月作汤食之，解热毒。
赤　豆	壳黑粒沙，可煮豆沙。一种粒较细，名米赤，解湿毒。
豌　豆	一名戎菽，俗呼小寒，与寒豆同熟，故名。嫩时，连荚煮食最佳。
扁　豆	有红、白、紫三种。白者肥美。均可作蔬食。
豇　豆	有红、白二种。最晚名攒花豇豆。嫩时，连荚供蔬食。
刀　豆	以形似名，嫩时采之，可入酱。
芝　麻	即胡麻，有黑、白二种。黑为补品，道家以为饭。陶隐居云：八谷之中，胡麻最良。
珍珠米	一名鸡豆粟，又名天方粟、玉麦，俗呼八节米。四月种，八月熟。节间有赤须，结实累累如珠。黄色性粳，白色性糯。用火爆开，色白，为米花，和饴成球，乡人于新年互相馈送。

（续表）

品　种	说　明
芦　粟	干长而青，汁如甘蔗。顶生大穗，结粟如穄。
高　粱	干叶穗似芦粟，而叶中间有白纹分之。摘穗磨粉，可作汤团。
黄　穄	亦似芦粟，摘穗磨粉，可作糕。

资料来源：嘉庆《法华镇志》卷三《土产》；民国《法华乡志》卷三《土产·五谷之属》。

从上表看，法华地区稻麦俱全，豆类品种众多（计有12种），此外还有芦粟、高粱等。应该说，这些传统农业生产常见的作物能够满足乡村民众基本的生活需求。粮食之外，还有蔬菜种植。

表6　法华地区的蔬菜种植概况

品　种	说　明
银丝芥	一名佛手芥，细针为佳，制为菹，经年味不变。种他处则不荣。
弥陀芥	叶阔，脓厚，亦可作芥辣。
塌窠菜	一名盘科菜，以塌地生，故名。叶深绿，有绉纹，经霜甘美，逾常品。唯种于桑树、桃树下者味苦。
油　菜	立春前塌窠菜为佳，立春后油菜为最。至老，撷食其苔，谓之菜剑。收子可榨油，故名油菜。其利较豆、麦为优。
大　菜	有青、白二种。分栽渐大，谓之冬旺菜，俗呼上菜。冬间可作虀，唯秧购之浦东则荣，梗如虀杓式。
小白菜	七月落子，半月可食。小者谓之鸡毛菜。
雪里蕻	似芥，可腌藏、干虀，经年不变。
荠　菜	又名野菜。木棉田中野生者，味最鲜美。若收子播种，则不及。
金花菜	俗呼草头，吴淞江北呼为大草。第二次摘叶最佳，若夏种则无味。
苋　菜	俗名米苋。有红、白二种。红性糯，白性粳，作蔬。
甜　菜	有春、秋二种。叶似靛青。冬食根，有甜味。
蕹　菜	叶似地丁草，撷茎作蔬。

（续表）

品　种	说　明
马兰头	竹畦、场圃间均有之。清明前煮熟、晒干，夏间食之，味香。清明后，则虫蛀。
辣　椒	一名番辣，一名秦辣。春种，秋实，冬熟。有红、黄两色，大小数种。色青转红，捣作酱，味辣于川椒。今艺圃多种之。
芹　菜	一名水河芹，下茎如蒜，可拌食；一名药芹，味不及。
韭　菜	叶细而长，肥壅，可刈。入冬，拥泥作小墩，清明时发刈，色白而嫩，名韭菜芽。夏则长出青苔，名韭菜蕻。
水萝卜	一名芦菔。解面毒，又解食参膨胀。叶茂色青，煮熟晒干藏之，名菜干。产妇食之，解秽血。根即萝卜，白如雪，大如臂。一种春生者，名杨花萝卜，干细，子可入药。
红萝卜	较水萝卜细而长，色赤者为佳，淡黄色次之。
蓬蒿菜	叶似艾，微有药气。
茄　子	一名落苏。有紫、白二种。或腌或酱，俱佳。白者名番茄，性较嫩。又一种名宁波落苏，紫色，细而长尺余者亦佳。
早燕笋	生于燕来时者，故名。嫩白肥鲜，可匹佘峰兰笋。
哺鸡笋	一名护居笋，生于哺鸡时者，故名。茎短，肉厚，鲜香第一，可匹佘峰兰笋。一说味稍次。
莴苣笋	俗呼莴笋。叶尖可食，茎可腌作干。府志云：有毒，百虫不敢近，人中其毒，以姜解之。
葱	一种名龙爪葱，又名楼葱、龙角。茎杪出歧芽，如龙爪、八角，摘下种之，即生根。一种大者，名山葱，又名胡葱。一种小者，名细香葱。一种叶细，随地生者，名地葱。
卷心菜	洋种。叶大于掌，青色，有绉纹，逐层卷转，现白色为熟。煮食时不耐久藏，虫即生之。
茭　白	生水中，嫩白如笋，味甘。如带灰色，次之。
芋	叶似荷，而茎扁，根生。大而圆者，曰老芋头；附边生者，曰芋。
山　药	叶似扁豆，而尖根长尺许，劚食，味甘腴。
慈　菇	俗呼时果。生水田中，附根结实如芋。乡民年终祀灶，多用之。
豆　芽	以黄豆水渍之，皮退豆坼生芽。绿豆渍者，名绿豆芽。均可作蔬。

（续表）

品　种	说　明
大　蒜	有夏种、冬种，其叶可食，其苔曰蒜苗，其根如百合，曰大蒜头，可腌食。
洋　葱	出自外洋，故名。根如大蒜头，可供蔬食。洋人喜食之，获利颇厚。
番　芋	出广东番禺县，故名。又名马铃薯。洋人购食之，俗呼外国芋。叶绿色，开白花，有红、白二种，大如拳，小如鸟卵。早种则畅旺多收，晚种则经霜不茂。

资料来源：嘉庆《法华镇志》卷三《土产》；民国《法华乡志》卷三《土产·蔬之属》。

蔬菜是人们日常饮食之必备，虽极普通，却不可缺少。初步统计，法华地区种植的蔬菜多达33种，可谓丰富。芥菜、白菜、辣椒、萝卜、茄子、大蒜、洋葱、包菜、莴苣、豆芽、土豆等，至今仍然是上海市民餐桌上的常见菜肴。除了米、面等主食，法华地区因为天时、地利，还栽种了多种瓜果。

表7　法华地区的瓜果种植概况

品　种		说　明
瓜类	王瓜	皮多小刺，至老则黄，俗呼黄瓜。生、熟可食，夏时美品，嫩者可酱。
	冬瓜	大如枕，有青、白二种。青出浦东种为佳。
	西瓜	种出西域，故名。大如斗，去皮食瓤，有红、黄、白三种。近有一种名洋西瓜，小如碗，瓤甜如蜜。
	生瓜	亦名菜瓜。形似王瓜，皮光而长，有乌皮、白皮、花皮三种。生拌食，亦宜酱。
	甜瓜	黄而有棱者，名酥瓜，亦名密筒瓜。皮光而滑，名金瓜，亦名金鹅蛋。青而蒂有圆圈者，名枣子瓜。白者名雪瓜。
	南瓜	俗呼饭瓜，贫民煮食代饭。上丰，下作鹤颈，葫芦式，肉黄，味甘，蔓生墙阴隙地。又一种，矮而圆，色味亦同，子亦可食。
	北瓜	形小，经冬色红，间翠斑甚佳。只可供玩，不可食。

（续表）

品　种		说　明
瓜类	丝瓜	色青，长五六寸，嫩时刮去浮肤，作蔬。
	地蒲	形似生瓜，细而长，作蔬。
	金瓜	黄而有棱者，悬至新年，去皮，溶化如线，拌食味佳。
果类	水蜜桃	皮薄，瓤甜，入口即化。蒂有小红圈者最为上品。原出顾氏露香园及黄泥墙，近年徐家汇南龙华一带颇繁盛，唯小红圈不经见也。一种名蟠桃，形扁如柿，味与水蜜桃相埒。若移种肇嘉浜西，则地土不宜。此外，如坚小核脱者，名毛桃；皮红者，名李光桃。又，杨桃、五月桃均为下品。
	地栗	一名荸荠，种水田中，色淡红，号铜箍者佳；其梗利小便。
	柿	形扁而大，皮薄瓤甜，有全无核者。又一种，名油柿，不可食。
	梅子	结实，味苦，名苦梅。唯杏梅、雪梅最嫩。
	李子	色青，转红味甘。
	花红	结实，如苹果而小，味与苹果同。
	石榴	子红为佳，白色次之。
	银杏	俗呼白眼，又名白果，三棱为雄，两棱为雌，总以无心者为贵。法华寺有之。
	香橼	粗皮，名魁星面者佳，珠橼次之。
	波斯橙	大逾福橘，皮粗味香。
	白婆枣	白而松者佳，转红色，心已蛀。
	葡萄	俗名荸桃，藤生架棚，结实成球，红转紫色味甜。
	樱桃	形似荸桃，色甚红。
	代橘	结实在树，应时青黄，二三年不落，故名代。治心疾。其花甚繁，采入茶叶，香洌异常，名代代花。
	水红菱	种池塘，白嫩，生啖。
	无花果	不花而实，中有米粒，食之疗痔疾。
	枇杷	地土不宜。味酸，其叶去毛，治呛咳。

资料来源：嘉庆《法华镇志》卷三《土产》；民国《法华乡志》卷三《土产·蔬之属、果之属》。

现代俗称的瓜果，时人称为蓏果，一本《汉书》所谓"木实曰果，草实曰蓏"。需要说明的是，南瓜是明代传入中国的美洲作物，此乃通称。实际上，北瓜也是南瓜的一种。嘉庆《法华镇志》称："北瓜，形窄上丰下，肉深黄色，味甘，蔓生墙阴隙地。煮食令人饱，乡人称之曰饭瓜。"这一记述，与民国《法华乡志》关于南瓜的文字几乎一致，而后者所言"北瓜"却不是食物，只可赏玩。毫无疑问，众多瓜果的出产，丰富了人们的饮食内容。

由于种植业直接影响到食物来源，因此这些粮食、蔬菜、瓜果自然成为人们满足口腹之欲的首选对象。与此同时，生活的经验和地域文化的熏陶，往往促使人们巧妙地利用相关的食材，制作更多的食物。这一点，可从当地的岁时节序中得以窥见一二。正月元宵节，"接灶神，用荠菜馅粉团"；正月十六日夜晚，"坐床沿，用芝麻裹馄饨，名为包蛮虱。（惟馄饨不祀灶。谚云：颠颠倒倒，馄饨献灶）"；"九月初九日，蒸重阳糕"；"十二月二十三日，送灶，用荸荠、地栗、饴糖等物"。另有腊八粥，"（十二月）二十五日，举家扫尘，以杂果煮双弓米，谓之腊塌粥，或以腊月八日古名腊八粥所流误也。案，腊八粥，一名七宝粥，见于吴自牧《梦粱录》、孟元老《梦华录》，本僧家清供。吴曼云《江乡节物词》云：双弓学得僧厨法，瓦钵分盛和蔗胎。莫笑今年榛栗少，记曾画粥断齑来"。[1]乡镇居民有开设豆腐作坊者。史载："三和尚者，王姓，身长有殊力。业腐肆于东镇。会明季游兵掠食，为患乡里。一日，至王处，索豆浆饮。王佯诺，徐手举七石缸二，舀水至岸侧，给兵运进。兵不能动，咸敛手相戒，不复至。国初，犹有假倭

---

[1] 嘉庆《法华镇志》卷二《风俗》；民国《法华乡志》卷二《岁时》。

名目从蒲汇塘来者，大肆劫掠。临去，挟土人负辎重，王在派中。至河滨，始瞋目向倭，曰：尔鼠辈能以力胜我，则俾尔物，否则死。倭大哗而前，王摔其魁入水，以次七八人，健者略尽，群倭四散遁。由是，三和尚名著远近，里中赖以宁。死，葬众安桥南。后坟毁，见其臂为独骨云。"①这段文字提及"腐肆"和"豆浆"，足以表明包括豆腐、豆浆在内的豆类食物较为流行。值得注意的是，蜂蜜乃法华特产，曾获得博览会一等奖。时人称："蜂有数种，能酿蜜者为蜜蜂。收而养之，获利甚溥。吾乡戚秀甫在虹桥路建养蜂室，得红蜂一种，为东亚全洲所无。其创制之蜂箱，灵巧无匹。培养方法经验极深，可谓养蜂专家，成效卓著矣。民国十年，江苏省物品展览会得一等奖章，实业厅张给'酿馥贻甘'额。姚鹓雏赠以诗云：谁曾瞰蜜澈边中，绛额绯衣自不同。秋冷霜清休寂寞，相依喜有雁来红。"②秋粉，"以小粉（麦）为之，其白如雪，细于线。夏秋始有，故名"。③杏仁饼，"以杏仁捣汁和面与糖，团如小馒头，烘成甚松，入口即化。徐家汇德昌顺制最佳"。④

江南水乡岂可无鱼？对于法华地区的民众而言，水产自然是熟知且喜食的主要食物，"（正月）初五日，鸡初鸣，接财神，必用鲜鱼，极活泼者谓之元宝鱼"。⑤兹据嘉庆志、民国志，略举数例：玉筋鱼（一名箭头鱼，"出李漎泾者最佳"）、鲈鱼（"鲈出吴中，松江尤盛"）、比目鱼（"一名竹叶，俗呼箬板，又名鞋底鱼。……味绝佳"）、推沙鱼（"一

---

① 嘉庆《法华镇志》卷八《遗事》。
② 民国《法华乡志》卷三《土产·虫之属》。
③ 嘉庆《法华镇志》卷二《土产·食物之属》。
④ 民国《法华乡志》卷三《土产·饮馔之属》。
⑤ 民国《法华乡志》卷二《岁时》。

名吹沙鱼，无细骨，冬月腴腴"）、白鱼（"生吴淞江者最肥"）、塘里鱼
（"扁头、细鳞，肉无芒骨，味美，产池沼中"）、虮蟹（"捣汁和鸭卵，
调作腐衣，名蟹腐衣，味最佳"）、无芒虾（"宋静安寺僧智俨啖虾一斗，
渔人索值，无以应，吐虾还之，俱活，惟无芒耳。遗种涌泉浜，他处则
无。民国八年，浜被英工部局填塞筑路，此种遂绝"）。不过，对于味
道鲜美的青蛙，有识者建议禁食，所谓"蛙，一名水鸭，俗呼田鸡。背
绿色，善鸣，形似蟾而小、似虾蟆而大，专食害谷虫，有功田苗，宜
禁食"。①通常情形下，鱼类菜肴是下酒之品，以故必有酒。法华出产的
酒，主要有二：一是十月白酒，"俗于九十月酿秫作酒，率以斗米，下
水十斤，二三日即清冽，色白味醇，名酒板。榨溃，酒浆名白酒，又有
菊花黄、靠壁清等名。邑人乔钟吴诗：十月白，酿初熟。家家缸面清，
朝朝瓮头洒。酒香甘如蜜，糟洁白于玉。洗盏赛田神，提壶馈亲族。鸡
豚无失时，力耕岁租足。新棉绽衣裈，新茅补场屋。勿虑荒三春，麦田
雪花六。妇子乐陶然，共享丰年福"。二是陈酒，"最著者出绍兴，名绍
兴酒。今本镇金恒盛、张益隆所制味极醇厚，价廉物美，较绍兴酒则有
过之"。②在餐饮业方面，法华也有声誉卓著者，"本镇金和瑞，俗呼金
家馆，百年老店。如卷蒸鱼脍、糟钵头蟹腐衣最驰名。惟祭品之高装，
金家馆与邑城人和馆独擅其技"。③法华号称"沪西名镇"，酒肆饭馆不
可或缺。

附带提及，法华本地还出产数十种药材，一并整理记录于此：

---

① 民国《法华乡志》卷三《土产·虫之属》。
② 民国《法华乡志》卷三《土产·饮馔之属》。按，"十月白酒"，嘉庆志所记略有不
　同；"陈酒"，嘉庆志不载。
③ 民国《法华乡志》卷三《土产·饮馔之属》。

表8 法华地区出产药材一览

名　称	医　用　价　值
金丝荷叶	一名虎耳，一名石荷。叶生阴湿处，一茎一叶，有细毛。夏开淡红色花。瘟疫，取汁和酒服。生服利吐，熟服则止吐。
鹅不食草	一名石胡荽，生石缝及阴湿处，兰盆中最多。通鼻气，利九窍。
金锁银开	节节生叶，捣汁，治喉症。
薏苡仁	一名芑实，又名因因米。种花畦间，五六月结实（一说六七月结实）。青白色，形如珠而稍长，故又名意珠子、菩提珠。去壳，久服则轻身益气。
旱莲草	一名墨菜，一名醴肠草。茎有墨汁。深秋作花，白色。结子，类莲房，故名。益肾之品。夏月，取汁和盐，入新竹筒煨干，用以擦齿，良。
落得打	香如醒头草，而叶大倍之。《本草》无此名，今医家多用之，洗年高人筋骨疼痛，极效。
红　花	一名红蓝。
苦　草	味苦，芳香，性破血。白露清晨收藏之。产后煎汤饮，乡间多用之。
青　蒿	《尔雅》曰蔵叶，类枯草。治留热在骨节间。
紫　苏	茎方，叶圆而尖，四围有齿。子、叶俱祛寒，尤治蟹毒。
藿　香	性味如香茹。祛暑，夏日代茶饮。
薄　荷	叶似藿香，亦祛暑。
浮　萍	紫背者入药，祛风湿。
菓　耳	一名苍耳，一名卷耳，俗呼绵蛮草，祛湿之品。
枸　橘	一名臭橘。
五加皮	味苦，性凉，乡人摘以代茗、浸酒。
茺　蔚	一名益母草，产后要药。白花走气分，红花走血分。子曰茺蔚，子功用同。
臭梧桐花	浸酒服，活血。遍地有之。
芍　药	一名将离，一名梨食，又名余客（容）。赤者利小便，白者止痛散血。味酸，敛津液。

（续表）

名　称	医 用 价 值
金银花	《本草》曰忍冬，又名鸳鸯藤、鹭鸶藤，左缠藤。花，散热解毒。藤，治筋挛、四肢痛。
八角符	《本草》不载。捣汁冲酒服，愈血症。
蒲公英	俗名黄花郎，味苦性凉。
莞荽	味辛性散，痘症要药。
羊□草	茎有汁，治鸦片烟毒甚验。
雪里青	经冬不萎，故名。形似塌窠菜。治痔疮，煎水洗之，即愈。
脱力草	治四肢无力者。
凤尾草	生墙阴砖隙、无人迹过者佳。有三尾，中尾煎饮，治白浊。
野菊花	治无名肿毒。
枸杞子	采嫩叶作蔬，名枸杞藤，子名枸杞子，根即地骨皮，俱药品。
菖蒲	喜瘦种，碎石中，日浸以水便活，名细碎石菖蒲。明目，尤能开窍。
车前子	《诗》称芣苢，俗称癞蛤□草。多生道旁，采子入药。
穿穿活	用茎，一岁一寸，煎水，洗经络。
轩轩草	煎水，洗风湿。
泽兰	茎方，叶对节生，有细齿。破淤生新，为产后要药。
乌骨鸡	俗呼裁毛鸡，遍体白毛，骨黑于漆，以翠耳五爪者佳。治小儿惊风。食之，大益阴。
猬	俗名刺猬，遍体生刺……治肝疾甚效。
白石榴	一名若榴、千叶饼子。花阴干，可愈血症。
羌螂	一名转丸，食人屎，性善走。治大便不通，极验。
酒药草	《本草》不载。

资料来源：嘉庆《法华镇志》卷三《土产》；民国《法华乡志》卷三《土产·药之属、羽之属、毛之属、花卉之属、虫之属》。

特别需要提及的是，在述及法华地区的种植业时，棉花和蚕桑是重要内容。正因其地位特殊，所以另辟专目以论之。民国二年（1913），法华乡农会成立，首任会长就是《法华乡志》的编纂者胡人凤，连选连任，共担任三届会长，说明民望甚高；副会长杨洪钊、杨树源。当时，农商部刊行《实业浅说》、实业厅刊行《实业月刊》，"颁发各市乡，劝导改良种植，增进农产，振兴实业为主义"。除此之外，农会的职责还有——"凡遇雨雪，及各种栽植、畜牧，填表呈报"。[①]农会的成立，是农业渐呈近代性的标识之一。

五、手工业：棉业与蚕桑业

明清时期的江南，最普遍、最重要的乡村手工业当推棉纺织业和丝织业。在很大程度上，棉与丝的生产和交易，打造了江南经济奇迹。自唐宋之际中国经济重心南移之后，借助棉、丝二大手工业，江南再次成为中国经济的中心舞台。这便不难理解：现存的三部法华乡镇志，对棉业（棉花种植及纺织）和蚕桑业均给予相当篇幅以记述之，旨在显示其非同寻常的历史价值。

嘉庆《法华镇志》称："田多高壤，宜植木棉。以牛耕者，曰使田。以铁耕者，曰垄地。芸草，曰脱花。粪田，曰膏壅。雨后召工，曰忙工。三指捻纱、以足转轮，曰三脚车，能者日得一斤。聚纱，曰经布。浆纱而复理之，曰刷布。布有长短两种。女之最勤者，寅起亥息，有日成四匹者。"并引述时人诗作，以证其详。一是谢寉《刷布》诗："乡

村二三月，晴日高三竿。雅怜纤纤手，拮据当门阑。掷掷经千缕，遥遥齐两端。匀圆借浆力，来往刷且干。卷归入茅舍，终日织始完。乃知女红勤，一如农工殚。吾乡木棉布，声价重罗纨。布衣足温暖，何必侈美观。寄语开服人，须念物力难。"二是乔钟吴《织布》诗："单梭布，单梭织，升平免调庸，绢绵久无役。女吉古贝多，旦夕不遑息。素积十五升，尺幅四丈匹。精光拟缟帓，细都如弱锡。夜纱旦成布，鸡鸣市头集。机杼声咿哑，纺绪灯映壁。具氎天下衣，三吴蕃货殖。"① 土壤适宜种植棉花，是法华地区棉纺织业发展的重要前提，"木棉，本名吉贝。……法华田皆沙土，尤宜木棉，种者居七八。有紫、白二种。方蕊未花，曰花盘。花实方结，曰花铃。早收者棉重，霜后收者棉轻"；"每于春末夏初下种，既出后，妇女荷锄删莠，名曰脱花。花开时，携袋撷之，曰捉花。方蕊未花，曰花盘。初开黄花，曰鲜花。结实尚青，曰花铃。子晚结无花，曰僵囊。经霜而色糙者，曰霜黄。扣罢后，折干为薪，曰花箕。箕未拔时，贫苦之家拾取遗剩，曰捉落花。近则有无赖辈，结队成群，恃强摘取，良有司当严行禁止，以安农业也"。② 尤其上面列举的两首纪实性很强的诗作，透露了诸多历史信息：人民勤劳（"乃知女红勤，一如农工殚"，"机杼声咿哑，纺绪灯映壁"），织品不仅实用（"布衣足温暖，何必侈美观"），而且精美（"精光拟缟帓，细都如弱锡"），遂导致市场畅销（"夜纱旦成布，鸡鸣市头集"，"吾乡木棉布，声价重罗纨"，"具氎天下衣，三吴蕃货殖"），也给劳动者带来了实惠（"女吉古贝多，旦夕不遑息"）。棉花种植如此普遍，以至于个别官员也热衷于此，宁愿辞官归乡。"张纮厌城市，去邑西北数里居焉。多种木棉，亲自锄收。补任建昌守，吏人来迎，遇纮田间，问守居何处，

---

① 嘉庆《法华镇志》卷二《风俗》。
② 嘉庆《法华镇志》卷三《土产·枲之属》；光绪《法华镇志》卷三《土产·枲之属》。

因指示之。潜从舍后，冠带出见吏，人相顾惊异。”①

众所周知，元代黄道婆是江南棉纺织业的传奇人物，“元元贞间，有黄道婆者自崖州来，居乌泥泾，始教制捍弹纺织之具，今所在习之”。但棉花种植却在黄道婆之前，“府志云：宋时，乡人始传其种于乌泥泾镇，今乡多种之”。②法华地区的棉花，其特点是“核细而棉厚。移种浦东则不及，一二年后，核渐大而棉薄。是以清明节，浦东乡人群至法华籴子换种。而法华首推朱家木桥种最良，有紫、白二种。近岁，种紫者少”。实际上，除了朱家木桥种，还有许多棉种可供选择，概如文献所述：“有一种墨核甚细，每百斤可出衣四拾余斤，名太仓种，性柔壳薄，种于沙土则可。若种燥土，久旱不荣。又一种出于美国，名美棉种，政府广设试验场，劝种美棉，惟花铃向上，铃壳甚厚，坼甲开花必六七日。若遇天雨，受水霉烂，完全好花不及半数。棉虽长而核甚粗，碾下花衣不及三分之一，欲求易种改良，难收效果。本乡农事，棉七豆三。棉如大众所种者，名鹰爪种，尖处有细钩，得衣可八打三。老农试验，最合土宜，又称鸡脚种，以叶似鸡脚，浑名也，非别为一种。”③在这里，“本乡农事，棉七豆三”一语至关紧要，它勾勒了法华农业种植的主体结构。实际上，这也是整个上海地区的经济特色，“其女子独勤，苦织纴，篝灯燎火，至达旦不休，终岁生资率仰给于织作”。④

---

① 嘉庆《法华镇志》卷八《遗事》。关于张纮，同书卷六《独行》有传：“张纮，字文仪。少有至性。一月七丧，哀毁营葬如礼。正德间，由进士知桐乡，擢守高唐州。时流贼寇高唐，纮增墉浚濠，料丁壮，亲隶武事，贼遂窜伏。部民白某，地有窖钱，发之可得数十万，纮不应。治严、处二郡，简静不扰。投劾自免，归耕芦子渡西，与佣保相杂作，未尝乘车行里中。一夕，携童子从田间还，逻卒呵止之，纮逊避。诘旦知为官人，蒲伏陈谢，徐慰遣之。嘉靖初，以廷臣荐，起知建昌府。卒，环堵萧然，著清白声。”

② 按，关于棉花种植，民国《法华乡志》持元代说，嘉庆《法华镇志》、光绪《法华镇志》持宋代说。

③ 民国《法华乡志》卷三《土产・枲之属》。

④ 康熙《上海县志》卷首史彩序。

恰如清代邑人彭汉英《木棉谣》所云："他乡满目皆水田，庤水栽禾年复年。吾乡近海植木棉，播种每在立夏先。一番晴雨熟梅天，嫩叶柔枝翠色妍。男女携锄度陌阡，不辞赤日炎威煎。倾欹箬笠鬐云偏，香汗流珠娇可怜。今待凉痕一抹宣，团团晴雪枝相连。筠篮采向陇头前，两手分翻破秋烟。晚来归路荷一肩，擘絮殷勤夜迟眠。"[①]在技术层面，棉花种植程序涉及整地隔寒、肥料、选种、种期、沟洫、刈草、匀花等，不赘。

法华地区生产的棉布有多种。文献称："布之佳者曰尖布，劣者曰皮布，长者曰套段，短者曰小布，阔者曰希布。希之长者有双连。又有紫花布，专行闽、广。本色者，各省行之"；"吾乡专尚希布，阔尺二寸，长二丈许，如龙华希、七宝希最驰名。原夫花之成布也，始以轧车轧去其核，㬉䐈若云，名花衣。用弓弹松，飞扬如雪，名熟花衣。约而卷于细竹茎上，上覆以版，搓之。抽去竹茎，外圆而中空，名条子。置纺车侧，取而黏于旧缕上，两足运动，随手牵引，曰纺纱。用以为经，用以为纬，而布成。"[②]从采棉到织布的全过程，可从元代熊涧谷《木棉歌》一窥究竟："秋阳收尽枝头露，烘绽青囊翻白絮。田妇携筐采得归，浑家指作机中布。大儿来觅襦，小儿来觅袴。半拟偿私债，半拟输官赋。竹笼旋着活火熏，蠹虫母子走纷纷。尺铁碾出瑶空雪，一弓弹破秋江云。中虚外泛搓成索，昼夜踏车声落落。车声才冷催上机，知作谁人身上衣。小女背面临风泣，忆曾随母园中拾。"可见，从棉花种植到加工成布，几乎是全家男女老少一齐上阵，劳动强度很大，完全是出于生存所需（"半拟偿私债，半拟输官赋"）。对此，清初邑人董宏度《织布叹》的描述更为悲惨："饥亦织，冻亦织，一梭一梭复一梭。日短天寒难成匹，豪户征租吏征粮，两两扣门如火急。丈夫欲催不忍催，向屋无言向机立。织妇宛转诉可怜，自来君家已十年。嫁衣虽有□堪着，布袴百结祖衣穿。无朝无夜俭且辛，寸丝寸缕不上身。丈夫有志苟富贵，勿忘机上糟糠人。努力织成力况瘁，回头忍泪聊相慰。犹胜邻家贱且穷，布机卖却卖儿童。"相较之下，前引彭汉英《木棉谣》则没有那么灰暗，织户对生活抱有信心："当窗萦拂丝万千，织成布匹可易钱。销售直与茧同然，万商捆载不计船。但愿年丰遍八埏，欢歌黎庶乐无边。"不过，近代机器织布业的出现，对传统手工棉纺织业造成了不小的冲击，也影响到乡镇居民的生计问题，"近世西法盛行，轧花、弹花、纺纱、织布均尚机器，女红之生计穷矣"。[1]当然，不能片面夸大近代机器工业对传统经济结构的破坏性，实际上，在许多地区传统与近代并行不悖。清宣统二年（1910），法华镇布业公会在义成庄成立，"为本镇布业私人团体"，推选何清泉为会长。不久，何氏辞世，由李春孙继任。"各布庄认缴年捐，汇集成数，除拨充学费外，共余洋二百元，存泰和布庄，作基本金"，民国初年停办。[2]同业组织的出现，既反映法华地区棉布业具有雄厚实力，也表明手工业者自我保护意识的觉醒。

虽然棉花种植及纺织是法华地区农业及手工业的主体部分，然而，明代邑人徐献忠却感到棉业的利润不如丝业。他在《布赋序》中指出："邑人以布缕为业，农虻之困籍以稍济，然其为生甚疲，非若他郡蚕缫枲苎之业，力少利倍者可同日语也。"[3]应该说，法华地区只有蚕桑业（种桑养蚕），没有丝织业（方志"土产"类之"服用之属"不见缫

---

① 以上均见民国《法华乡志》卷三《土产·服用之属》。
② 民国《法华乡志》卷一《沿革·建置》。
③ 嘉庆《法华镇志》卷三《土产·服用之属》。

丝记载）。明代著名官员兼学者徐光启既是上海本地人，也是包括法华乡镇在内的上海蚕桑业的创立者。史家称："桑，本箕星之精。有二种：葚少、叶圆大而丰厚者，为鲁桑，宜饲初生之蚕；葚多、叶小，边有锯齿者，为荆桑，宜伺（饲）三眠以后之蚕。以荆桑为本，接以鲁桑之条，根固叶茂，其法最善。吾乡自明徐文定公（引者按：徐光启）劝务蚕桑，自植数百株于家园。然习俗难化，蚕事未兴。同治十一年，苏松太道、归安沈秉成捐廉购桑数万株，分给邑民种植，而蚕桑之利始溥。今法华迤南徐家汇至龙华一带，已蔚然成林矣。"①类似的记载亦见之于光绪志："同治十一年，苏松太道、归安沈秉成，捐廉购买柔桑数万株，谕城董设局，分给乡民种植，并刊发《蚕桑辑要》一书，规条精细，图说详明，种桑养蚕之家咸取法焉。后两江总督左宗棠亦购桑分给。今法华、徐家汇、小闸、漕河泾一带已蔚，当急图改良，以求进步。"②可见，像徐光启、沈秉成、左宗棠这样爱民爱乡、务实干练的官员，其在经济改良与振兴方面的举措，往往能够产生深远影响。

植桑是为了养蚕。法华盛产鲜蚕，"蚕本天驷之精。黄帝元妃西陵氏始蚕。卵生为蚁，蚁脱为蚨，蚨脱为蚕。南蚕多四眠，北蚕多三眠。三眠者，力薄丝少。四眠者，力足丝多。有二种：束腰者，为莲心种，为上；大白圆，次之。总之，一七而变，四变而老。每蚁一钱，至老约食叶一百六十斤。若二十五日老，可得丝二十五两；二十八日老，只得丝二十两；月余老，只得丝十两余。近来丝厂林立，吾乡养蚕绝不缫丝，而鲜茧出售动以数万计。兴蚕桑之利，以济棉布之穷，谋生计者不得不改弦易辙焉。其法载《蚕桑辑要》"。③需要辨识的是，清人所

① 民国《法华乡志》卷三《土产·木之属》。
② 光绪《法华镇志》卷三《土产·丝之属》。
③ 民国《法华乡志》卷三《土产·丝之属》。

撰《蚕桑辑要》约有数种。一是沈秉成撰，一卷。沈氏，字仲复，浙江归安人。咸丰丙辰进士，官至安徽巡抚。二是郑文同撰，一卷。郑氏，字书田，浙江桐乡人。光绪乙亥举人，曾任兰溪县教谕。[1]三是费纶铦撰，卷数不详。费氏，字烈传，一字桐君，浙江慈溪人，曾探访南浔，讲求蚕桑，卒于光绪四年。[2]四是豫山撰，清光绪间刻本，史称"适署藩司，本任臬司，豫山自东省携来自刊《蚕桑辑要》一册，颇为精备"[3]云云，实为《蚕桑辑要略编》。五是谭钟麟撰。谭氏，字云观，一字云砚，号文卿，湖南茶陵人，咸丰六年进士，历官江南道监察御史、杭州知府、河南按察使、陕西布政使、陕西巡抚、浙江巡抚、陕甘总督、闽浙总督、两广总督等，注重农桑，人称"谭公绸"。[4]六是高铨撰，二卷。[5]高氏，浙江吴兴人。虽然蚕桑业不是法华地区的主业，但也构成了民众经济生活的有机组成部分，其兴衰程度与江南经济的总节律相合拍。

六、田亩及赋役

秦汉以降，编户齐民的政策导向旨在确保国家赋役的征派和社会秩序的安定。尽管明清时期户籍制度已有很大更易，但乡村居民对国家的赋役负担并未减轻。

---

① 均见《清朝续文献通考》卷二七四《经籍考十八·子·农家》，商务印书馆，1955年。
② 董沛：《正谊堂文集》卷十六《墓碣·奉政大夫费君墓碣记》，《清代诗文集汇编》707，上海古籍出版社，2010年。
③ 涂宗瀛：《试办蚕桑渐著成效疏》，《皇朝经世文续编》卷三十五《户政十二·农政上》，文海出版社，1972年。
④ 谭泽闿、谭宝箴、谭延闿编：《谭文勤公奏稿》卷首王闿运《谭公之碑》，文海出版社，1973年。
⑤ 高铨：《蚕桑辑要》，清道光十一年刊本。

与国内其他地方不同，明代有所谓"江南重赋"之说。此番议论至少说明了两个问题：一是唐宋之际中国经济重心南移之后，江南已成长为经济发达之区，具备承担重赋的经济基础。冠于康熙《上海县志》卷首的两篇序文，毫不遮饰上海的富庶，反而以此为荣。例如，明弘治十七年（1504）廷臣王鏊序称"有土斯有贡。松一郡耳，岁赋京师至八十万。其在上海者，十六万有奇。重以土产之饶，海错之异，木析文绫，衣被天下，可谓富矣"。又如，清康熙二十二年（1683），松江府知府鲁超序称"（上海）濒海近宝，桑麻粳稻而外，有渔盐之饶，故往时号为壮县，其民皆足自给"。据清人考述，元至元年间上海立县之前，"税务以上海名，仓以上海名，巡检以上海名，驿以上海名，盖已巨镇繁剧著称，不独以浦名也"。①二是明初江南官田大增，朝廷用重赋抑制豪强的政策指向相当明显。恰如史乘所言："明太祖以三吴不早归顺，尽籍豪族富民之产为官田，按私租簿以定税额，此苏松赋重所由来也。"鉴于重赋不利于江南经济的健康发展，以故明宣德年间，著名理财家周忱奉命巡抚江南诸府，总督税粮。他走马上任后，着手整理江南重赋问题，卓有成效。"正统间，周文襄忱舟过松江，见田地俱荒芜不治，召民陈秀问故。秀答：田有官田、民田，民田五升起粮，官田一石一斗起，至九斗七斗五斗止，以故居民远窜。若得减额，便可招集。文襄额之，令至察院具呈。松郡减粮自此始。（太祖召诸粮头入，见秀手足胼胝，呼为好百姓。给帖一道，内云：有此帖者，是我良民。）"至于法华地区的税粮改革，相对稍迟。万历七年（1579），邑人王圻虽在外地为官（时任陕西参议），但挂念家乡民瘼，"以二十八、二十九、三十保上乡瘠土，具文知县敖选，申请照嘉定例改折。至二十

---

① 秦荣光：《同治上海县志札记》卷一《疆域·沿革》。

年，抚院具题，始准永折，每石银四钱。三保折粮自此始"。①为了感谢王圻此举，"乡民德之，供长生位于福田庵之问梅堂"。②

对于法华地区而言，明万历二十年（1592）是一个关键年份。因为从此以后，"仅征条银，两忙前清。无闰，上折田，每亩正耗银一钱四分三厘二毫八丝零；准折田，每亩正耗银一钱四分五厘四毫五丝零。遇闰，上折田，每亩正耗银一钱四分三厘五毫四丝零；准折田，每亩正耗银一钱四分五厘六毫七丝零（正银百分，耗银五分）。民国肇兴，改用阳历，统照无闰计算；间遇歉收，减征"。因系水乡，另有芦课，"年征一忙，自光绪八年新升五六图、八九图、北十二图、十六图、东十八图"。其实在此之前，曾有一次清丈均粮的行动。具体情形是：明隆庆二年（1568），江南巡抚林润批准了生员张内蕴关于清丈均粮的建

---

① 嘉庆《法华镇志》卷八《遗事》。按，关于明代"江南重赋"问题的学术探讨，参见周良霄：《明代苏松地区的官田与重赋问题》，《历史研究》1957年第10期；林金树：《试论明代苏松二府的重赋问题》，《明史研究论丛》第1辑（1982年）；唐文基：《明代江南重赋问题和国有官田的私有化》，《明史研究论丛》第4辑（1991年）；樊树志：《明代江南官田与重赋之面面观》，《明史研究论丛》第4辑（1991年）；赵全鹏：《明代漕运与江南重赋》，《历史教学问题》1995年第2期；范金民：《明清江南重赋问题述论》，《中国经济史研究》1996年第3期；郑克晟：《明代重赋出于政治原因说》，《南开学报》（哲学社会科学版）2001年第6期；方兴：《从"苏松重赋"到"三饷"均摊》，《中国经济史研究》2010年第1期，等等。

② 民国《法华乡志》卷八《遗事》。按，关于上海地区的田赋，详见康熙《上海县志》卷三、卷四《田赋》，嘉庆《上海县志》卷四、卷五《赋役》，同治《上海县志》卷五—卷七《田赋》，民国《上海县志》卷一《田赋》。另，清秦荣光《同治上海县志札记》对田赋有详细考订，不赘。大体上，"江南重赋"局面的扭转始自乾隆时期，以后渐次减缓。史称："苏省田地科则，至为烦重，较他省不啻一与二十之比例。考其原因，由于前代宋、元、明官田之累。前明周文襄创平米之法，轻者加耗，重者折征，而赋法一变。欧阳铎从赵瀛并则之法，袁益官民田以八事定税粮，而赋法又一变。迄今，年湮事远，旧籍无征。按通省《赋役全书》开载各种科则，计有二百数十级，畸零琐碎，不胜枚举。国朝雍正、乾隆年间，迭奉恩旨议减浮粮。同治四年，复以大难初定，奉旨苏、松、太三属减免三分之一，常、镇两属减免十分之一，视科则之大小为减数之等差。自此以后，各项田地悉依减定科则。"参见陈锋主编：《晚清财政说明书》第5册《江苏浙江》，湖北人民出版社，2015年，第265—266页。

议，"奏吏部题准，以佥事郑元韶专管华（亭）、上（海）两县。履亩清丈均牵斗，则悉去官民召佃之名。田有字圩号数，册有鱼鳞归户。前清历次推收，有清丈之名而无清丈之实。号数亩分，悉仍其旧，不过单换新名、改易升坍而已，统称悉遵原丈。（见二十八保十六图万历版册，号数亩分与今册同，是其征也。明制，民户均系单名。）迄今三百余年，形势变更，颇难按索。其所立单者，乾隆三十二年称办粮执业田单，乾隆四十八年称办粮田单，咸丰五年称执业田单。（咸丰五年推收规例，每亩一百六十文，官项八十文，工房十六文，册书十二文，董事十二文，保正十二文，图差四文，局费二十四文，外加印单每张十二文。）"①辛亥革命时，亩分底册被毁，徭役具体征派细节无从详考。底册虽然无存，但编造底册的章程却保留了下来：

　　一、各图先由保正协同椙业册书，编造底册。册内先开明某保共几图，某图共几椙，某图某椙保正某，某椙业某，某椙中有某某宅，或镇或巷诸地名，一一注明。然后开某宅户名、大小口数，务必自东至西，或自南至北，挨次编造，不得杂乱参差，无从抽查，徒自奔走。各保各图各椙一律办理，以便饬董稽查。如有此椙户名杂在彼椙、此宅户名杂在彼宅，即作舞弊论定，提该图保正、椙业册书查处。

　　一、各图底册造送后，听候本县选派公正董事赴图挨查，该图保正、椙业册书伺候该董挨次稽查。其应给之户，册书即于该户门上大书粉字，如查有不应给之户，即于册内除名。册书不得硬书粉

---

① 民国《法华乡志》卷八《遗事》。按，条银之征反映了明清赋役货币化的趋势。恰如清末《苏属省预算说明书》第二帙《田赋》所称："地有田地、山荡之别，丁有当差、优免之殊。自康熙五十二年，将应征丁银摊入田地项下编征，命名地丁，亦即上下两忙条银之总称。"参见陈锋主编：《晚清财政说明书》第5册《江苏浙江》，第264页。

字，并不得于编造底册时先书粉字。如违，立提该保正等重处。即造册未齐，现须派董下乡，亦即照办。倘该保玩延，先行提惩。①

由上可见，编造底册的关键人物是保正和册书。一个重要的信息是，在保、图之下，还有"梱"这一基层组织。册书被称为"梱业册书"。这是我们在考察江南乡村社会史时应该注意的地方。

民国初年，土地价格上涨，"政府设立官产局沙田局，给发部照，视田亩之繁僻，分缴价之多寡，有免科新升、多地新升、河浜新升、涨滩新升，甚至有粮失单者应请县公署印谕，亦有缴价请给部照。是以各图实征田额时有增添，与邑志所载者不同"。②兹据民国十一年（1922）征册，略可知晓法华地区的田亩情形（参见下表）。

表9 法华乡田亩统计（1922年）

地点（保区图）	圩 名	田 亩 数
二十八保 一区 五六图	五图形字圩 六图端字圩	上折田：53顷10亩2分4厘1毫 准折田：3分7厘8毫 新升上折田：4分 荒绝：1亩2分7厘5毫（免科） 义冢：8分4厘3毫（免科） 小计：53顷13亩1分3厘7毫
二十八保 二区 东七图	传字圩	上折田：26顷32亩9分5厘2毫 义冢：5分5厘8毫（免科） 小计：26顷33亩5分1厘
二十八保 二区 八九图	八图虚字圩 九图堂字圩	上折田：29顷94亩4分3厘7毫 准折田：9亩4分8厘5毫 新升上折田：4亩2分4厘3毫 小计：30顷8亩1分6厘5毫

---

① 民国《法华乡志》卷三《荒政》。
② 民国《法华乡志》卷一《田亩》。

（续表）

地点（保区图）	圩 名	田 亩 数
二十八保 二区 十二图	祸字圩	上折田：38顷2亩5分9厘3毫 新升上折田：6分1厘3毫 义冢：1亩（免科） 小计：38顷4亩2分6毫
二十八保 一区 十六图	表字圩	上折田：43顷33亩5分9厘3毫 上乡田：3亩2分3厘6毫（未免漕，见"遗事"） 义冢：1亩6分3厘7毫（免科） 小计：43顷38亩4分6厘6毫
二十八保 一区 东十八图	恶字圩	上折田：22顷20亩6分3厘2毫 荒绝：8分1厘4毫（免科） 小计：22顷21亩4分4厘6毫
共计		213顷18亩9分3厘，折合39方里478

资料来源：民国《法华乡志》卷一《田亩》。

仅从名称看，法华地区的田亩主要为上折田、准折田、上乡田等，另有新升上折田，属于人口增加后新开垦纳科的土地。至于荒绝、义冢之类的田地，则免于升科。

七、灾荒救济

除了正常年份的减赋，每逢灾年也会有临时性的减赋。灾荒救济历来是国人经济生活的大事，它不仅涉及受灾民众的生命财产安全，而且影响社会稳定的大局。历史时期，法华地区不可避免地遭遇各类灾害，因此官方主导、民间协同的"荒政"格外重要，可谓牵一发而动全身。法华因其地理位置，多发水灾，此外尚有风灾、雹灾、旱灾等，详如下表所示。

表10 法华历次灾荒救济情形

时　间	灾　情	救　　助
元至元二年十一月	饥　荒	诏发义仓粮，及富人出粟赈之。
明万历三十七年	饥　荒	御史周孔教檄知府张九德行县，分往乡村作粥，以济饥民，使乡士大夫好义者监领之，从陈继儒"委官不如委好义"议也。
清康熙四十四年	饥　荒	知县许士贞募士民，支官廪，各就村落平粜。
清康熙六十年	饥　荒	赈济饥民，钱粮按分数蠲免，于被灾所粥赈三月。
清雍正十年秋	大　水	奉旨：沿海居民被水，着督抚董率有司实心抚绥，毋使失所。饥民露宿乏食，大口给米一斗，小口五升。自十月至十一年二月，大赈三次，又加赈四十日，蠲免丁银，截留漕米平粜，本年漕米一半折征，每石银一两。
清乾隆十二年	水　灾	凡被灾处，免地丁银，本年漕粮缓征，先为煮粥赈济，概给一月口粮。各灾属被淹人口、坍倒房屋，给资掩埋修葺。知县王俣捐俸，掩埋救济有法，饥民咸赖之。
清乾隆十三年	雹伤豆麦	奉旨：酌借籽种银，每亩二分。其上年被灾特重者，再借一月口粮。时米价大贵，知县王俣劝士民捐资平粜。其各乡村未举行者，借俸银买米以倡率之。时里人李阳、王智古、王智纯、王璞、王洪、李秉智、李秉义、李春浦、张殿邦、张德基等捐资，竭力奉行。
清乾隆二十年	禾稼不登，饥民遍野。	知县李希舜详宪奏请，奉旨缓征漕米之半，借给籽种。巡道申梦玺同知县首先捐俸赈粥，邑绅捐米设厂于演武场，并各乡就近设厂。里绅李阳、李炯、王智纯、王璞、王家树、张德基等设厂法

（续表）

时　　间	灾　情	救　　助
清乾隆二十年		华寺，实力妥办，不假吏胥，民沾实惠。时李阳等议赈粥不若给米，陈三便三不便，有司从之。二十一年，宪檄平粜，以上各绅士俱籴米平粜，多寡有差。
清乾隆五十九年七月七日至八月	风潮三次，霖雨十昼夜，禾棉俱尽。	署知县汪廷昉详宪奏准，奉旨给一月口粮，地丁、漕米缓七征三。至明年正月，煮粥赈饥。时里绅李炯欲援乾隆二十年例，就各乡设厂，于民为便。拂当道意，议寝不行，仍输粟归城，演武场设粥厂一，官为督理，又旁盖两厂，以居停远人。饥民数十里挈妇子就食，日仅一餐，号啼载道。女厂最秽浊不堪，遗尿遍地，蓐产不能避。天日疠气熏腾，死者枕藉。迨赈毕而复业者，盖寥寥矣。伤心惨目，无有甚于此者。
清道光三年五月八日至八月八日	苦雨成灾，一雨半月，禾棉豆苗多淹死。谋续树之计，终六月才数日晴耳。七月朔，又大风雨三日，益以潮汐，七八九日亦如之。低居者，水漫灶户，弥望如湖，续树之苗亦殆尽矣。唯高区，犹小有望焉。二十七日，又大雨，风潮迭作。至八月八日，雨止。低区无遗类，高阜无半收，竹木多死，饿殍载道。	知县武念祖劝捐义账（赈），三月三发，民口日六文，贫生每月银洋一圆；又四乡平粜谷米，法良意美，愈于粥厂，贫者赖之。至四年春，棉花价大贵，每斤百四十文；子（籽）尤贵，每斤五十文云。
清道光十三年六、七月	风雨兼旬，早棉霉烂，唯晚棉结铃尚旺。八九月间，迭降浓霜，青苞亦为腐落。	正在收拾遗铃，乡民忽起捉落花，结队成群，田主鸣锣驱逐，不之理。法华四乡，有采下花铃用火烘者，每亩约收十余斤。禾稻不登，米价腾贵，每斗七百余文。巡抚林则徐驾一叶扁舟，亲赴各乡勘实，

（续表）

时　间	灾　情	救　　助
清道光十三年六、七月		迭次奏报，有云书见阴霾之象，自省惩尤，夜闻风雨之声，难安枕席等语，遂檄各州县劝捐施赈。知县温纶湛开常平仓发谷，并谕绅董募捐给钱，多寡有差。
清道光二十九年四月二十九日	大雨，历五十余日，棉田草没殆尽。有买秧改种稻者，早尚有收，晚则不及。有于七月初翻种绿豆者，每亩可收五六斗。小民纺织无资，停机坐食。有因米贵购食珍珠米，面黄如病容；购食豆饼，尚无恙。	署知县平翰延绅士分赴各乡劝捐发赈，如有殷户或吝者，即仿照邻邑以图济图办理。法华乡富如介祉堂、杨怀泽堂、陆宝善堂、金徐惟一、龚岐山等，各捐二百余千，首先乐助。阖邑乡图共捐四万四千千有奇。仅发赈七月分一月，每日大口六文、小口三文。又续募官绅士商各业，共捐九万九千千有奇；闽广沙船，共捐一万三千千有奇；铺房主客，共捐一万二千千有奇。续赈十二月及三十年二月三月，计三次，亦如之。共给十九万有奇。本镇绅商集捐设粥厂于法华寺，俗呼发关粥，生活颇多。
清道光二十九年秋冬	大疫，民死无算。有强而黠者，首领男妇数百人闯入殷户，劫掠一空，名为抢荒。	知县平翰延绅士在城乡劝捐。编户发赈四月，每日大口六文，小口三文。开局收孩，广设粥厂粥店，生活颇多。
清咸丰六年夏	两（月）不雨，五谷尽稿（槁）。	不详。
清光绪九年夏秋	两遭飓灾，秋收歉薄。木棉统扯每亩三十斤，每担售洋四元。种棉一亩，仅值一元二角。完纳条、漕外，能有几何？小民粒食维艰，禀请银米减征，以纾民力。	知县黎光旦（一说莫善征）通详，准减条、漕二成，漕米今冬即减，条银明年补减，以后仿此。在十年青黄不接之际，借给谷息，每亩八十文，按图贫户照额公摊，而贫分极、次。三亩以下为极贫，五亩以下为次贫。次贫照极贫减给二成，以示区别。法华局杨基、黄崇基（一说张祯）经发，计十四图田额三万九千四百二亩，计钱三千一百五十二千一百六十文。

（续表）

时　间	灾　情	救　助
清光绪十五年秋	花铃将开之际，历雨四十五日，尽行霉烂，民不聊生。	知县裴大中详准援照光绪九年成案，减征二成。在十六年青黄不接之际，借给谷息，每亩八十文。又因米价昂贵，碾动仓谷，每亩二升六合。极贫，钱谷并给；次贫，给钱不给谷。法华局董张桂、杨锡鉴、张祯经发，计十四图，照上届钱文外，加谷一千零二十四石六升。（此次法华、杠桥、诸翟三局，均向法华仓支领，具给二千三百二十八石有奇。）
清光绪十七年秋	迭次风潮，花铃摇落，木棉每亩约扯三十斤。	知县袁树勋详准，减征条、漕一成。
清光绪二十五年秋	淫雨成灾，五谷不登，棉收歉薄。	署知县戴寅运详准，援照十七年成案，减征条、漕一成。是时，百物腾贵，独土布值贱。乡民耕织无资，难以度活。至二十六年青黄不接之际，请发谷息，以苏民困。唯历次给发，所剩无多，议给每亩五十文，按图分给。法华局董李鸿模、张光豫经发，计六图不分极、次，计钱一千零六十三千三百文。
民国四年夏	大风潮，损坏田苗，秋收歉薄。	县知事沈宝昌详准，援照光绪十七年成案，减征条、漕一成。在五年青黄不接之际，发给谷息，每顷银三元六角八分四厘九毫一丝九忽。法华乡经董杨洪钧经发，计六图田额二百十一顷七十亩，合银七百八十元九分七厘。
民国八年夏秋之交	三次风潮，花铃尽落，木棉每亩扯收二三十斤。	县知事沈宝昌详照四年分成案，减征条、漕一成。九年五月间，米价奇昂，每石十六七元，每斤合钱一百二三十文，为数百年来未有之奇价。抢掠迭出，人心惶惶。官绅议照五年分成案，发给谷息

时　间	灾　情	救　助
民国八年夏秋之交		二万五千元，合每亩三分六厘八毫零，为各市乡平粜资本。法华乡经董李鸿鬵筹办，奉拨谷息洋七百八十元九分七厘，又上海平粜局分贴洋五百元，又募各善士捐洋一千五十七元，共洋二千三百三十七元九分七厘。阴历六月十六日开局，七月二十六日收局，计粜洋籼一千五百五十八石八斗一升五合，籴价缴袋外，给扯八元三角；粜价七元，每石约贴洋一元三角。除支杂费一百四十余元外，共余洋一百七十元，另充善举。
民国十年夏秋之交	迭害风潮，秋收歉薄。	县知事沈宝昌详照四年成案，减征条、漕一成。
民国十一年夏旱秋雨	迭害风潮，秋收歉薄。	县知事沈宝昌详照上年成案，减征条、漕一成。

资料来源：嘉庆《法华镇志》卷三《荒政》；光绪《法华镇志》卷三《荒政》；民国《法华乡志》卷三《荒政》。

　　时人指出："政之大者难者，曰救荒，君子慎言之。沪地滨海，水灾滋害，征诸故牍，自宋以迄于今，重则蠲赈，轻则借籽，仁恩稠叠，罄竹难书。苟无大宪贤令区画于上，富绅义民急公于下，帑项糜而实惠鲜矣。读陈继儒《煮粥条约》、王圻《给粟议》，法备乎此书之简端，知治法治人之两不可泯也。"[1]陈继儒是明代文人，"字仲醇，别号眉公，华亭人。善写水墨梅花"。[2]陈氏洒脱自持，养花祀马，终生不仕，有著述多种，曾纂修崇祯《松江府志》（五十四卷），卒年八十二。[3]王圻也是明代文人，字元翰，上海人，生活年代早于陈继儒。与陈氏逝世不

---

[1] 民国《法华乡志》卷三《荒政》。按，此段文字抄自嘉庆志，略有改动。
[2] 童翼驹编：《墨梅人名录》，中华书局，1985年，第17页。
[3] 闵世倩：《（雍正）云间志略·隐逸》，清抄本。

同，王氏乃嘉靖年间进士，官至御史，后辞官归里，笔耕不辍，曾纂修万历《青浦县志》（八卷），另有《续文献通考》（二百五十四卷）等著述传世，著有声名。可见，此二人皆为上海乡贤，《煮粥条约》《给粟议》（即《平粜给粟议》）均系因应灾荒的策论，具有很强的现实意义及可操作性。从上表不难看出，主导赈济事务之人主要是知府、知县、知事这些层级的地方官员，有时也有御史、巡抚介入，甚至帝王亲颁圣旨命令做好减灾安民之事。救济的途径主要是蠲免或减征钱粮，以故历次救治多见"减征条漕一成"之语，条指条银（地丁银），漕指漕粮。与此同时，派发谷息、设立粥厂、给资掩埋尸体、帮助修葺房屋等不可或缺。截留漕粮平粜或士绅籴米平粜，以稳定物价（主要是米价），也是重要措施。在此过程中，官员捐俸、士绅捐资，形成官督绅办的救济模式，包括法华局董（清代）、法华乡经董（民国）在内的地方精英扮演着重要角色。法华地区包括数"图"，为了便于管理，一般按图赈济；对于受灾民众，也划分极贫、次贫的等级，力争公正对待。当然，由于突遭大灾，难免出现一些骚动现象（"抢荒""抢掠迭出"），但由于赈济得当，最终并未酿成大动乱。

即使没有出现天灾，一旦米价高扬，地方官府也极为紧张，往往采取平粜手法，以稳定人心。在法华地区，多次出现这样不同寻常的现象：

> 乾隆八年，米价昂贵。知府雅尔哈善立饬富户平粜。
>
> 嘉庆九年，邻郡官私遏籴，米骤贵，斗六百。知县苏昌阿奉宪碾动常平仓谷，又劝四乡绅士捐米平粜。里绅李炯首垫重资籴米，于翠竹庵收钱给票，法华寺领米。协理者，署巡司刘载铭、千总尹安国、把总龚国良。董其事者，李焘、陆南英、王钟、张文乐、张机、王灏、曹昌祺也。四乡平粜，惟法华经理称最。

光绪二十四年五月，米忽骤贵，石值洋七元八角，合每斤四十四文。缘奸商私贩囤户居奇，民心不无蠢动。至六月十二日，梅家弄乡民蔡鹗鸣锣聚众数百人，蜂拥邻邑仓间，美其名曰借米。娄、青殷户数十家，三四日间劫掠一空，始焉抢米，继而衣饰物件尽行掳掠矣；始焉日中为市，继而夜以继日、通宵达旦矣；始焉附近饥民，继而浦南、浦东、吴淞、江北突如其来矣。如狼如虎，日不可以千万计，此粤匪以后之大劫也。十五日，大众路过冯家旗杆天主堂，举火而焚之。事闻大吏，星夜发兵镇慑，此风顿息。本邑新桥举人王萃鰊家，向号素封，亦被邻近老妪哄动百余人攒围逼借，犹幸素洽舆情，善言遣散。法华地属毗连，岌岌可危。各董会议请给谷息，以济民食，以靖民心。知县黄承暄通详准行，援照光绪九年、十五年两次成案，每亩八十文，补贴贫户米价，而次贫仍照极贫减二成。法华局董李鸿模、刘光润、张光豫经发，二十八保属，计六图田额二万一千二百六十六亩，计钱一千七百零一千二百八十文。

光绪二十八年五月，米价奇昂，每石八元。闵行局董李祖锡等深虑抢米覆辙，请给谷息，每亩四十文，补贴购米平粜，以慰民心。知县汪懋琨通详准行。法华局董李鸿模、张光豫造册迟延，拂当道意，扣给息钱八百五十千零六百四十文，向隅抱憾，浮言颇多。（案：此次谷息未经给领，计九局：法华、新闸北、新泾、江境庙、塘湾、三林塘、杨师桥、陆家行、陈家行。阖邑计亩均捐，而领款因迟扣给，出自邑令臆见，非公论也。查积谷正本十余万千八厘，生息及逐年转息每年一万余千，亦云巨矣。光绪三十二年，各局议充小学经费。至宣统三年截止，支付学费已达六万五千千文。以救贫之资济教育之用，顾名思义，殊觉不伦。至是，照官契契价，提中费二成充学费，而谷息仍为备荒。）

光绪三十三年春，米价腾贵。邑绅曾铸采购洋籼及截留漕米，设局平价。各乡提积谷息本，辗轳垫价，领米发粜，以维民食。法华局董李鸿模领洋籼，第一批一百七十石，价六元半；第二批一百石，价六元；领漕米二百二十石，价六元。事竣，缴价归垫。所有零星耗费，由积局总局备用余款开支。停息半年，不动本息。

民国元年夏，米价翔贵，贫民粒食维艰。民政长吴馨筹议各市乡平粜，动支谷息二万串，照额均摊，每亩二十九文四毫。法华乡派洋五百三十九元六角八分三厘，由乡董黄炽经粜籼米二百九十五石八斗七升。①

这些物价飞涨事例，均系不法商贩囤积居奇、谋求暴利而导致，如果不及时遏制，将会带来不良后果。值得注意的是，乡镇志的编纂者将其纳入"荒政"条目下，颇耐人寻味。总之，天降横祸会导致粮食紧缺、物价上涨，人为因素同样会造成这样的结果。对此，不分孰轻孰重，为了社会安定，均须引起高度重视，采取切实手段，防患于未然。在上引文献中，多次出现开仓赈济的内容，反映了仓储之制在传统时代社会救助事业中的作用。通常情形下，仓储包括常平仓、社仓、义仓，常平仓多系官仓，社仓、义仓则多系民仓，"法华仓"应该属于后者。史称：

同治十三年，上海积谷总董王承基购置李姓大楼及平房二十二间，随屋基地六亩一分七厘，设立。即于是年起，造围墙、山墙、千斤单墙，并修旧墙，改旧屋，添建平房二间，置备家具、圕

---

① 嘉庆《法华镇志》卷三《荒政》；光绪《法华镇志》卷三《荒政》；民国《法华乡志》卷三《荒政》。

对。光绪元年，建造仓廒十五间、腰墙一道。二年，重砌廒底短壁。五年，重砌围墙及头门、山墙，又造披屋四间。九年，加高腰墙。十年，修廒间。三十三年，围墙遭风，坍倒重砌。前后共糜一万五百八十六串有奇，历年积谷共储二千三百七十九石九斗四升四合。光绪十六年，发给法华、杠桥、诸翟三局外，实存五十一石八斗六合。十八年，移并常平仓，从此遂无粒谷。民国三年，经董杨洪钧呈请县知事洪，援闵行仓例，由本乡承买，充乡立第一国民校舍，计价洋一千八百元，分六年，在附加税上划缴。[1]

以上文字勾勒了法华积谷仓如何设置、修葺，何时并入常平仓，以及最终变为乡村学校的大致情形。仓储如何积谷生息？同光年间的办法值得关注。史称："积谷在同治六年巡道应宝时会同绅董集议，鉴道光二十九年奇荒，抚恤贫民，集资不易，因议嗣遇丰稔之年，阖邑亩捐，积聚生息，以备济荒，通详立案。即于同治七年、九年、十年、十二年，光绪四年、六年，均每亩二十四文。同治十三年，每亩二十文。光绪十四年，每亩十二文；二十七年，每亩十五文。计九届带征，每亩共捐钱一百九十一文。光绪九年荒，始议动息不动本，以恤贫民。十年、十六年、二十四年，每亩八十文。十六年，加给谷二升六合。二十六年，每亩五十文。二十八年，每亩四十文。民国元年，每亩二十九文零。五年，每亩洋三分六厘八毫零，合钱五十文。九年，每亩洋三分六厘八毫零，合钱五十一文零。计八届济贫，每亩共给钱四百六十文零，谷二升六合。"[2]仓储的设置及管理，能够映现基层社会切于民生的部分机能，是评估社会体系是否有效运转的重要指标。

---

① 民国《法华乡志》卷一《沿革·建置》。
② 民国《法华乡志》卷三《荒政》。

八、小　结

尽管毗邻上海县城，但明清以降数百年间的法华地区仍然属于乡村社会，这一点从其经济结构及生活样态即可知晓。与大多数传统乡村社会一样，村落格局、粮食及蔬菜种植、棉纺织业、蚕桑业、水利疏导、灾荒救济等，均呈现较为恒定的历史节律。这并不意味着没有丝毫变化，恰恰相反：人口迁徙的身影，烙印在村落数量及名称上；在水利、荒政等事项上，明清地方官员的作为呈现不同的力度；士绅的角色，在清末民初格外引人注目……然而，法华因寺成镇的繁华光景似乎定格在了清代乾（隆）嘉（庆）之际。

进入晚清后，法华日趋衰落，原因复杂。上文提及，法华的衰微与水利有关。除此之外，新兴商业区域的繁盛也是重要原因，首先是徐家汇、曹家渡的崛起。史载：太平天国运动后，"南距二里许，名徐家汇，傍肇嘉浜，开辟马路，水陆交通，渐成繁市。北距三里许，名曹家渡，在光绪中叶，巨商购地建厂，不十年而顿成绝大市面。有此两端发达，而法华镇之失败固不待言。大势所趋，不禁有沧海桑田之慨矣"。[①]相较之下，上海开埠在某种程度上导致了法华乡镇社会迅速告别过去。"五口通商"后，法华地区面临"数千年未有之变局"（李鸿章语）。因其毗邻上海，以故变化最为直接，乡镇志编纂者敏锐地注意到"本乡毗连租界，形势日变，建筑日增，须随时考订补缀，所望于后之君子"。[②]这种认识较为普遍，诸如"清道光朝，欧美互市东来，开埠通商，渐臻富庶。梯航之结集，社会之蕃昌，人事既多，于是县志之

---

① 民国《法华乡志》卷二《水利》。
② 民国《法华乡志》卷首凡例。

外又有乡志，所以证政教风俗驯致开通也"；"光绪以来，英国法国推广
租界之条款，华商洋商转换道契之交涉，此又史事之要，又为政治所
系，足备考核"；"或者谓，上海自外洋通商以来，地方风气为之一变；
民国改革之后，地方风气又为之一变。循是以往数十年后，更不知其
奚若？"利权外溢引发人们的忧愤，而城乡自治又激起自强之志："夫法
华，一市集也。在闭关自守时代，黑子弹丸，无关轻重，即有纪述，不
过乡土志之只鳞片爪耳。今者，上海既为通商要埠，国体改革后号为
自治乡区，东北毗连租界……苟得其人而佐理之，未始不可为模范区
也。"① 于此可见，法华地区的近代变迁是以上海开埠为契机的，其乡
村社会的嬗变伴随着租界扩张的步伐，也伴随着上海迅速成为国际性工
商业大都市的浪潮。一言以蔽之，英法拓展租界的蛮力割占了法华部分
区域，上海作为近代中国最有影响力的都市的病态膨胀，也瞬间将法华
部分区域直接变为市区。这一切的发生，均与法华在地理上毗邻上海有
关。法华的近代转型正与此密不可分，而不能套用人们通常的认识——
大量入华的机制棉纱棉布摧毁了男耕女织的自然经济基础。进入民国，
法华尚有乡村地带，但此时的法华主要蜕变为城市街区了，那个完整的
有着自身经济形态和生活节奏的法华镇已成为史家笔下模糊的记忆。

---

① 均见民国《法华乡志》卷首，沈序、王序、朱序、李序。

明代九峰三泖图画考

——以璩之璞《峰泖奇观卷》为重点

唐永余

（上海市历史博物馆）

摘要： 历史上松江九峰三泖，风光绮丽，景色宜人，历代名人雅士游历其间，乐此不疲，曾为云间一道亮丽的风景线，亦是隐居者的世外桃源。峰泖奇观美景，常常化作优美诗句供后人吟咏，在墨与彩的佳构中供后人欣赏。关于峰泖的游记与诗歌数不胜数，文笔高妙，意境深远，给人以无限的想象空间，但难窥其全貌。而图画则不同，可以将山水之幽深、烟云之缥缈一一呈现在绢纸之上，如在目前，使人神游其间。历代描绘峰泖题材的画作并不多见，而能够流传下来更是少之又少。本文就现存明代九峰三泖图进行了梳理，以此来再现峰泖之美景，考察峰泖变迁以及画家与之相关的交流。

关键词： 九峰　三泖　峰泖奇观　璩之璞

九峰位于松江西北部，呈西南—东北走向，回旋宛转，像一串珍珠镶嵌在长江三角洲平原之上，有"九朵莲花""九朵芙蓉"之美誉。但实际上，松江山峰远不止九座，现存十二座，按西南至东北排列，依次为小昆山、横云山、机山、天马山、钟贾山、辰山、佘山（有东西二峰）、薛山、厍公山、凤凰山、北竿山。它们形成于七千万年前的中生代，因岩浆沿着断裂带涌出地面，并不断风化侵蚀而形成，方志则称之为浙西天目山余脉。九峰最高不过百米，在高度上与宇内名山相比，相形见绌，但却凭借着深厚的人文积淀以及峰泖相映成趣的江南奇景，跻身于天下名山之列。伴随着陆机"仿佛谷水阳，婉娈昆山阴"的诗句以及后人"玉出昆岗"的名句，昆山最早闻名天下，历代文人骚客不断前来吊唁缅怀二陆。为了区别于昆山县之马鞍山（也称昆山），昆山又被称为"小昆山"。南宋《绍熙云间志》就有昆山、机山、横云山、佘山、干山、薛山、细林山、竿山等记载，但未有"九峰"之称。九峰始见于元代凌岩《九峰诗》，他把松江的凤凰山、陆宝山、佘山、辰山（又名神山、细林山）、薛山、机山、横云山（也称横山）、天马山（古称干山）、昆山从一到九排列，并分别赋诗一首，从此"云间九峰""松郡九峰"开始作为一种约定俗成的名称流传下来。到了明末，因为陆宝山被人取土夷为平地，故以厍公山来代替，仍称九峰。明末，董其昌曾拟将北竿山补列为第十峰，并未为世人所认同。

古三泖位于松江县西部，承殿湖及浙西诸水，湖水广袤，一片泽国。三泖自古说法不一，按北宋《广韵》，泖水名华亭水。北宋朱伯原《续吴郡图经》曰："泖在华亭境；泖有上、中、下之名；泖之狭者，犹且八十丈。"《绍熙云间志》记："今俗传近山泾为下泖，近泖桥为上泖。按县图，又以近山泾，泖益圆，曰圆泖；近泖桥，泖益阔，曰大泖；自泖而上，萦绕百余里，曰长泖；此三泖之异也。"[1]此后志书多沿用此说，虽名为三泖，实一片水域紧密相连，并没有严格界限。明末，三泖较前朝已缩小，三泖之形尚存，湖中泖塔耸立的澄照禅院也达到最盛。

---

[1]《绍熙云间志》中卷，成文出版社有限公司据清嘉庆十九年刊本影印，1983年，第3746页。

清嘉庆年间，长泖已尽成膏腴之地，仅存南泖沟、中泖沟及北泖沟三条小水沟，而大泖也都涨成农田，唯圆泖尚在，只是最阔处也不到两百丈，深不过八尺，且湖中出现沙埂，水流不畅。三泖之水源于殿湖及浙西诸水，通吴淞江以入海，随着吴淞江的不断淤塞，水流日渐平缓，泖湖不断淤塞。黄浦江开浚后，三泖之水通黄浦以入海，但海潮亦随之直趋泖湖，加之沿湖居民不断围圩造田，进一步加重了泖湖的淤塞。即便历代政府不断疏浚治理，仍没能改变其不断淤塞的现实。现今仅存圆泖中一段泖河，长约10公里，宽100—800米不等，上经拦路港承淀山湖水，下流入斜塘、黄浦，东入大海。所幸泖湖的标志性建筑泖塔尚存，但峰泖奇观却今非昔比了。

云间素以峰泖闻名，泖湖万顷碧波，文人雅士或泛舟湖上，或登泖塔，远眺九峰。九峰如九朵芙蓉点缀其间，秀色可餐。宋元以来，作峰泖之游者，无以数计，其中不乏文人骚客，亦不乏丹青妙手。元代，赵孟頫、黄公望、倪瓒、王蒙，无不是九峰三泖之常客。倪瓒常年寓居松江，更被后人列入"云间邦彦"，成为唯一一位非松江籍乡贤，曾作《为文举画泖山图》。黄公望及王蒙都曾作《峰泖读书图》，可惜未见真迹。黄公望所绘《富春山居图》历时数年，最终在松江完成。现存北京故宫博物院的《九峰雪霁图》是描绘松江九峰雪景的经典山水画，不过他只是写心中的九峰以抒胸臆，而非写现实中的九峰。明末，松江地区善画之名家辈出，形成了以董其昌为首的松江画派，人才济济，雅集频频，以九峰三泖入画的不乏其人。

1. 璩之璞《峰泖奇观卷》，绢本，上海市历史博物馆藏，由《天马云深》和《峰泖奇观》两幅作品组成。

卷首第一幅《天马云深图》，绢本，设色，纵30 cm，横105 cm。构图以平远、深远为主，山峰绵延起伏，云雾缭绕。近景山脚下有茅屋

数间，院内树木茂盛，屋内床榻上坐有一人。门前溪水流淌，溪上有小桥一座，两岸树木丛生，有依依杨柳，也有葱葱杂树。画面左侧地势平缓，亦有草屋数间，小桥、流水、树木点缀其间。山间阡陌小路通往天马山主峰，山腰有护珠宝光塔，山顶隐现着上峰寺。通过大面积留白，将山间云气弥漫描绘得淋漓尽致。画面右上角，有璩之璞篆书"天马云深"题首，后有行书款识："天马山旧名干山，昔人以干将尝铸剑于此，因以名山。唐人以其形似天马，改今名，实郡治西北九峰之第八峰也。见郡乘与横云小赤壁、昆山相距三四里许，皆滨泖湖。之璞往庐居此山三十余年，见云雾出没，尽四时之变。其八峰类浅近平远，无烟云梵宇琳宫，惟余山细林仅有一二佛刹。然春秋游人士女必先天马而及它山，故天马之致最著，因写此图足概九峰之胜矣，并缀短句。石林云翦蹩嶙峋，淡墨浮岚气韵真。天马山居能自写，此中曾有读书人。万历廿九年辛丑九月晦，璩之璞谨识。"钤"璩之璞"白文印。

《天马云深图》作于万历二十九年辛丑九月晦日，也就是公元1601年农历九月的最后一天。在题款中他考证了天马山的由来，与文献记载基本一致。天马山为松江九峰之第八峰，也是九峰中最高的一座。原名干山，相传因春秋时期干将铸剑于此而得名。元代杨维桢《干山志》中记述："世传夫差冢干将其上。"[1]干山名称的由来也有另一种说法，旧

---

[1] 崇祯《松江府志》卷四，书目文献出版社，1991年，第99页。

《图经》则云有干姓者居此,《圆智寺记》亦谓山后皆干氏所有,故名干山。[①]天马山山势陡峭,山体脊线近东西方向,山有两峰,状如行空天马,首昂脊弓,故名天马山。至于干山何时改称天马山,前人文献均未记载,款识中"唐人以其形似天马,改今名"提供了一种说法。他还根据郡志,述及天马山紧邻横云山以及小昆山,都滨泖湖,可见明代泖湖之大。为何以天马山入画,并以此山概括九峰之胜景,其原因有二。其一,他寓居于天马山三十余年,能够朝夕观察云雾出没,体验四季风景之变化。师法自然,观察细致入微,才将天马山云雾弥漫之神描绘得淋漓尽致。徐渭《天马山房记》也记述了他迁居天马山的时间及缘由:"华亭璩仲玉氏,始居城郭中,隆庆壬申(1572)丧其考,考以兹山属藏,遂结庐,奉母氏居之,亦遂读书其中。"[②]其二,天马山风景秀丽,古迹、佛刹、庙宇众多,春秋游之际游人及仕女总是先游览天马山,然后再游其他山峰,可见当时天马山在九峰之中最为著名。天马山林木翳然,百年古木参天,风景秀丽,有甘甜凛冽的天下第四泉"濯月泉"。山上有晋代陆机、陆云兄弟读书处,宋代银甲将军周文达舞剑台遗址,还有元代杨维桢、钱惟善、陆居仁三高士合葬墓,文人骚客时常光顾吊唁。至于山上佛刹、道观,明清之际有圆智教寺、朝真道院、中峰寺、上峰寺、东岳行宫等,其中规模最大的是圆智教寺,寺后半山间有一座护珠塔。此塔始建于北宋元丰二年(1079),塔七级八面,高20余米,塔身虽小,屹立山间,显得劲秀。登塔览胜,极江海之大观,亦是天马山之胜景。每当凌晨或日落时,阳光透过带水气的云层,会在塔边形成一个七彩的光环,被称之为天马山佛光。天马山被蒙上了一层神秘的色彩,更是吸引成千上万的善男信女前来烧香拜佛,因此又有"烧香

---

① 《松江府志》卷一,成文出版社有限公司据明正德七年刊本影印,1983年,第83页。
② 徐渭:《徐文长逸稿》卷十九,上海杂志公司,1936年,第288页。

山"之称。可惜，护珠塔在乾隆五十三年（1788）遭火灾，塔中木质
结构烧毁殆尽，只剩下塔砖遗存。后来有人曾于砖缝中发现宋代钱币，
于是不断有乡人来拆砖寻宝，塔底西北角塔砖逐渐被拆去，形成了约2
米直径的大窟窿。由于地基变动，塔身向东南方向倾斜6°51′52″，比比
萨斜塔还倾斜1°多，塔顶中心移位2.27米，故今称"斜塔"。1982年确
定了"按照现状加固，保持斜而不倒"的修缮方案，采用传统建筑工艺
修缮，可抗6级以下地震，10级以下风力。①护珠宝塔至今仍保持其奇
姿，成为上海一大奇景，为市级文物保护单位。《天马云深图》中半山
耸立的护珠塔虽非工笔图写，寥寥数笔依旧给我们留下了一个珍贵的明
代护珠塔概貌。璩以诗文来概述天马山秀致绮丽、云霭蒸腾的奇景，通
过"此中曾有读书人"来结尾。"读书人"一语双关，既指二陆，也指
他本人于此山中隐居读书。璩知识广博，精于书画、诗词、刻印，还增
补《苏长公外纪》，性格孤傲，与三高士比高，自比"二陆"。《天马云
深图》不同于元代黄公望《九峰雪霁图》写意山水画取神而不取形，只
注重抒发心中意趣，而是具有一定的写实性质，为研究明代天马山以及
九峰的胜景，留下了一段珍贵的史料和图像。

---

① 上海市松江县政协文史工作委员会编：《松江九峰》，上海古籍出版社，1995年，第
32页。

　　第二幅为《峰泖奇观图》，绢本，纵 30 cm，横 103 cm。此图以平远构图，九峰连绵起伏，泖湖宽广，峰泖呼应。湖中既有游览之画船，又有扬帆之小船，船上人物寥寥数笔，撑杆、扬帆动态十足，船中游人仕女、仆人依稀可见。湖中有一岛，岛上寺院颇具规模，泖塔耸立。画面右上角，篆字"峰泖奇观"题首。画面左侧行书款识："郡之西有大泖湖，而三其名。北起澱湖，东尽青龙，环亘郡治，西北入长洲大姚，西南出武唐，中一岛有浮屠，方广数十里，曰圆泖。绵衍出横泖，南抵平湖之城东东湖，曰当湖，以其当三泖湖之尽处也。纵横八十余里，而其胜以浮屠甲焉，故可入图画云，而系以诗。九峰棠护千章色，三泖秋涵万顷光。守相欲凭图画迹，轻缣半幅写沧浪。廿九年辛丑中秋后部民璩之璞记。"钤"仲玉氏"朱文印。

　　《峰泖奇观图》作于万历二十九年中秋，即公元 1601 年农历八月十五，早于《天马云深图》。明代仍称三泖为大泖、圆泖和长泖，璩则以大泖湖统称之，并称其名有三。至于三泖的位置起止，《云间志》记载："今泖西北抵山泾，南至泖桥出，东南至广陈，又东至当湖，又东至瀚海塘而止。"璩则认为圆泖北起于澱湖，东止于青龙，环绕于松江郡城，西北入长洲大姚，西南出武唐（应该为武原，现在海盐县，可能是笔误），泖岛位于圆泖之中；至于泖湖之尽处为平湖之当湖，与史料记载相符。泖湖又以塔院为奇胜，登塔而望，峰泖奇观一览无余。与璩之璞同时代的何良俊登塔感言，无疑为《峰泖奇观图》作了最好的文字注解："登上浮屠，见九峰环列，带以长林，与波光相映发，帆樯凌乱交横，空碧中隔岸，蒲苇点缀如染，回塘曲浦以百数，澄净若练，明灭树梢，远望姑苏诸山，其一二最高者隐隐在天外，既而出倚层栏，则四面通彻，都无障碍，清风时来拂人。"[1]据吴天泽记，唐代乾符年

①　崇祯《松江府志》卷五，第 99 页。

间（874—879），老僧如海筑台基于泖湖上，做井亭，施汤茗，建塔标灯，为往来的船只提供航标。塔共五层，用了五年时间建成，塔基一二亩，即使大水也不能淹没，其名为泖塔，又名长水塔。塔身飞檐四翘，悬挂檐铃，风动时叮当有声，夜间高悬红灯一盏，数里外可见，遂成航向的标志。泖塔原属泖滨福田寺，赐额澄照禅寺，因寺庙破败，而湖中泖塔周围寺院日渐完善，自成雄刹，便沿用其名称澄照禅院。明代天顺年间（1457—1464），宁波僧人道泰通过募捐修筑塔院；正德（1506—1521）初年，苏人胡道真整饰殿宇，砌四围石岸；嘉靖年间，善士林茂修塔，比丘无相募建湛应殿，行者德宣募铸镛钟；万历四年，募印《大藏经》，建杰阁藏之；八年筑放生台，甃以石；十年建伽蓝禅房、斋房、香积厨，移山门石岸，庚寅年建潮音阁，辛卯造静室佛楼，乙未筑四围石堤，起后山，丁酉年造石桥，皆自正上人募化。[①] 到了明末，禅院日渐完备，达到鼎盛。璩之璞作《峰泖奇观图》时，恰是澄照禅院鼎盛时期，石桥、山门、大雄宝殿、潮音阁、泖塔都一一再现，且泖岛边上多出一个小洲由石桥相连。所题诗句"九峰棠护千章色，三泖秋涵万顷光"描绘了九峰三泖的美景，"守相欲凭图画迹，轻缣半幅写沧浪"表明了当时松江太守许维新向其索画的缘由。然而世事变迁，泖湖如今因湖水淤塞而成为一片农田，仅存黄浦江上游泖河一段。澄照禅院早已不复存在，所幸泖塔经过不断修缮，依然屹立，风韵犹在。泖塔虽失去了灯塔功能，却在1997年入选为世界历史文物灯塔，是中国现存第二古老的唐代灯塔。

璩之璞，字仲玉、君瑕、元瑜，号荆卿、东海漫士，斋名燕石斋，

---

① 杨嘉佑：《上海风物古今谈》，上海书店出版社，1991年，第73—75页。参考《上海乡镇旧志丛书》第8辑《泖塔记》《长水塔志》，上海社会科学院出版社，2005年。

祖籍江西，松江人。①善书画，书法出入"二王"，行书多姿，楷书妍雅。画山水烟云溟没，全以书法用笔入画，故秀逸卓特。兼画翎毛及水墨花竹，笔致清远。又精于摹印，胎息秦汉，致力宋元，工稳秀劲。博古好学，刻《苏长公外纪》。人品高洁，不趋荣利。他与莫是龙、孙克宏、顾从义、徐渭、沈明臣、陆光宙、方用彬、包彦平、范长康等名士交游，以作画吟诗为乐。传世画作极少，除上历博藏有1601年《峰泖奇观》手卷外，仅有1577年《雪景山水图》轴、1595年《萱花图》卷、1607年《雪满空山图》轴。他少年即弃举业，师从松江张允孝。张允孝，字子游，号贞白道人，晚更名初，行草宗右军，诗有陶柳之致，与文徵明友善，晚年以亲墓在沙冈，遂移居枫庵，四十年不入城市，竹篱茅舍屡空晏如，时称云间伯夷，兼精篆刻，郡之识别图印，自贞白始。可见，璩之璞的博学多艺与其师承不无关系。《峰泖奇观》手卷是璩之璞晚年之作，设色淡雅，烟云变幻，空灵旷达，意境深远，诗、书、画、印完美结合，充分展现了九峰三泖之美。

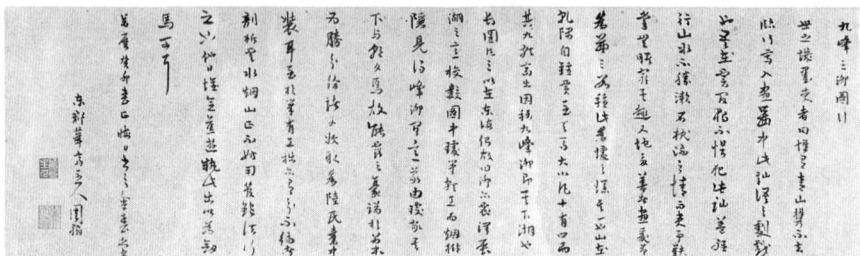

———————————

① 关于璩之璞的籍贯有多种说法，清徐沁《明画录》、康熙《松江府志》作上海人，乾隆《平湖县志》称其为南直隶华亭（松江）人，清叶铭《广印人传》作江西人。明代徐渭为其作《天马山房记》，称华亭人，《莫廷韩遗稿》卷六中隆庆辛未年（1571）玉泓馆雅集中亦称其自郡来。而在璩之璞补订的《苏长公外纪》中，署"豫章璩之璞"，在《李长吉诗集》明金坛于嘉本中，署"云间璩之璞君瑕校"。综上所述，本人认为徐渭与璩之璞相识，并特意为其作《天马山房记》，称其为华亭人，与自署"云间璩之璞君瑕校"相辅证，可信。至于其署豫章璩之璞，应该为其祖籍。

画卷后有许维新行草书题跋：“世之讥墨吏者曰：‘惟有青山携不去，临行写入画图中。’此讥语之剧戏也。吾在云间独不惜犯此讥。盖经行山水，不胜漱石枕流之情，而史事鞅掌无暇穷吾趣，又地多善者画。爰命为并三数种，此为璩之璞其一也。山在乾隅，自钟贾至天马大小凡十有四，而其九颇高出，因称九峰。泖即其下湖也，长圆凡三，以在东海侧，故曰泖，亦震泽展湖之意。校数图中，璩笔颇工，而烟树隐见，得峰泖间意。蒙由璩家其下，与朝夕焉，故能露之毫端，于别本为胜，分给诸子，收取为陆氏橐中装耳。至于笔有工拙，亦有分不编者，剖析云水烟山，正不妨用管鲍法行之也。他日怀念旧游，执此出，以为剑马可耳。万历癸卯春正晦日书之舍春堂，东郡茸斋主人周翰。”钤“茸斋主人”白文印，“中宪大夫章”朱文印。

东郡茸斋主人周翰，即明代松江府郡守许维新。许维新（1551—1628），字周翰，号绳斋、茸翁、茸斋居士、茸斋主人，山东堂邑人，万历十七年（1589）进士，与董其昌同登三甲，初授山西泽州知州，历任刑部清吏司员外郎、户部清吏司郎中、直隶宁国府，万历间任松江知府。在任期间，整治官吏，公平选举，调整榷税，开浚城河，设置水闸，断案公正，严惩游惰之人，铲除恶少，深得百姓爱戴。他为官廉洁，与士大夫交往不喜奢靡，杯茶而已，或咨询政事之得失，或体察民间之疾苦，或讨论诗文之风雅，始终不言及私事。他学识渊博，能诗善书，喜与士大夫交游，常与董其昌、孙克弘、陈继儒等名士有诗文翰墨之雅集。在他离任临行时，送行之郡人扳车拽马，不忍其离去，虽风雨交加，众人久久不肯离去。[1]离任后织造搪长曾织两百余疋精绫运到京口送给他，最终还是没有接受。他临行时随身携带的唯有数卷

---

[1] 陈继儒：《陈眉公全集》上册《松郡绳斋许侯去思碑记》，上海中央书店，1936年，第175页。

郡人文集，而此卷《九峰三泖图》必在其中。他常年往返于峰泖之间，独爱其风景如画，多次作诗歌咏。在临行前曾作《望天马》："五年湖上此经行，画里青山望里生。遂使于今将去郡，苍松白石笑无情。"①虽然许维新在任期间恪尽职守，郡事治理井井有条，又深得百姓爱戴，却因为当时官场黑暗，政绩考核官员并未给予合适评定。此诗反映了九峰如画的美丽风景，也表达了他对峰泖恋恋不舍之情，难免有些伤感。在题跋中，他提到世人讥讽贪官只有青山带不走，但临行前还是要把它写入图画中带走，可见贪官之贪得无厌。被公认为廉吏的他，却不惜被世人讥讽为贪官，也要将峰泖奇观写入图画中带走，足见其对峰泖的喜爱之情。他介绍了云间山峰大大小小有十四座之多，只是其中九座颇为突出，故称九峰，还介绍了三泖。当时云间善画之人颇多，后人称之为"松江画派"，璩之璞即是其一。他评价璩笔颇工，因居住在山下能朝夕相处，故所作山水云烟出没，变化多端。他希望以后想起云间峰泖，便可以观此图以解思念之情。璩之璞两幅作品均作于1601年，而许维新的题跋在1603年正月晦日。此后该作一直被许维新珍藏并带回山东传给子孙。直到清嘉庆十一年（1806），阴差阳错，或命中注定，被嘉定南翔人朱勋带回了故乡。

---

① 上海市松江区地方史志编纂委员会编：《云间风物诗歌集》，上海文艺出版社，2009年，第173—174页。

嘉定南翔朱勋题跋:"剪取吴淞水半江,归来风月满晴窗。世间万事随流水,南国人未获一双。余家槎溪,离吴淞一衣带水耳。尝登高远眺,见九峰隐隐落天外。得句云:'九峰落天外,双寺插云间。'屈指已三十年矣。丙寅春,奉使山左,得此图于东郡,展玩反复,如在九峰三泖间。因念家山,惘惘身世浮云波,茸斋主人携峰泖而北,安知数百年后又有人携峰泖而南?然则无论青山不可携,即凡物之可以携而无常所者,携之亦甚无谓也。虽然,此中趣固不可与外人道耳。我故携之,亦茸斋主人之志云尔。嘉庆十一年立冬后三日书于东郡,巢寄山人朱勋。"钤"臣勋"白文印、"美堂"朱文印。

又一跋:"山左地厚民淳,仙(仕)宦之家传世最久,即如此图,自万历迄今已珍藏三百年,未尝出东昌一步,亦不肯轻示人,故开卷笔墨如新,可以为仕宦子孙法。巢寄山人再笔。"钤"茂常别号美堂"朱文印、"朱勋私印"白文印。

再题:"书画谱载璩之璞楷法精研,画品秀逸,不干名利,澹然自足,真有学问人也。平生翰墨视共球,身落南荒不易收。求马几经买马骨,好龙究未见龙头。掌中云树怀千里,屏上楼台忆十洲。玉轴牙签真赏在,鱼珠燕石浊清流(莫相投)。"

再题:"宋赵千里、明仇十洲皆老画师。廿年嗜好异咸酸,积习贫来尚未寒。得画竟如新买妾,晓窗不厌百回看。""米颠拜石生来癖,苏老挥毫不在工。直把黄金换破纸,前生合是蠹书虫。"钤"乐此不疲"朱文印。

朱勋,又名茂常,字美堂,江苏太仓州嘉定县人,乾隆庚子年(1780)举人,曾任国史馆校录,先后为瓯宁县、沙县、崇安县知县,被檄督办滇铜事竣,归乡,卒年七十九岁。在职期间,恰逢教谕与知府有矛盾,诸生控告教谕在大成殿前种植蔬果,按规定应该革职。知府派专员协助调查，据查大成殿后为废圃，并未种植蔬果，但是专员授意他为了取悦知府，不应该据实禀报。他坚决不同意，不能为了取悦上司而诬陷同僚，最终为教谕洗清了诬告，可见他不畏强权，为人正直，刚正不阿。[1]从题跋中，可知丙寅（1806）春，他出使山东东昌，得《峰泖奇观》手卷。可见，此图为许维新家族珍藏了两百余年，未曾离开过东昌。朱勋作为嘉定人，与云间九峰相隔不远，登高远眺，即"见九峰隐隐落天外"，对九峰也颇有感情。见到此图，亦如他乡遇故知，倍感亲切，遂购入此图反复展玩。人人都说青山不可携，一代廉吏许维新却将九峰三泖写入图画中带回故乡，谁料两百年后，嘉定人朱勋再将峰泖图带回故乡。从朱勋的多次题跋中，足见他对《峰泖奇观图》视若珍宝，时常把玩欣赏，对于璩之璞也进行了考证。

璩之璞《峰泖奇观》手卷集诗、书、画、印于一体，是难得一见的艺术珍品，九峰三泖地质性题材、峰泖变迁的考证以及传奇的流传经历，是研究峰泖变迁以及松江文人交往的重要历史文物。

2. 沈士充《峰泖图》，纸本，纵26.4 cm，横243.9 cm，上海博物馆藏。[2]

---

[1] 清光绪庚辰重修《嘉定县志》卷十六《宦迹》，第57—58页。
[2] 杨嘉祐：《三泖九峰和峰泖画卷》，《上海博物馆集刊》第3期，上海古籍出版社，1986年，第99—101页。

自题：“峰泖图，乙丑秋日写，沈士充。”钤印以及清咸丰庚申年（1860）题跋仅依图片无法辨识。

3. 沈士充《九峰三泖图》，绢本，纵26.5 cm，横250 cm，出现在2005年春季大型艺术品拍卖会，敬华（上海）拍卖股份有限公司上拍。

自题：“丙辰夏日，沈士充写。”钤“沈士充印”白文印、“子居”白文印。

引首：“九峰三泖图，耦堂大兄属题，山舟同书。”卷后有明代陆应阳、马元震、李流芳，清代英廉、钱载、蒋士铨等人题跋，并钤有张纯修、张照等人的收藏印。

沈士充，明万历时人，字子居，华亭人，是松江画派重要代表之一。他师法宋懋晋，后又师法赵左，所绘山水丘壑清蔚苍古，笔法流畅松秀，皴染淹润，格韵俱佳，常为董其昌代笔。沈士充《峰泖图》与《九峰三泖图》，从图片上看，前者作于1625年，后者作于1616年，前者是纸本，后者是绢本，但所画九峰三泖的山石、树木，以及山形、湖岛，乃至构图，均一模一样，因未见真迹，其真伪还有待于进一步考察。蒋士铨《忠雅堂集》中有《明江德甫九峰三泖读书图是沈士充笔为施耦堂题》，而祁寯藻亦有《峰泖图》诗："九峰三泖我思存，曾放扁舟把酒尊。争向画禅乞余瀋，风流谁似石田孙。（沈子居士充写。子居乃石田之孙，王石谷所师资者。吾家季闻除日携书画过我同观，偶记二绝句于后。）"①可见沈士充所作《九峰三泖图》及《峰泖图》至少在清代还是留存的。画中云间九峰并峙，依次展开，树木茂盛，泖湖宽广，远帆几点，扁舟一二，湖心有小岛，泖塔耸立，亦可见天马山护珠塔屹立山间。与璩画相比，九峰分峙更为明显，山石、树木描绘得更加细致，泖岛周围驳石更加接近实景。沈画秀润，璩画则空灵，各具特色。同为松江人，他们对峰泖更为熟悉，也有独特的家乡情感，二人画作是体现明代峰泖之美景的重要代表作。

4. 杨文骢《九峰三泖图卷》，纸本，纵15.2 cm，横363.2 cm，香港艺术馆虚白斋藏。

自题："庚辰夏日写《九峰三泖图》，吉州杨文骢。"钤"文骢"朱文长方印。

沈士充题："风蒲猎猎忆江乡，疏柳依依绕曲塘。几叠远山无限意，

---

① 《祁寯藻集2：诗词·校勘批注及考证》，三晋出版社，2011年，第483页。

却教展卷对斜阳。春水拖蓝一带流，布帆几幅宛中洲。双鱼入手须珍玩，相见高人寄兴幽。龙友自吉州寄惠此卷，漫成二截句酬之，并书画上。沈士充。"[1]

杨文骢（1596—1646），字龙友，贵州人，曾为华亭县教谕，博学好古，善画山水，师法巨然、惠崇，有宋人之骨力，元人之风雅，为"画中九友"之一。此作作于庚辰年，即1640年，是其晚年在家乡为松江沈士充而作，沈士充在画卷上题诗以记。此图名为《九峰三泖》，实则为江南水乡之风景，构图平远，群山连绵，山水相依，翠柳依依，远山如黛，亭台飞瀑点缀其间，三两帆船游荡湖中，一派恬淡自然的江南山水卷。骨法用笔遒劲，将米家云山、黄公望披麻皴以及倪瓒折带皴融会贯通，少了倪瓒的萧索，多了一分生机，为杨文骢的一件山水佳作。杨文骢在松江任教谕期间，与董其昌交往密切，甚至以师礼事之，深得董其昌、陈继儒等书画家的推崇。此作虽非对景写实，却是杨文骢与沈士充等松江书画家交往的重要见证，也是他游历九峰三泖的美好回忆。

---

[1] 贵州省文史研究馆编：《杨文骢书画集》，贵州人民出版社，2011年，第137页。

曲圣的塑造

——晚明清初魏良辅文化形象的构建

黄敬斌

（复旦大学历史学系）

内容提要：作为戏曲史上著名的"昆腔之祖"，有关魏良辅生平的资料可谓零散、隐晦且彼此龃龉，据此难以整理出一份"客观可信"的传记资料来。但不同时期对于魏氏的记载确实揭示了这一具有传说性的人物文化形象演变或曰建构的过程：从早期面目不清的曲唱名家形象，逐步成为"昆腔之祖"，其身上士大夫文人化的特质日益清晰，同时被不同地域的曲家群体利用来构筑他们本身的"曲史"叙事。明末清初，随着魏良辅作为曲祖的地位日益稳固，关于他的文献叙事也日益增添英雄化和传奇化的色彩，魏氏也获得"曲圣"之誉。清初以后不再见有新的关于魏良辅生平的文本创造，其定型化的形象得益于两种广泛流传的诗话文献对于明代史料的撮述和改写。

关键词：魏良辅　昆腔　文化形象

在晚明戏曲史上，魏良辅是一个耳熟能详的名字，其人一般被视为昆山腔的创制者，或者是重要的"改革"者，享有"曲圣"之誉。吴梅叙称，"嘉隆间，太仓魏良辅，昆山梁辰鱼，以善讴名天下。良辅探讨声韵，坐卧一小楼者几二十年，考订《琵琶》板式，造水磨调，辰鱼作《浣纱记》付之，流丽稳协，远出弋阳、海盐旧调之上，历世三百，莫不俯首倾耳，奉为雅乐"①，可作为今天戏曲史研究中主流叙事的代表。然而，正如有学者指出的，"说也奇怪，像魏良辅那样享有极大声誉的歌唱大家，他的生平事迹反而非常隐晦，甚至众说纷纭"②。戏曲史研究中，这些"众说纷纭"的文字已得到穷尽式的发掘与探讨，学者们力图通过比较、撮合不同时期不同来源的记载，拼凑出魏良辅的生平事迹，对这些史料的源流与背景却每每缺乏深入的分析。毫不意外地，目前所见的相关学术成果堪称聚讼纷纭。③

诸多曲史论者之中，仅见朱昆槐提出了一些思考，她指出，有关魏良辅的"传说很多，而这些传说大多是五六十年后，甚至百年以后才出现的"，认识到这一点之后，她实际上承认魏良辅的真实生平很难厘

① 吴梅：《中国戏曲概论》，上海古籍出版社，2000年，第152页，初刊于1926年。所谓"水磨调"，一般认为系对于昆山腔艺术特点的概括，"亦作昆曲唱腔的别名"，参《中国曲学大辞典》，浙江教育出版社，1997年，第679页。
② 陆萼庭：《昆剧演出史稿》，上海教育出版社，2006年，第10页，初刊于1980年。
③ 略举代表性论著如下：周贻白：《中国戏剧史长编》，人民文学出版社，1960年，第310—313页；蒋星煜：《中国戏曲史钩沉》，中州书画社，1982年，第38—58页；流沙：《魏良辅的生平及其他》，《江西师院学报》1981年第2期；陆萼庭：《昆剧演出史稿》，第10—20页；胡忌、刘致中：《昆剧发展史》，中华书局，2012年，第33—43页；陈宏亮：《魏良辅并未"配合创作〈浣纱记〉"》，《苏州大学学报》（哲学社会科学版）1991年第4期；程晖晖：《曲家魏良辅是乐籍中人说——兼谈乐籍群体、教坊体制对昆曲和传统曲牌的意义》，《中国音乐学》2013年第3期；曾永义：《魏良辅之"水磨调"及其〈南词引正〉与〈曲律〉》，《文学遗产》2016年第4期。宁宗一等对截至1990年代初的魏良辅研究有一简略的综述，可参看，见宁宗一、陆林、田桂民：《明代戏剧研究概述》，天津教育出版社，1992年，第105—112页。历史学界对于晚明社会文化中昆山腔（昆曲）的兴起亦有所论及，但魏良辅这一人物则甚少进入研究视野。哥伦比亚大学《明代名人传》录有戴尔·哈勒斯所撰魏良辅传，见中译本第5册，北京时代华文书局，2015年，第2014—2016页。该传虽在利用史料时多出以"据说""传闻""也许"等表示谨慎的用词，但大体没有超出国内戏曲史界的研究高度。社会文化史的研究则多关注昆腔新兴这一现象本身，对魏良辅的生平事迹及其文化形象则少有关注，典型的研究案例如陈江：《明代中后期的江南社会与社会生活》，上海社会科学院出版社，2006年，第290—306页。

清，而"百年之后，其生平与事迹皆被神化，蒙上传奇性的色彩"。①
这一观察颇具卓识，但并未展开具体分析。本文主旨也不在于"史实
考证"，而试图首先依据史源学原则，对这些"众说纷纭"的史料重作
检视。另一方面，也许更为重要的则是，根据这些后世的史料或"传
说"，虽然很难还原出魏良辅其人其事的"真实"，却足以对其文化形
象的历时演变展开分析。彼得·伯克指出，当代文化史研究的"共同
基础"在于："关注符号以及对符号内涵的解释。"②本文即拟从这一视
角出发，首先将魏良辅视作一个文化"符号"（而不是亟待厘定其生平
的历史人物），分析历史文献中有关文本和叙事的细节构成、源流及变
迁，并尝试对其历史文化背景作出描述与解释。

一、早期文本中的魏良辅形象

目前所知，万历以前明代史料中关于魏良辅的记载仅两例，而学界公
认年代最早者为李开先所著《词谑》③。书中述及作者所知"以歌名者"：

> 如余姚董鸾，丰县李敬，谷亭王真，徐州邹文学，济宁周隆，
> 凤阳张周，钱塘毛士光，临清崔默泉，鹿头店董罗石，昆山陶九官，

---

① 朱昆槐：《昆曲清唱研究》，大安出版社，1991年，第53、58页。
② ［英］彼得·伯克著，蔡玉辉译，杨豫校：《什么是文化史》，北京大学出版社，2009
  年，第3页。
③ 李开先，字伯华，号中麓，山东章丘人，嘉靖八年进士，官至太常寺少卿，隆庆二年
  卒，见《明人传记资料索引》，文史哲出版社，1965年，第213页。《词谑》一书，今
  存明嘉靖刻本，不著作者姓名，不知具体年份，其板式、行款、字体与李开先晚年诗
  文集《闲居集》（嘉靖三十五年序）全同，且书中有《市井艳词》百余，予所编集"
  一语，与《闲居集》中记载恰合，因知为李氏所著，见《词谑提要》，《中国古典戏曲
  论著集成》（三），中国戏剧出版社，1959年，第259—260页。陆萼庭称该书有"嘉靖
  中叶刊本"，并臆定为"嘉靖二十年左右"，不知何据，见《昆剧演出史稿》，第13页。

太仓魏上泉，而周梦谷、滕全拙、朱南川俱苏人也：皆长于歌而劣于弹。统而较之，毛秦亭南北皆优，《北西厢》击木鱼唱彻，无一曲不稳者。鸾则妆生，做手尤高。真善净。敬极清软。文学善南北，犹夫秦亭。周平之乃一富室，不以累心，而好清音。周系缝衣人，声态俱一佳旦，年且甚少，必待人具礼求之，而后出一扮之；扮既，见者无不忻羡。**魏良辅兼能医**。滕、朱相若，滕后丧明。周孟谷字子仪者，能唱官板曲，远迩驰声，效之者洋洋盈耳。①

可能较李开先略晚，在昆山腔兴起的核心地区——江南苏松一带，魏良辅的名字最早出现在何良俊《四友斋丛说》中：

松江近日有一谚语，盖指年来风俗之薄，大率起于苏州，波及松江。二郡接壤，习气近也。谚曰：一清诳，圆头扇骨揩得光浪荡。二清诳，荡口汗巾摺子挡。三清诳，回青碟子无肉放。四清诳，宜兴茶壶藤扎当。五清诳，不出夜钱沿门跄。六清诳，见了小官递帖望。七清诳，剥鸡骨董会摊浪。八清诳，绵紬直裰盖在脚面上。九清诳，**不知腔板再学魏良辅唱**。十清诳，老兄小弟乱口降。此所谓游手好闲之人，百姓之大蠧也。②

---

① 李开先：《词谑》"词乐"条，《中国古典戏曲论著集成》（三），第354—355页。
② 何良俊：《四友斋丛说》卷三十五《正俗二》，中华书局，1959年，第323页。按《四友斋丛说》初刻于隆庆三年，三十卷，已佚，增补重刻于万历七年，为今本（据标点本"出版说明"），重刻时何良俊本人已逝。因"十清诳"之谚出现于第三十五卷，学界多认为其撰写时间在隆庆三年之后。实际上，朱大韶所撰《初刻本序》中，述及三十卷本的内容，称"凡经术文艺人才治纪边防兵食民风士论，先正之风献，一时之谈谑，旁及字画歌曲之伎"（标点本第7页），其中"民风士论""歌曲"等内容，见于今本卷三十四、三十五之《正俗一》《正俗二》，以及卷三十七之《词曲》。可知重刻本并非附新增八卷于旧本之后，而是重经编次。"不知腔板再学魏良辅唱"者，固然可能是隆庆至万历初年的新世相，也仍有可能是嘉靖末年甚至更早时候的流俗。

这两段记载中，关于魏良辅的具体信息十分有限。《词谑》中列举著名唱家十余人，据其前后记载体例，可知"太仓魏上泉"即魏良辅，而仅记其"兼能医"，对其歌唱技艺的具体细节不着一词，看来重视程度尚不如毛士光、董鸾、张周、周孟（梦）谷等人。何良俊的记述中，虽然"学魏良辅唱"似乎已是一种"流行文化"，说明在江南地区，魏氏的认同度或高于李开先所在的山东，而且其唱法也许确具有引领风尚的"新意"，然而何良俊对此同样无一语及之，只是将之列入"风俗之薄""百姓大蠹"中，其鄙薄厌弃的态度十分明确。两种早期记载均完全没有提及"昆山腔"一名，甚至对魏良辅所擅的究竟是南曲还是北曲也未明言。很明显，此时历史文献中的魏良辅，远不具有后来为众所知的那种创制或改革声腔、精于曲学的文化英雄式的形象，最多不过是一位颇有声名的曲唱家罢了，即使在这一点上，也远达不到后世所具有的那种睥睨天下的"曲圣"地位。①

跳出戏曲史的视野来看，李开先和何良俊上述清单式的记载或许具有更为深刻的社会文化内涵。在谈论晚明士大夫的"品鉴"文化，述及王世贞、张岱、文震亨等人开列的"名匠"名单时，柯律格曾饶有趣味地描述其观感："这些名匠的名单在很大程度上是公式化的，在当时的其他著述中也反复出现"，"我们几乎对于他们的活动一无所知……甚至不知道他们到底是不是工匠"，"他们之所以被士绅阶层所关注，事实上，更可能是出于士绅阶层日益增长的区别不同类型的商品以适合其标准的需求"，即使著名的"前所未闻的玉雕大师"陆子冈，有关的史

---

① 胡忌、刘致中认为，"当《词谑》写作时，魏良辅和陶九官、周梦谷（即周孟谷）、滕全拙、朱南川等人一般，尚未出人头地"，此后方逐渐"确立昆山腔的领袖地位"，见胡忌、刘致中：《昆剧发展史》，第33—35页。其说固然有其可能性，但既然魏氏的生卒年代不能确定，这种"地位确立"的过程，最多也只能是一种悬揣。

料也"少得令人吃惊"。①回头来看李开先的歌者名单，不难发现它与柯律格搜集的"名匠"名单之间的相似性——尽管后者涉及物质文化，而前者涉及的更宜于称为"非物质文化"。李开先这样精于词曲、寄情声歌的退职士绅，也许正是通过对于广大曲师艺人歌、弹优劣的品鉴，来凸显自身艺术欣赏的品位与标准。相反，何良俊这样艺术观点相对保守、热心提倡金元北曲的士大夫②，则通过记录或多或少有些敌视魏良辅歌艺（尤其是其广泛流行）的谚语表明了自身的态度。"十清诳"中涉及物质文化（圆头扇骨、荡口汗巾、回青叠字、宜兴茶壶、剥鸡骨董等）的条目，完全可以放在柯律格关于明代赏鉴文化内蕴"物之焦虑"③的分析框架下加以思考，这也凸显了何良俊关注"魏良辅"这一文化符号的原因所在。可以说，李、何二人立场虽异，其文化活动的行为表现则一。在某种程度上，这也可以理解为后世魏良辅形象不断创造、演变的社会文化心理基础。

二、万历中后期魏良辅形象的创造与充实

一般认为，嘉靖至万历年间，是昆山腔逐步流行于大江南北，成为

---

① ［英］柯律格著，高昕丹、陈恒译：《长物：早期现代中国的物质文化与社会状况》，生活·读书·新知三联书店，2015年，第61—62页。

② 关于何良俊复古主义、"崇北抑南"、贬斥新兴南戏声腔的曲文艺术观，较近的分析可参陈维昭：《何良俊的戏曲批评与其"文统观"》，《文学遗产》2013年第3期。

③ 根据柯律格的阐述，"底层人物对特定文化消费类型的亦步亦趋，进入到了以往因文化和经济的屏障而受限制的领域，这种情形令当时的士绅评论家颇感烦忧"，"用物来表达社会区隔，在不同层次的士绅精英中最为严重，因为他们强调要与可能最相近的威胁保持距离的需求最为迫切"，"……我们体会到明人对于物的焦虑，以及潜在的可减轻这种焦虑的良方。通过与那些满壁皆是'名家山水'，却以粗鄙的方式加以悬挂的门户保持必要的距离，'雅趣'至少能减轻一些因'过度'而引起的社会焦虑"。《长物》第六章，引文见第135、139、142页。

南北曲主要声腔的时期。万历末年，顾起元叙南京"公侯与缙绅及富家"宴会用乐，自万历以前的"大套北曲""教坊打院本"转为南戏，而南戏声腔又自弋阳、海盐、四平而转为昆山，"校海盐又为清柔而婉折，一字之长，延至数息，士大夫禀心房之精，靡然从好，见海盐等腔已白日欲睡，至院本北曲，不啻吹篪击缶，甚且厌而唾之矣"。①正是在这一背景下，万历中后期至崇祯初期，涉及魏良辅这个名字的史料突然增多，与万历以前仅在李、何二著中作惊鸿一瞥、此后并沉寂数十年形成鲜明对比。这些记载多出于私家笔记，其刊刻年代普遍已在万历末年乃至更晚，撰写年代则很难厘清，因此尚无法从文本源流和交互影响方面展开分析，而这些记载的集中出现，当然反映出当时士大夫热心与喜好昆腔词曲的情形。考诸后世史料，在文本和叙事上影响最为深远，也最受学界重视的是昆山人张大复的叙述：

> 魏良辅，别号尚泉，居太仓之南关，能谐声律，转音若丝。张小泉、季敬坡、戴梅川、包郎郎之属争师事之惟肖。而良辅自谓勿如户侯过云适，每有得，必往咨焉，过称善乃行，不即反覆数交勿厌。时吾乡有陆九畴者，亦善转音，愿与良辅角，既登坛，即愿出良辅下。梁伯龙闻，起而效之，考订元剧，自翻新调，作《江东白苎》《浣纱》诸曲，又与郑思笠精研音理，唐小虞、陈楳泉五七辈杂转之，金石鉴然。谱传藩邸戚畹，金紫熠爚之家，而取声必宗伯龙氏，谓之昆腔。张进士新勿善也，乃取良辅校本，出青于蓝，偕赵瞻云、雷敷民，与其叔小泉翁踏月邮亭，往来唱和，号南马头曲。其实禀律于梁，而自以其意稍为均节，昆腔之用勿能易也。其后茂

---

① 顾起元：《客座赘语》卷九《戏剧》，中华书局，1987年，第303页。是书自序于万历四十五年，翌年梓行，见"点校说明"，第2页。

仁、靖甫兄弟，皆能入室，间常为门下客解说其意。茂仁有陈元瑜，靖甫有谢含之，为一时登坛之彦，李季鹰则受之思笠，号称嫡派。①

　　显而易见，在这一记载中，魏良辅的生平细节陡然增多，这些细节从何而来？没有证据显示张大复曾与魏氏相识并往还，但粗检张氏文集，即可见如赵瞻云、雷敷民、李季鹰，以及梁辰鱼（伯龙）裔孙梁园（雪士）等，均在其交游圈内。张曾为梁辰鱼作传，并曾从梁园处借得其诗文刻稿。又与李季鹰"游甚久"，因知其从梁辰鱼、郑思笠等习曲，并一度擅名歌场之事。雷敷民亦以声歌与张氏论交，"三十年间聚此堂"。②因此，上述叙事确实有其来历，故"向被昆腔研究家视为信史"③。具体到魏良辅的信息，当主要来自雷敷民、赵瞻云等人。赵据说是良辅的"高足弟子"④，而雷敷民曾为张讲述"其少壮事"，尤其

①　张大复：《梅花草堂集笔谈》卷十二《昆腔》，《四库全书存目丛书》子部104据明崇祯三年刻顺治十二年补修本影印，齐鲁书社，1995年，第456—457页。徐慕云《中国戏剧史》（初刊于1938年，笔者所见为上海古籍出版社2001年版，第91—92页）引《少室山房笔丛》中的一段记载，与张大复这段叙述几乎完全一致。胡应麟行年早于张大复，其《少室山房笔丛》（中华书局标点本，1958年）虽多议论考证宋元明戏曲作品的文字，尤其集中于辛部《庄岳委谈》（卷四十至四十一），然遍检全书，却完全不见这段话的踪迹，当系徐氏误引。董每戡《中国戏剧简史》（商务印书馆，1949年）可能受徐氏影响，这段话的出处亦误作《少室山房笔丛》，第114页。

②　张大复：《梅花草堂集》卷二《雷敷民八十序》，卷六《李季鹰传》《梁园传》，《续修四库全书》1380册据明崇祯戊寅（十一年）刻本影印，上海古籍出版社，2001年，第334—335、430—433页；《梅花草堂集笔谈》卷五《梁伯龙》，卷十三《梁雪士》《赵瞻云》，卷十四《声歌》，第340、472、484页；《皇明昆山人物传》卷八《梁辰鱼》，《四库全书存目丛书》史部95据明崇祯刻清补修汇印梅花草堂集三种本影印，齐鲁书社，1996年，第750—751页。

③　胡忌、刘致中：《昆剧发展史》，第35页。

④　钱谦益称，"太仓赵五老……良辅高足弟子也"，见《牧斋初学集》卷三十七《似虞周翁八十序》，《续修四库全书》1389册据明崇祯刻本影印，上海古籍出版社，2001年，第616页。程嘉燧有《听曲赠赵五老》诗，自注称赵"太仓人，名淮，字长源，号瞻云，善医能诗"。见《松圆浪淘集·咏古卷六》，《续修四库全书》1385册据明崇祯刻本影印，上海古籍出版社，2001年，第632页。

涉及"所闻魏尚泉、过筼室如此"①，完全可视作张大复上述记载的史源。然而既称"所闻"，则至少雷敷民并未亲炙魏、过二氏，其"口述记忆"亦得自传闻，或许即来自张小泉、赵瞻云等人。

关于赵瞻云的"良辅弟子"身份，还值得注意的一点，是万历中期以后江南各地的昆腔唱家，多见自称"良辅弟子"者。较早见诸记载的如陈梦萱，"善歌，得传于魏良辅，潘少荆亦其徒也"②；此后如无锡人安吉，"能歌南曲，自云受之昆山卫良辅，分刌节度，累黍不差"③；常熟周似虞，据称曾与魏良辅"游旬月，曲尽其妙"，参加虎丘中秋曲会，每"一发声，林木飘沓，广场寂寂无一人，识者曰：'此必虞山周老。'或曰太仓赵五老"④；另一常熟人秦四麟，亦"工音律，学于昆山魏良辅，尝以中秋夕登金陵长版桥，歌大石调《念奴娇》词，竟四五夕，莫敢有发声者"⑤；乃至晚明著名诗人程嘉燧，也有"善歌，自云得自昆山魏良辅"的传说⑥。这些人当然有可能即是数十年前何良俊以批评

① 张大复：《梅花草堂集》卷二《雷敷民八十序》，第335页。按此语之后，紧接着有"邮亭征歌，尝与六七辈，往往达旦，今其人独赵瞻云在耳"一句，所叙似乎是魏良辅、过筼室等人之事。但核诸前段《梅花草堂集笔谈》的引文，则知这里的"邮亭征歌"指的实为雷、赵与张新、张小泉的"踏月邮亭，往来唱和"，倡"南马头曲"之事，与"所闻"句不应连读。雷敷民本人很可能并未与魏良辅相交。
② 冯梦祯：《快雪堂日记》卷十三，万历壬寅（三十年）四月初一，凤凰出版社，2010年，第174页。记中于陈姓名前冠以"乡人"二字，复称为"顾友玉名祖汉"者所荐，如系冯氏乡人则当为嘉兴人，如系顾氏乡人则未可遽定。据下引潘之恒《鸾啸小品》及余怀《寄畅园闻歌记》所言，则陈梦萱又作"陈奉萱"，当为无锡（梁溪）人，潘少荆又作"潘少泾"，不知与余怀提及的"潘荆南"是否有关联。
③ 冯舒：《感旧诗一首赠钱大履之》（崇祯三年），转引自胡忌、刘致中：《昆剧发展史》，第36页。
④ 钱谦益：《牧斋初学集》卷三十七《似虞周翁八十序》，第616页。胡忌、刘致中据《牧斋初学集》中其他篇章内的信息，考订周似虞的生卒年为1539—1631，见《昆剧发展史》，第37页。
⑤ 康熙《常熟县志》卷二十《文苑·明》，《中国地方志集成》江苏府县志辑21，凤凰出版社，2008年，第488页。
⑥ 严熊：《严白云诗集》卷二十《彝陵督府观剧杂咏十二首》（出第十一首自注，作于康熙二十三年，严氏为钱谦益学生辈，其说确可能出自松圆自述），《清代诗文集汇编》100据清乾隆十九年绳武堂刻本影印，上海古籍出版社，2010年，第130页。

的口吻指摘的"学魏良辅唱"的那批"游手好闲之人",年高之后,因为社会风尚的转移,其"魏良辅弟子"的身份反而成为值得炫耀的文化资本。然而,周、秦二传在叙事结构上的相似性,又提醒我们一种为曲人作传的模套的存在,其要件在于:良辅弟子,在某个著名的歌场胜地技压全场。后一叙事要素明显又受到袁宏道对于虎丘中秋曲会盛况描写的影响,袁氏所谓"布席之初,唱者千百"逐步过渡到"一夫登场,四座屏息"的概括性描写①,在钱谦益等人的笔下被具体化为周似虞、赵瞻云等个人的事迹,地点也或挪移到南京,因此在很大程度上也许只是一种叙事结构的因袭与重新构建。

无论如何,分析张大复上述记载中魏良辅的形象,也许可以揭出以下两点。首先,与嘉靖时期李开先的记载相似,这里魏良辅的名字仍厕身于一群"名曲家"的名单之中。当然,他在此已经不是与他人并列,而是具有了一个派系开创者的超绝意味。而且,与李开先记载中的与之并列的"富室""缝衣人"给人造成的印象不同,张大复列举的这些人物名单,固然有"户侯过云适"这样看来身份可疑者,更多却具有相当鲜明的士人形象,其中既有能创作词曲的文人梁辰鱼,更有张新这样的堂堂进士。②魏本人的形象和行为方式似乎未脱艺人曲师的本色——与人登坛较曲恐怕不是士大夫所能为,倒令人联想起侯方域《马伶传》中描述的那种艺人相竞的故事来。③然而在文本记录中与之相提并论,或

---

① 袁宏道著,钱伯城笺校:《袁宏道集笺校》卷四《锦帆集之二——游记、杂著》"虎丘"条,上海古籍出版社,2008年,第157页。此条游记撰于万历二十四至二十五年间。

② 按,张新字铭盘,隆庆元年举人,万历五年进士,曾任兰溪知县、工部员外郎,见崇祯《太仓州志》卷六《选举志·进士》,上海图书馆藏明崇祯十五年刻清康熙十七年补刻本,第29a页。

③ 侯方域:《马伶传》,载张潮辑:《虞初新志》卷三,《四库禁毁书丛刊》子部38据清康熙刻本影印,北京出版社,1997年,第448页。

者继之而起的人物，却于潜移默化中由市井卖浆者流（至少部分地）上升到了社会精英的层次。这在昆腔史料中开启了魏氏形象士大夫化的一个序幕。

其次，张大复的记载中魏良辅在"昆腔史"上的地位究竟如何？应该注意到，同时代的其他文献中，已经多有视魏良辅为昆腔之祖的说法，如沈德符称"自吴人重南曲，皆祖昆山魏良辅，而北调几废"①，在曲学史上地位颇高的王骥德也说，"昆山之派，以太仓魏良辅为祖"②。与这些简略概括的叙事相比，张大复在笔下描述了三个曲学群体。其一以魏良辅为中心，包括其追随者和同时的竞争者。另两个群体则均受到魏良辅的影响：一以昆山梁辰鱼为中心，包括其合作者和后继者，为"效"魏良辅者；另一以太仓张新为中心，包括雷敷民、赵瞻云等人及其后学，为利用魏良辅"校本""出青于蓝"者。后两个群体固然均有魏良辅继承者的面目，却绝不能简单视为魏氏的弟子，相反，从"取声必宗伯龙氏，谓之昆腔"，"往来唱和，号南马头曲"这样的描述来看，这两个群体均有强烈的"本位"或"正统"意识，彼此虽然存在交流（从张大复本人身上即体现出来），却又显然具有对峙与竞争的关系（可能基于乡邦意识，张大复在这种竞争中相对倾向于梁氏一派）。从这样的描述之中不难看出，张大复也许不会排斥昆腔"以魏良辅为祖"的说法，但在其心目中，真正创制、完善昆腔的人物非梁辰鱼、张新辈莫属，而尤以前者为重。魏良辅尚未获得昆腔创制或改革者的声名，或者说，他最多只被视为这一文化活动的开端。

---

① 沈德符：《万历野获编》卷二十五《词曲》"北词传授"条，中华书局，1959年，第646页。是书自序于万历三十四年，"续编小引"作于万历四十七年。

② 王骥德：《曲律》卷二《论腔调第十》，《中国古典戏曲论著集成》（四），中国戏剧出版社，1959年，第117页。是书自序于万历三十八年，初刻于天启四年。

类似的叙事模式在同时代记载中并非独有，学界熟知的另一段关于万历中后期江南曲坛概况的记载出自潘之恒：

> 自魏良辅立昆之宗，而吴郡与并起者为邓全拙，稍折衷于魏，而汰之润之，一禀于中和，故在郡为吴腔。太仓、上海，俱丽于昆，而无锡另为一调。余所知朱子坚、何近泉、顾小泉皆宗于邓，无锡宗魏而艳新声，陈奉萱、潘少泾其晚劲者。邓亲授七人，皆能少变自立，如黄问琴、张怀仙，其次高敬亭、冯三峰，至王渭台，皆递为雄。能写曲于剧，惟渭台兼之。[①]

就追溯魏良辅以来昆腔发展或传承的谱系而言，这段话与前述张大复的记载颇为相似，但除了魏良辅之外，其中涉及的却完全是另外一批人，这自然与潘之恒主要关注苏州、无锡而非昆山、太仓曲坛有关。据其所述，苏州等地的曲腔与昆山、太仓相似，虽然都称出自魏良辅，而各有传承谱系及"本位"认识，苏州以"吴腔"为标榜，无锡虽称"宗魏"，又"另为一调"，而邓全拙在潘氏的叙述中尤其具有中心地位，与张大复笔下的梁辰鱼、张新差相仿佛。在另一种叙事中，潘之恒将昆山、太仓等地曲坛也囊括进来：

> 魏良甫其曲之正宗乎？张五云其大家乎？张小泉、朱美、黄问琴，其羽翼而接武者乎？长洲、昆山、太仓，中原音也，名曰昆腔，以长洲、太仓皆昆所分而旁出者也。无锡媚而繁，吴江柔而

---

① 潘之恒：《鸾啸小品》卷三《曲派》，上海图书馆藏明崇祯二年刻本，第20b页。其中提及的苏州邓全拙，胡忌、刘致中认为即李开先提及的滕全拙，见《昆剧发展史》，第34页。

渚，上海劲而疏，三方者犹或鄙之；而毗陵以北达于江，嘉禾以
南滨于浙，皆逾淮之橘、入谷之莺矣。①

  这里所称张五云，一般认为即张新。②值得注意的是，这段记载中
潘之恒未提及邓全拙，而将张新置于仅次于魏良辅的"大家"地位，也
未强调苏州"吴腔"的独立性，而将之与昆山、太仓一并视为"昆腔"
正宗（中原音），无锡、吴江、上海、常州以北及嘉兴以南则多少脱离
了这一正宗，各有各的缺点，这样的叙事与前文差异显然。潘氏的著作
系身后由其后人编订成书，很难判定这些不同的叙事在时间上的先后关
系，其著作中也少有与昆山、太仓曲界交往的证据，后一段记载也许多
少说明，张新当时在整个江南曲坛确具有相当的影响力。如果说"老一
辈"的邓全拙的社会身份地位仍属可疑的话，张新作为进士，得到曲之
"大家"的赞誉，而骎骎然堪与魏良辅前后比肩，同样印证了上文对张
大复的叙事所作的分析。

  如果说张大复、潘之恒在描述梳理他们同时代各家各地曲唱家的传
承派系时，对于魏良辅的影响仍给予了足够的尊重，另一位同时代人徐
复祚关于苏州文人曲家张凤翼（伯起）的叙事则更为激进：

---

① 潘之恒：《鸾啸小品》卷二《叙曲》，第1a—1b页。
② 胡忌、刘致中：《昆剧发展史》，第36页。据笔者所见，这一判断的主要依据来自清
 初老曲师钮少雅的自述，钮氏自称"弱冠"时往访魏良辅，而"良辅已故矣，计余
 之生，与彼相去已久。访闻衣拂之授，则有张氏五云，先生字铭盘，万历丁丑进士，
 北京都水司郎中"，遂得以借其援引而"登魏君之堂"。见钮少雅《自序》，载《汇
 纂元谱南曲九宫正始》，《续修四库全书》1750册据清抄本影印，上海古籍出版社，
 2001年，第333—335页。其中有关"张五云"的履历信息，无疑与张新相符。然而
 钮氏这段记载毕竟年代已晚，其"自序"全文，颇剿袭前人文字，部分叙事更近于
 演义玄想，真实性不一定可靠。且就潘之恒的叙述而言，张小泉被视作"羽翼而接
 武"张五云者，而据张大复所言，张小泉才是魏良辅的正牌弟子，张新则是其侄，
 如果张五云即张新，潘氏这一叙述亦有未当。这些疑点都值得探讨，为免枝蔓，此
 处姑置不论。

伯起善度曲，自晨至夕，口呜呜不已。吴中旧曲师太仓魏良辅，伯起出而一变之，至今宗焉。①

在这里，魏良辅反而成了"旧曲"的代表人物，而被张凤翼的革新所超越，后者才是其时吴中曲腔之"宗"。这样的叙事当然具有谀墓的性质，但另一方面也反映出，"曲宗"的地位仍可以角逐，魏良辅只是事迹近乎虚无缥缈的一位符号式的人物，而代表不同地域展开"正统"竞争的梁辰鱼、张新、张凤翼等人，才是时人关注的焦点。这些人都具有士人身份，这当然清晰地揭示出万历中后期新兴的昆腔艺术在士大夫群体中广为传播的事实。进而推论，昆腔的士人化可能引起某种认同焦虑：口耳相传的"昆腔之祖"魏良辅，其社会身份很不清晰②，因此，一方面有必要建构其士人化的文化形象，另一方面也有可能尝试塑造新的、更具有士人性格的文化形象来取代，或者至少是补充他。笔者认为，这是万历中后期这些有关魏良辅和昆腔的历史叙事密集出现最重要的历史背景。

同样出现于万历中期以后，所谓的《魏良辅曲律》可看作上述文化形象建构的另一表现。该《曲律》目前已发现多个版本，大部分收录在当时流行的各类戏曲选本之中，较重要的版本包括：1.《乐府红珊》，万历三十年（壬寅）初刊，题作"凡例"二十条，不署魏良辅名；2.《吴歈萃雅》，万历四十四年（丙辰）初刊，题作"魏良辅曲律十八条"；

---

① 徐复祚：《花当阁丛谈》卷四《三张》，《续修四库全书》1175册据清嘉庆十三年刻本影印，上海古籍出版社，2001年，第79页。张凤翼字伯起，长洲人，嘉靖四十三年举人，见《明人传记资料索引》，第549页，但该索引指向的《明史》卷二五七的传主张凤翼系崇祯年间任兵部尚书的另一人；徐复祚系常熟人，生卒年不详，主要活动时间当在万历中后期至崇祯初，应未及入清，参哥伦比亚大学《明代名人传》中译本第2册，北京时代华文书局，2015年，第792—794页。
② 直至今日，仍有学者论断，魏良辅的真实身份是"乐籍中人"，见程晖晖：《曲家魏良辅是乐籍中人说——兼谈乐籍群体、教坊体制对昆曲和传统曲牌的意义》。

3.《词林逸响》，天启三年（癸亥）初刊，题作"昆腔原始"，虽署为魏良辅所作，却述其为元代昆山州人，"瞽而慧，以师旷自期"①；4.《娄江尚泉魏良辅南词引正》，见路工、谢国桢旧藏张丑《真迹日录》清抄本，晚至1961年方由钱南扬撰文公布②。诸本内容条目具有明显的相似性和关联度，主要均由若干有关习曲、唱曲的原则性要求或诀窍构成，《南词引正》还包括几条关于曲史的论述；各条目叙述都较简单而粗略，缺乏系统性，在早期文本中尤其如此；不同版本的字数及叙述繁简度相去甚远，同一条目在不同版本中的叙述甚至可能互相矛盾。从这些特点来看，这些文献大致可视为同一文本多向度、多元化加工发展的结果。

　　首先需要对所谓《南词引正》的问题略作梳理。该本署魏良辅撰，嘉靖丁未（二十六年）曹含斋叙，文徵明书，抄本《真迹日录》定为"真迹"。由于其中包含多条不见于他本，亦不见于其他史料文献，却足以改写南北曲及昆山腔发展史的内容，一经披露就引起极大关注，并迅速成为明代戏曲史及魏良辅研究标杆式的资料。③然而，正因为这些

① 以上诸本分别见《善本戏曲丛刊》2—1、2—2、2—5，台湾学生书局，1984年影印本。《中国古典戏曲论著集成》（五）所收《曲律》以《吴歈萃雅》为底本，其他版本的情况见该书《曲律提要》，以及吴新雷《明刻本〈乐府红珊〉和〈乐府名词〉中的魏良辅曲论》，《南京师范大学文学院学报》2005年第1期。明清史料中，称魏良辅为瞽者的，仅见《词林逸响》这一例，且伴随着年代上的差误，杨荫浏凭此孤证，断言"魏良辅瞽目"，却有意删去了"元魏良辅"之"元"，见杨荫浏：《中国古代音乐史稿》（下册），人民音乐出版社，1981年，第862页。

② 钱南扬：《魏良辅南词引正校注》，见氏著《汉上宧文存》，中华书局，2009年，第81—100页；该《真迹日录》抄本已由北京图书馆出版社于2002年影印出版。

③ 今天在有关魏良辅和昆腔发展史的研究中，绝大部分论著认可《南词引正》在年代上的可靠性，并在此基础上展开对于相关问题的研究。例如，关于魏良辅的生卒年代，钱南扬在最初的校注工作中即提出《南词引正》是魏良辅毕生唱曲经验的总结，应该是晚年所作"，因此"魏良辅之时代必须提前至弘治间才无问题"，见《汉上宧文存》，第82—83页。董每戡则说"一个有特殊禀赋和勤修苦练的曲师，（在四十多岁）当能写出（《南词引正》）那样的心得体会"，因此主张定其生年在正德初年，见《说剧》，人民文学出版社，1983年，第274页，原文撰于1964年。胡忌、刘致中也认为"《南词引正》应该是他的中年之作"，却又主张定其生年为弘治十四年左右，见《昆剧发展史》，第35、38页。

内容乃至该抄本《真迹日录》本身的孤本性质（在《真迹日录》的诸多版本中，《南词引正》仅见于此），对于这一文本的年代、叙事的可靠性，从其问世之日起也引发了一些学者的质疑。[①]这里不拟深入这些争论的细节，仅需指出，从文献学的一般原则出发，《真迹日录》作为明末清初人的纂述，如果缺乏年代更早的文献或实物证据，书内所记书画作品的时代严格来说只能断限在明末清初。《南词引正》虽自署为嘉靖二十六年文徵明书，但原件既已佚失，对于文徵明这样的大师来说，伪作赝品早在生前就已经泛滥，今天当然不能仅凭张丑的"真迹"二字就认定《南词引正》确为其手书。[②]相反，鉴于与之内容相近相关的其他文献，即"魏良辅曲律"各版本最早也只到万历三十年方才现身，而一旦出现就迅速传播开来，推断这个《南词引正》的版本也是在万历中期以后为人赝造而出现在书画市场上，虽同样缺乏证据，从文献学的角度来说，却要稳妥得多。吴新雷曾对《南词引正》与"魏良辅曲律"其他文本中最早出现的《乐府红珊》本作文字校勘，但由于先入为主地

---

① 周贻白：《〈曲律〉注释》，见氏著《戏曲演唱论著辑释》，中国戏剧出版社，1962年，第70—79页；白宁：《元明唱论研究》，上海音乐出版社，2014年，第195—202页。近年台湾学者刘有恒对《南词引正》攻之最力，不但斥《南词引正》为伪，即《真迹日录》的这个清抄本亦视为近人赵万里伪造。刘氏文风繁芜，呶呶不休，立论多师心自用，牵强附会，两岸戏曲史学界因此迄无理会其说者。然其指出《南词引正》文本中的诸多疑点，并非全无道理，此处不赘。刘氏著作流传不广，于其"豆瓣小站"则收录颇夥，可参看 https://site.douban.com/161686/。关于《真迹日录》的版本，参韩进：《〈真迹日录〉的编撰及其版本考录》，《山东图书馆学刊》2014年第5期。
② 柯律格提醒我们，明代"对于古物造假的记载"，比古物的发掘和偶然发现"更为丰富"，而书画正是赝品层出不穷的重灾区，书画作品"易于复制的程度，以及当时对于艺术品的需求量，导致了巨大规模的造假活动"，见《长物》，第99—102页；在另一项研究中，他还提醒我们，"伪造的诗文就如同书画伪迹般，会随着时间渐渐被纳入真迹的范围内"，见刘宇珍等译：《雅债：文徵明的社交性艺术》，生活·读书·新知三联书店，2012年，引言，第XIX页；笔者以为，所谓文徵明手书的《南词引正》，尽管原件已佚，却正应验了柯律格的判断，因迎合了戏曲史研究的某些倾向而渐渐被纳入了"真迹"的范围内。

认定《南词引正》确属嘉靖二十六年文徵明抄写，是所有后世"魏良辅曲律"的祖本，其校勘结论不过是将两种文本的所有不同之处，一概视为《乐府红珊》本的删节、增补和改写而已。①实际仅凭文字校勘，很难判断两者的先后关系，考虑到《南词引正》多出的有关曲史和声腔的几条记载，将之视为《乐府红珊》本的后继版似更符合文献学的分析原则。②

仍回到文化史的视野下来，这些"魏良辅曲律"的文本，特别是《南词引正》中那些充满争议性的条目，是否真出自魏良辅之手？这在本文的语境中并不重要。它们密集出现在万历中期以后，本身就是一种引人注目的文化现象。一方面是魏良辅的歌唱家身份由此添加上了一重理论家的光环，与前文所论私家笔记的记载中其形象的士大夫化可谓若合符节。前引钱谦益所撰周似虞寿序中，记称"昆山有魏生者，精于度曲，著曲律二十余则。时称昆山腔者，皆祖魏良辅"，"魏生"之称，亦反映出这种士大夫化的倾向，据此还可知，此时士大夫阶层对于魏良辅的认识，已将撰写《曲律》视作其主要贡献之一。③另一方面还应看到，这些"曲律"文本的传播，可能令魏良辅作为昆山腔代名词的地位日益牢固地建立起来，这种地位又可能反过来推动各类戏曲选本利用其名字来自我标榜。考虑到恰恰是在目前所知年代最早的《乐府红珊》

---

① 吴新雷《明刻本〈乐府红珊〉和〈乐府名词〉中的魏良辅曲论》，校勘内容见第130—132页。

② 李舜华认为，《南词引正》中有关曲史及声腔变迁的论述，尤其对于承袭自"黄幡绰"的"元代昆山腔"的建构，反映了"嘉靖中期"魏良辅本人建构"曲统"，树立"吴音"乃至东南文学在历史上的正统地位的努力。见李舜华：《魏良辅的曲统说与北宋末以来音声的南北流变——从〈南词引正〉与〈曲律〉之异文说起》，《文学评论》2016年第2期。其说涉及文学史、思想史上的若干重要话题，非笔者所能置喙，但若仅就为昆山腔或"吴音"争"曲统"的需要或努力而言，与其说是嘉靖中期的社会文化特质，毋宁说是万历中后期才出现的呼声。本文的讨论或也可为此下一注脚。

③ 钱谦益：《牧斋初学集》卷三十七《似虞周翁八十序》，第616页。

中，这些简单的"唱曲须知"式的条文并未署上魏良辅的名字，后一方面的文化效应可能在"曲律"传播的初期历史中起到了更为重要的作用。

除了"魏良辅曲律"的行世之外，万历中后期的江南曲坛还出现了关于魏良辅曲学理论造诣的另一种说法，即他曾为若干戏曲作品"点板"。万历末年，何大成在所辑《唐伯虎先生集》中，注称辑得曲作十三套，来自《词林选胜》，而"《词林选胜》一编，乃魏良辅点板"。①《词林选胜》今或已不存，当同前述《乐府红珊》《吴歈萃雅》等类似，为当时坊间通行的戏曲或散曲选本，以"魏良辅点板"作为招牌，与将"魏良辅曲律"冠诸篇首作用相同，均类似于某种"广告"策略。臧懋循则在比较《琵琶记》《幽闺记》这两部元人南戏时，称《幽闺记》"半杂赝本，已失真多矣"，"故魏良辅止点《琵琶》板而不及《幽闺》"。②《琵琶记》与《幽闺记》两部早期南戏的优劣，是晚明曲评家争论的一个焦点问题，臧氏此言，以魏氏的"点板"与否来作旁证，也有借重之意。无论在哪种情况下，借助于对"点板"这一曲学实践的描写，魏良辅的形象进一步清晰化——如果说"曲律"的撰写还较多局限在曲唱实践的层面，"点板"则是一种更为精深的曲学理论修养，充分说明魏良辅不仅仅"唱得好"，而且"知其所以然"，其士人化的形象更加确凿。正是在这一文化背景下，至崇祯年间，魏良辅"曲圣"的文化形象最终定型。

---

① 何大成辑：《唐伯虎先生集》外编续刻卷九《曲》，《续修四库全书》1335册据明万历刻本影印，上海古籍出版社，2001年，第42页。按何氏此辑始于万历中期，初序于万历壬辰（二十年），外编序于万历丁未（三十五年），外编续刻序于甲寅（四十二年）、壬子（四十年）。

② 《臧懋循集·负苞堂文选》卷三《引跋·玉茗堂传奇引》，浙江古籍出版社，2012年，第121页。是集初刊于天启元年。

三、明末清初魏良辅形象的传奇化

崇祯十二年，吴江人沈宠绥刊行其曲学名著《度曲须知》，其中对魏良辅作了如下描述：

> 嘉隆间有豫章魏良辅者，流寓娄东鹿城之间，生而审音，愤南曲之讹陋也，尽洗乖声，别开堂奥，调用水磨，拍捱冷板，声则平上去入之婉协，字则头腹尾音之毕匀，功深镕琢，气无烟火，启口轻圆，收音纯细。所度之曲，则皆《折梅逢使》《昨夜春归》诸名笔；采之传奇，则有"拜星月""花阴夜静"等词。要皆别有唱法，绝非戏场声口，腔曰"昆腔"，曲名"时曲"，声场禀为曲圣，后世依为鼻祖，盖自有良辅，而南词音理，已极抽秘逞妍矣！①

这段论述可说是曲学文献中对魏良辅的文化贡献和历史地位评价最高者，同时还较为细致地描写了明代昆腔的艺术特点，因此获得后人的高度重视。戏曲史研究中，不少学者径从沈氏的记载入手，无保留地接受"曲圣"这一评断。陆萼庭则指出，"可以注意的是，沈文把他那个时期的唱曲理论认识强加在良辅身上了，并完全把良辅奉为至高无上的曲坛祖师爷、大圣人"②，表现出了一定的怀疑倾向。事实上，沈宠绥的这段叙事，几乎完全是自我作祖，甚至在最基本的传记信息——籍贯问题上，他也提出了全新的"豫章魏良辅""流寓娄东"说，使后来的

---

① 沈宠绥：《度曲须知》上卷《曲运隆衰》，《中国古典戏曲论著集成》（五），中国戏剧出版社，1959年，第198页。该书与沈宠绥另一曲学论著《弦索辨讹》均自序于崇祯己卯（十二年）。沈生卒年失考，行年当晚于前述张大复、潘之恒等人。
② 陆萼庭：《昆剧演出史稿》，第17页。

研究者陷入极大的困扰。其他叙事也没有早期的史源依据，这只要与前两节中引述的史料略加比较，就可一目了然。沈氏也没有说明其信息来源，或者如张大复那样提供给我们分析其信息来源的材料，说他这段记述是典型的"建构"甚至"虚构"文本，恐怕并不过分。

那么，沈宠绥为何要作这样的建构或虚构？或者问得不那么主观一些，这段文字反映出他心目中魏良辅形象的核心特质是什么？还是从最为醒目的籍贯问题谈起。此前讨论这一问题的学者中，蒋星煜最早将之与嘉靖五年南昌府新建县进士魏良辅联系起来，并认定此良辅即彼良辅，从而"论证"了沈宠绥记载的正确性。但这一"考证"并未得到后来学者的广泛支持，目前学界的主流观点仍认为新建魏良辅与太仓魏良辅不可混为一谈。[①]按新建魏良辅字师召，号此斋，正德十一年乡试举人，嘉靖五年二甲进士，一生仕宦所及，主要在北京、湖广、广西等地，以山东左布政使致仕后曾寓居湖广黄州府广济县。目前所见明代史料中，绝不见此魏良辅曾居住，甚至曾到过昆山或太仓的任何迹象，也

① 蒋星煜：《昆山腔发展史的再探索》《魏良辅之生平和昆腔的发展》《关于魏良辅与〈骷髅格〉〈浣纱记〉的几个问题》，均见氏著《中国戏曲史钩沉》，第38—58页。第一篇论文发表于1961年。谢巍主要依据晚出的家谱资料，在未提及蒋文的前提下，对其结论作了简单回应和补充，见《魏良辅身世略考》，《中华文史论丛》1983年第3期，第322—323页。陆萼庭回避了这一问题，仅含糊说沈宠绥"想必有所根据"，《昆剧演出史稿》，第17页。顾笃璜较早对蒋说提出批驳，见《关于魏良辅——与蒋星煜同志讨论》，《戏剧艺术》1979年第1期。此后流沙一方面肯定曲家魏良辅确实原籍豫章，另一方面又否认他与进士魏良辅是同一人，其思路大致是不怀疑任何史料，务必要找出一个折衷诸说的结论，见《魏良辅的生平及其他》，第15—17页。胡忌、刘致中则认为魏良辅籍贯豫章说"尚无更有力的证据"，不予采信，《昆剧发展史》，第33页。徐朔方明确说，"魏良辅可能是民间职业艺人，证据不足"，"但他不是那当官的魏良辅却是肯定的"，《曲家魏良辅不是那当官的魏良辅》，《徐朔方集》第1卷，浙江古籍出版社，1993年，第320—322页。《明代名人传》一方面指出，将两个魏良辅视为同一人是毫无疑问的混淆，然而却又将曲家魏良辅的号"尚泉"误植到"江西魏良辅"的身上，以致朱昆槐在未检索原始资料的前提下，对此困惑不已。实则目前所见江西魏良辅为数有限的传记资料中，均称其号"此斋"，绝不见另有号"尚泉"的说法。见《明代名人传》，第2016页；《昆曲清唱研究》，第57页。

不见其与曲界人物交往的记录，其人生足迹离江南最近的，是曾以户部主事身份担任过芜湖钞关榷使。①此人并非曲家魏良辅，并无可疑。然而，沈宠绥之将曲家魏良辅的籍贯改作"豫章"，却不能说与此魏良辅无关，盖身为进士、官至布政的新建魏良辅，不仅有清晰的历史形象，其社会文化地位更非寻常曲师艺人所能及。将曲家魏良辅附会到他的身上，将塑造出一个全新的、完全士大夫化了的文化形象，同时也将大大提高曲学和昆腔的文化地位，将之与"俗曲""戏场声口"区隔开来。当然，这并不是说沈宠绥是在有意识地作这种"建构"，但只要他关于曲学和昆腔的观念之中存有这种高自标置、文化区隔的倾向，一旦看到进士魏良辅的存在（而且还跟传说中的曲家魏良辅时代几乎相同），就会倾向于相信曲家魏良辅应当就是社会文化地位更高的这一位，而不是别的什么寻常曲师。②

进一步阅读沈宠绥叙事的其他部分，即可清晰地认识到，这一叙事始终在致力于强调魏良辅的士人甚至是学者形象，同时致力于在"昆腔时曲"与其他南曲"戏场声口"之间进行文化区隔。"尽洗乖声，别开堂奥"以下对昆腔艺术特点的描述，不管是不是沈氏把自己的唱曲理论"强加在良辅身上"的结果，都是融通了艺术成就和理论成就的极高

---

① 新建魏良辅身后没有留下较为详细的行状或传记，《明人传记资料索引》（第926页）提及王宗沐《送魏长公序》一文，实际基本上没有涉及魏氏的生平经历，见《敬所王先生文集》卷三，《四库全书存目丛书》集部111据明万历元年刻本影印，齐鲁书社，1997年，第72页。但其仕宦经历，从各地地方志以及《明实录》的记载之中，大致可以完整勾勒出来，鉴于文献数量较大，又无关本文主旨，此处从略。

② 类似的心理定式实际上仍然或多或少影响着现代研究者的判断，如赵景深在评论蒋星煜的研究时说，"他认为魏良辅原来不是艺人，而是知识分子，这话很有见地"，重点显然不在于"史实"，而在于"见地"，见蒋星煜《中国戏曲史钩沉》赵景深序，第2页。而1949年以来，由于戏曲史研究中对于民间、下层的强调，更多学者倾向于承认魏良辅"下层艺人""社会地位卑贱的乐工"身份，而怀疑其士人性格，前揭顾笃璜文中对蒋星煜的批驳很大程度上即建立在这种观念上，而不是对史料文献的考证上。

评价，代表了沈氏对于曲唱艺术理想境界的认识。只有具备了高度的曲学修养，才能纠正此前流行的南曲曲唱的"讹陋"，这当然不是寻常曲师所能做到的。对于魏良辅"所度之曲"的介绍，首先区隔了散曲（《折梅逢使》《昨夜春归》诸名笔）和戏曲（传奇），继而在"传奇"中也特别拈出沈氏认为出色者（"拜星月""花阴夜静"等词）。至"要皆别有唱法，绝非戏场声口"一语，则明白揭示了其议论主旨：魏良辅之"尽洗乖声"、甄别曲文流品，其根本目的正是与"戏场"区隔开来。时至今日，曲史研究与昆曲演唱实践中"清工"与"戏工"、"文人"与"舞台"之间的区隔与竞争，仍然可说是一个热闹非凡的话题。① 而在魏良辅的形象塑造上，沈宠绥引人注目地将之完全拉到了士大夫和"清工"阵营之中，可说将万历中后期以来魏氏形象士大夫化的进程推到了极致。

降至清初，也许已在魏良辅身后近百年，关于其生平事迹仍有新的叙事文本涌现出来，并在后世戏曲史的研究中受到高度重视。康熙初年，名士余怀在追述无锡曲坛时留下这样一段记载：

> 南曲盖始于昆山魏良辅云，良辅初习北音，绌于北人王友山，退而镂心南曲，足迹不下楼十年。当是时，南曲率平直无意致，良辅转喉押调，度为新声，疾徐高下，清浊之数，一依本宫。取字齿唇间，跌换巧掇，恒以深邈，助其悽泪。吴中老曲师如袁髯、尤驼者，皆瞠乎自以为不及也。良辅之言曰（以下撮《曲律》数条，略）……此不传之秘也，良辅尽泄之。而同时娄东人张小泉、海虞人周梦山竞相附和，惟梁溪人潘荆南独精其技，至今云仍不绝于梁溪矣。合曲必用箫管，而吴人则有张梅谷，善吹洞箫，以箫从曲，

① 陆萼庭：《昆剧演出史稿》"引言"，第4页。

毗陵人则有谢林泉，工抚管，以管从曲。皆与良辅游，而梁溪人陈
梦萱、顾渭滨、吕起渭辈，并以箫管擅名。盖度曲之工，始于玉
峰，盛于梁溪者，殆将百年矣，此道不绝如线。①

这段叙事的后半段，致力于构拟无锡曲家在曲史上的主流乃至"正
统"地位，所谓"梁溪人潘荆南独精其（引者按：指魏良辅）技"，
"度曲之工，始于玉峰，盛于梁溪"，无疑在万历后期张大复、潘之恒、
徐复祚等人的叙事之外，又提供了一种"曲统"谱系的竞争性叙事。但
与其先辈不同之处在于，余怀在前半段关于魏良辅的叙事中，充分明确
了魏氏本人作为昆腔（余怀甚至径称之为"南曲"）创制者的地位。与
沈宠绥一样，余怀对魏良辅创制的"新声"特点作了细致的描写——毫
无疑问这也是他本人认识中"正宗"南曲应具有的艺术特色。与沈宠绥
相似的是，除了所引"魏良辅曲律"的条目外，余怀的这些描写和叙事
都找不到早期的史源依据，也不能判断其信息来源——或是流传于余
怀熟悉的南京、无锡等地曲界关于魏良辅的另一种"口传记忆"？文
中说魏良辅"镂心南曲，足迹不下楼十年"，又将"魏良辅曲律"视作
"良辅尽泄之"的"不传之秘"，则已经接近于某种"英雄叙事"：文化
英雄魏良辅以一己之力盗取南曲艺术的火种，并毫不吝惜地将之传布于
世间。对这种叙事模式，此前研究者们已表示过程度有限的怀疑②，它
具有传奇化的逸闻色彩是毫无疑问的，而仍需强调的是，这种逸闻的构
造，仍有助于魏良辅形象的士大夫化：仅仅是习练唱曲，"不下楼十年"

---

① 余怀：《寄畅园闻歌记》，见张潮辑：《虞初新志》卷四，《四库禁毁书丛刊》子部38，
第464—465页。记中提及"寄畅园闻歌"本事，在"庚戌九月"，可知撰于康熙九
年（庚戌）或之后。
② 胡忌、刘致中说："'足迹不下楼十年'应是传闻之辞，但由此可见魏良辅改革南曲确是
专心致志，呕心沥血。"仍然肯定了其文化英雄式的形象。见《昆剧发展史》，第38页。

完全没有必要，只有从事案头的理论工作，才需要闭门不出，而类似的叙事模式多见的场合，无疑是形容士人从事著述或者埋头读书的时候。

清初文献对于魏良辅生平事迹的另一种构拟，后来尤为人所津津乐道者，是讲述他与北曲（弦索）名家张野塘联姻，并合作推进"北曲昆唱"的故事。宋直方《琐闻录》载：

> 陈大樽曰：声音者，惠逆之先见也。昔兵未起时，中州诸王府中造弦索，渐流江南，其音繁促凄紧，听之哀荡，士大夫雅尚之。自大河以北有所谓夸调者，其言绝鄙，大抵男女相怨离别之音，靡细难辨，又近边声。自此以后，政事日蹙，情态纤迫，兵满天下，夫妇化离者，不可胜数焉。按此言出《五行志》，事理或然。因考弦索之入江南，由戍卒张野塘始也。野塘，河北人，以罪发苏州太仓卫，素工弦索，既至吴，时为吴人歌北曲，人皆笑之。昆山魏良辅者，善南曲，为吴中国工。一日至太仓，闻野塘歌，心异之，留听三日夜，大称善，遂与野塘定交。时良辅年五十余，有一女，亦善歌，诸贵人争求之，不许，至是遂以妻野塘。吴中诸少年闻之，稍稍称弦索矣。野塘既得魏氏，并习南曲，更定弦索音节，使与南曲相近，并改三弦式，身稍细而其鼓圆，以文木制之，名曰弦子。时太仓相公王锡爵方家居，见而善之，命家僮习焉。……因大樽之言纪之。①

---

① 宋直方：《琐闻录》，见郑振铎辑：《明季史料丛书》第10册影印清抄本，圣泽园，1934年，影印本无页码，抄本第1a—2b页。叶梦珠《阅世编》卷十《纪闻》录有几乎相同的一段记载，见中华书局标点本，2007年，第250—251页。按《阅世编》成书晚至康熙中期，参来新夏《点校说明》。宋直方即宋征舆，顺治四年进士，官至左副都御史，卒年五十。《阅世编》卷五《门祚一》已叙及直方"卒于官"，第137页；且关于弦索乐的这段记载，其末尾（本文未引及）相较《琐闻录》有明显的删改痕迹，当袭自《琐闻录》。关于宋征舆的传记资料，另参嘉庆《松江府志》卷四十七《选举表·国朝进士表》，卷五十六《古今人传八·国朝》，《中国方志丛书》华中地方第10号，成文出版社有限公司影印清嘉庆二十二年刊本，1970年，第1026—1027、1261页。

应该注意到，这篇记事的开端，借陈子龙（大樽）之口，对弦索北曲予以冷峻批评，几乎就待点出"亡国之音"四字了。而"因考"二字之后，文风一变，以一种记述"佳话"的风格，将魏、张联姻及其间弦索北曲的流传演变娓娓道来，非但再不见一句贬斥的话，反而是以"吴人"的"群咻"来映衬魏良辅的"识货"，并在最后引入王锡爵的首肯作为背书。前后叙事的潜在张力，结合末尾"因大樽之言纪之"一语，令人不免猜测，后半段"佳话"的文本，也许有一个更早的来源。

这一可能的早期记述今天已无从考索，但张野塘其人固非首次见于文献记载，只是其魏良辅女婿的身份，在此之前却绝不见任何记载乃至暗示。前引沈德符"吴人重南曲，皆祖昆山魏良辅"一语之后，即谈及："吴中以北曲擅场者，仅见张野塘一人，故寿州产也。"①非但未提及二人的翁婿关系，反而隐隐然将之视作对立两派的（当然并非势均力敌的）领袖来对待。潘之恒则声称与张野塘之孙为至交："余与吴门张聘夫，交其父子于三代之间，每为醉心焉。祖野塘，以琵琶标特；父小塘，以提琴擅誉；今聘夫，遂以三间（弦）鸣。"②这些记载彼此矛盾，令人困惑，如寿州绝非"河北"，太仓也不会被称为"吴门"；在潘之恒的记述里，三弦是到张野塘之孙聘夫手上才成为拿手绝活的，《琐闻录》却说系野塘本人所擅；此外，按照《琐闻录》的说法，魏良辅是从南曲"国工"继而了解北曲的，而若据前引余怀的说法，则他是从北曲转向南曲的。众说纷纭，治丝益棼。若信任潘之恒"交其父子于三代之间"所得的信息，且他与沈德符都称张野塘居于苏州，则《琐闻录》中的信息当与真相相去甚远。事实上，"魏张姻缘"本身故事结构及叙事就具有浓重的说部传奇色彩，其可信度应当打上大大的

---

① 沈德符：《万历野获编》卷二十五《词曲》"北词传授"条，第646页。
② 潘之恒：《鸾啸小品》卷二《弦鼗》，第10a—10b页。

问号。①事实上，这一类传奇化故事文本的出现，应当视作魏良辅登上
"曲圣"神坛的必然结果，"曲圣"之文化形象的高大显赫，与魏氏实
际生平事迹的稀少模糊，为热衷者提供了构拟、塑造各种叙事文本的空
间。晚明清初也许是昆腔曲在江南士人社会中最流行，并享有最高认同
度和文化地位的时代，因此关于这位"祖师爷"的各种传说，也正是在
这一时期被集中创造了出来。

四、清代魏良辅形象的定型及余响

以上对晚明嘉靖以来至清康熙初年涉及魏良辅的主要史料作了分析
梳理，并对从中所见魏良辅文化形象的历时演变作了尝试性的讨论。这
些分析也许展示了"层累地造成的中国古史"的一个近世注脚：嘉靖
至万历前期，即一般认为魏良辅生活的主要时代，关于他的记载极其稀
少而简略，从中无法确知他的社会身份及在曲坛的具体活动，更完全看
不到他创制新声或改革声腔的作为。这些早期记载予人的印象，魏良辅
仅是作为一位善于歌唱的曲师（与别人一起）得到记录，同时也受到记
录者（士大夫）的品鉴或批评。万历中后期以来，有关魏良辅的记载陡
然增多，细节也显著丰富。他作为"昆腔之祖"的地位大致在这个时期
确定下来，其个人形象则出现了明显的士大夫化的倾向：不仅与具有
鲜明士人性格的人物交游（甚至成为他们的老师），而且在唱曲之外还

---

① 按《琐闻录》该段记载后文述及野塘、良辅身后弦索乐的流传，缕述弦索名家数人，
其言或系实录。然总结之语中，有"方弦索盛时，南曲几废，所歌皆金元人北词"
一语，这与关于晚明南北曲盛衰的其他记述及现代戏曲史的通行观点迥不相同，显
有夸张成分。由此亦可知宋氏为文的风格，因事涉枝蔓，不多赘及。

从事"曲律"撰述、曲谱点板等理论"研究"工作。但另一方面，当时的曲学和曲史文献中充满了各种竞争性的话语，不同地域的文人竞相构建以他们所在地为中心的"曲统"谱系，在这些谱系中，魏良辅居于一个为众公认，却又面目含糊的"始祖"地位，其后跟随着许多对他的曲唱艺术或效仿，或发展，或推倒重来的文人后继者，究竟谁才是昆腔的真正创制者，并不容易指认。一直到明末清初沈宠绥、余怀等人笔下，魏良辅以一人之力创制昆腔、奠定其所有艺术特点并传之后世的叙事结构才清晰起来，其文化形象的士大夫化进程也由此走到顶峰，获得"曲圣"的名号，并由此衍生出"十年不下楼"、与张野塘联姻合作等传奇化叙事。

与此相比，康熙中叶以后，有关魏良辅的文本叙事明显不再发展。阿尔弗雷德·爱因斯坦说："每个时期每代人对大师们的态度都会改变。当这样的变化暂时终止，各种看法达到平衡的时候，受这个条件影响的'伟人'就被移入纪念碑林中，这等于是石化、死亡。"他们依然还是大师，但是"不可能在大众心中'复活'了"。[1]考察清人记述中的魏良辅，也许可以借用这一"石化"的概念：不再有新的叙事或"传说"的出现，旧的文本被再三转引、反复陈述，其形式却异常简单。

当然，并不是说这种"石化"了的形象就是整齐划一的，清代关于魏良辅最常见的叙事也并非沿着明末清初传奇化的"终极形态"线性延续。在曲学文献中，沈宠绥的叙事确实具有明显的影响[2]，但这在清代

---

① ［美］阿尔弗雷德·爱因斯坦著，张雪梁译：《音乐中的伟大性》，华东师范大学出版社，2013年，第4—5页。

② 如19世纪中期王德晖、徐沅澂合著的《顾误录》中，撮要复述了沈宠绥关于魏良辅的叙述；稍晚刘熙载《艺概》中，亦称"明嘉、隆间江西魏良辅创水磨调"。均见《中国古典戏曲论著集成》（九），中国戏剧出版社，1959年，第65、122页。二书分别初刊于咸丰元年及同治间。

提及魏良辅的史料中并不占主流。清代史料中关于魏良辅的叙事流传最广的当属钱谦益在《列朝诗集》、朱彝尊在《静志居诗话》中分别为梁辰鱼所作传记，前者略云：

> 辰鱼字伯龙，昆山人，以例贡为太学生，身长八尺有奇，虬须虎颧。好轻侠，善度曲，啭喉发响，声出金石。昆有魏良辅者，造《曲律》，世所谓昆山腔者，自良辅始，而伯龙独得其传。著《浣纱》传奇，梨园子弟喜歌之。①

而后者笔墨稍详：

> 伯龙雅擅词曲，所撰《江东白苎》，妙绝时人。时邑人魏良辅能喉啭音声，始变弋阳、海盐故调为昆腔，伯龙填《浣纱记》付之。王元美诗所云"吴阊白面冶游儿，争唱梁郎雪艳词"是已。同时又有陆九畴、郑思笠、包郎郎、戴梅川辈，更唱迭和，清词艳曲，流播人间。今已百年。传奇家曲，别本弋阳子弟可以改调歌之，惟《浣纱》不能，固是词家老手。②

显而易见，钱、朱二氏叙事的史源均可上溯到张大复，但文本上又多少有所改窜，钱谦益加入了"造《曲律》"一语（亦见于其自撰周似虞寿序中，见前引），改梁辰鱼"起而效之"为"独得其传"，化用张

---

① 钱谦益：《列朝诗集》丁集卷八《梁太学辰鱼》，《续修四库全书》1623册据清顺治九年毛氏汲古阁刻本影印，上海古籍出版社，2001年，第664页。
② 朱彝尊撰，姚祖恩辑：《静志居诗话》卷十四"梁辰鱼"条，《续修四库全书》1698册据清嘉庆二十四年扶荔山房刻本影印，上海古籍出版社，2001年，第346页。

氏描述魏梁诸人"转音""金石鉴然"一语为"啭喉发响，声出金石"，其描述梁辰鱼仪态的寥寥数语大体上也来自张大复所撰梁辰鱼传。[①]朱彝尊除了加入王世贞的两句诗作为佐证外，将张大复记事中应属不同时代与魏、梁分别往还的陆、郑、包、戴诸人一概视为"同时"，更增出"伯龙填《浣纱记》付之"，及《浣纱记》不能改调而歌的叙事，对后世昆曲史论述的影响尤其深远。[②]清代文献但凡涉及梁辰鱼、魏良辅，大体从这两段叙事转抄、摘引、化用[③]，构成了魏良辅、梁辰鱼"石化"形象的主流成分，这也使得梁辰鱼从万历中后期文献里的一众竞争者中脱颖而出，成为唯一能与魏良辅相提并论的昆腔新声创制的继承人乃至于合作者。这一"胜利"固然有钱谦益、朱彝尊两位诗选大家广泛影响

① 张大复：《皇明昆山人物传》卷八《梁辰鱼》，第750页；王世贞《弇州四部稿》卷一百十七《书牍二十八首·李于麟》有数语记梁辰鱼："其人长七尺余，虬须虎颧，能为诗若词。"或为张氏所据而夸扬之。见《景印文渊阁四库全书》1281册，台湾商务印书馆，1986年，第10页。

② 现代昆曲研究中，尤其早期著作中，视《浣纱记》为"第一个昆剧剧本"，"第一部为昆腔创作的传奇"，几乎是一种标准叙事，除了前引吴梅《中国戏曲史概论》以外，他如徐慕云：《中国戏剧史》，第90页；周贻白：《中国戏剧史长编》，第314页；陆萼庭：《昆剧演出史稿》，第21页；钱南扬：《戏文概论》，上海古籍出版社，1981年，第55页；张庚、郭汉城主编：《中国戏曲通史》（中），中国戏剧出版社，1981年，第18—20页；徐朔方：《汤显祖戏曲的腔调和他的时代》，见《徐朔方说戏曲》，上海古籍出版社，2000年，第107页；他不赘列。较晚时胡忌、刘致中则明确指出"没有一条可靠的材料说明《浣纱记》是第一部用魏良辅改革后的昆山腔演唱的剧本"，"昆山腔新曲唱法和旧曲唱法并用于传奇演唱的例子很多"，《昆剧发展史》，第45页；但传统的叙事仍然普遍盛行，近如廖奔、刘彦君：《中国戏曲发展史》第3卷，山西教育出版社，2000年，第275页。

③ 略举文献如下：刘廷玑：《在园杂志》卷三《歌曲》，中华书局，2005年，第90页；俞樾：《茶香室三钞》卷二十二《昆腔》，《续修四库全书》1199册据清光绪二十五年春在堂全书本影印，上海古籍出版社，2001年，第80页；陈田辑：《明诗纪事》己签卷二十，《续修四库全书》1711册据天津图书馆藏清贵阳陈氏听诗斋刻本影印，上海古籍出版社，2001年，第454页；吴翌凤：《逊志堂杂钞》丁集，中华书局，1994年，第47页；周广业：《过夏杂录》卷六《戏园》，《续修四库全书》1154册据北京图书馆藏清种松书塾抄本影印，上海古籍出版社，2001年，第618页；同治《苏州府志》卷九十三《人物二十》，《中国地方志集成》江苏府县志辑9，凤凰出版社，2008年，第430页。

的加持，但也反映出，当晚明清初，沈宠绥、余怀等人仍在对魏良辅的文化形象作进一步加工之时，张大复的叙事已获得较为广泛的认同。清初另一著名诗人吴伟业在一首缅怀前朝的长歌中，也留下了"里人度曲魏良辅，高士填词梁伯龙"这样将魏梁并举的句子。[1]与钱、朱、吴等诗文大家相较，沈、余诸氏的文化影响力当然远远不如，他们关于魏良辅也许更为精致、更具传奇性的叙事因此仅能在曲学小圈子内流传。

"曲圣"形象的这种定型化，无疑反映了曲学本身在社会文化生活中地位的下降，同时也折射出明清之际士人文化变迁的方向。一般认为，清初以后，南北曲文学体裁的创作日渐式微，以昆腔为代表的南北曲声腔虽被奉为"雅部"，却日益在与各类"花部"戏曲的竞争中败下阵来，逐步丧失了舞台空间。[2]吴梅分析这一文化兴衰的时代背景因素说："（清）开国之初，沿明季余习，雅尚词章，其时人士，皆用力于诗文，而曲非所习，一也。乾嘉以还，经术昌明，名物训诂，研钻深造，曲家末艺，等诸自郐，一也。又自康雍后，家伶日少，台阁巨公，不意声乐，歌场奏艺，仅习旧词，间及新著，辄谢不敏，文人操翰，宁复为此？一也。"[3]关于明清之际思想学术及士人文化的转型，前人议论已多。周启荣在其有关清代学术风气演变的论述中，即将士人对于戏曲、小说艺术兴趣的衰减当作"儒家礼教主义"兴起的一个重要表现。在他看来，"明代兴盛的戏剧艺术是一种相对严肃的文人娱乐方式"，而清代"最聪慧的士子们却将主要精力投入到一项'更高级'的学术活动

---

① 吴伟业：《梅村家藏稿》卷三《诗前集三·七言古诗》，《续修四库全书》1396册据清宣统三年董氏诵芬室刻本影印，上海古籍出版社，2001年，第79页。
② 参董每戡：《中国戏剧简史》，第119—139页；张庚、郭汉城主编：《中国戏曲通史》（下），中国戏剧出版社，1981年，第1—18页；胡忌、刘致中：《昆剧发展史》第五、第六、第七章，第223—420页。
③ 吴梅：《中国戏曲概论》，第176页。

中，那就是沉浸于正统儒家经典著作当中皓首穷经"。①对于本文讨论的话题而言，这一视角无疑极具启发性：如果说万历中期以来魏良辅形象的建构和士人化反映了晚明清初文人对于曲学的认同和加意维护，康熙以后魏良辅形象的"石化"恰恰应当是士人文化兴趣转移顺理成章的结果。而且，魏良辅形象最终在一个较早的、士人化性格并非最突出的叙事传统上定型，似乎也反映了清代江南文人对于"戏曲小道"的疏离，在钱、朱二氏的叙述中，魏良辅更接近于一个受到士大夫（梁辰鱼）赏识提携的民间艺师形象，这与沈宠绥、余怀等人将魏良辅构建为自身同类的努力恰成对比。

清代文献中关于魏良辅和昆腔的另一种值得注意的叙事，与前文所引《琐闻录》的前半段议论相似，将曲（作为乐的体现）的"声情"与"世运"联系起来，或者将魏氏所创昆腔视作衰世甚至亡国之音，或者反过来视之为盛世之音，只是后代败坏而一变为衰世和亡国之音。②就魏氏的人物形象以至曲史论述而言，这些叙事虽可谓新的文本构建，但毕竟所干甚远，此处视之为魏氏文化形象塑造在清代的一记遥远余响，不再展开讨论。

---

① 周启荣著，毛立坤译：《清代儒家礼教主义的兴起——以伦理道德、儒学经典和宗族为切入点的考察》，天津人民出版社，2017年，第7—11页。

② 前一种论述例见顾景星《白茅堂集》卷三十五《传奇丽则序》，《清代诗文集汇编》76据清康熙刻本影印，上海古籍出版社，2010年，第568页；乾隆《元和县志》卷十《风俗》，《中国地方志集成》江苏府县志辑14，凤凰出版社，2008年，第110页。后一种论述例见陆世仪《思辨录辑要》卷二十二《治平类》，《景印文渊阁四库全书》724册，台湾商务印书馆，1986年，第195页；李塨《平书订·礼乐第十》，《续修四库全书》947册据南京图书馆藏清抄本影印，上海古籍出版社，2001年，第80页。

乾隆帝首次南巡地方备办迎驾事务实录

——黄卬《乾隆南巡秘记》解读*

范金民

（南京大学历史学院）

摘要： 为迎接乾隆帝首次南巡，无锡地方兴办了一系列工程。为了完成各项迎驾工程，全社会动员，各行各业各尽所能，出力贡献：一是县中设立大差局，征调各种匠役物资；二是置备迎驾灯彩，采行责任包干，各负其责，落实到人，官办民办，分工明确，具体到位；三是添置灯船戏台，召集娱乐表演人马等。迎驾的经费，完全未遵照朝廷定规分类落实，而是分为两大类：一大类由国家和地方财政负担；另一大类则由地方民户个人出资。而地方民户个人出资又可分为五种：一是照亩出银，迹近摊派；二是相关地段民户或铺户门面自出费用；三是景点所有者或后裔自出费用；四是责令绅衿或铺户、富户出资承办；五是个人捐献助办。迎驾各项工程及一应活动实际上给地方带来了巨大而又沉重的额外负担：一是诸多工程营造，大量民田被占用，给地方和百姓造成了极大的经济负担；二是征调大量人力物力，役使民众，糜费物力，影响生产；三是临时

---

* 本文为国家社科基金重大项目"江南地域文化的历史演进"（10&ZD069）的阶段性成果。

兴建大量工程、改造增设景点，整体而言，不但占用民田，而且毁人庐舍，迁人坟冢，一定程度上破坏了乡野景观；四是大量工程的兴修，随驾官员兵丁的滋扰，严重影响了民众生活。乾隆帝的首次南巡，皇帝增进了对江南社会民情风俗的了解，封疆大吏事先进奏邀请，获准后更督令所属大事兴作，为自身争取到了宠信得奖的进身之阶，地方官员因营建迎驾设施装饰场景，也有可能获得皇帝垂青的机会，不少官员还可借机勒索受贿，江南绅衿也有可能意外获得皇帝眷顾，但对地方百姓而言，增加了沉重负担，在财力人力等方面作出极大牺牲，并承受各方面的无端骚扰。

关键词：《乾隆南巡秘记》 无锡 迎驾

关于清代康熙帝和其孙子乾隆帝的各各六次南巡，学界的研究成果已经较为丰硕，相关材料也已搜罗殆尽。然而皇帝行经地方如何从事迎驾准备，为确保巡行顺利舒适地方要付出多大代价等，似乎材料罕见，相关问题至今未见讨论。幸运的是，有《乾隆南巡秘记》一书，居然尚留人寰，较为详细地记录了江南无锡一县为迎接乾隆帝首次南巡竭蹶将事的具体情形，为我们了解康乾南巡，江南地方如何从事后勤保障提供了极为难得的资料，不容等闲视之。

作者黄印，据县志记载，字惺吾，一字尧咨，咨又作资，县学生。曾注释诸经，尤长于《易》。应乾隆六年（1741）的乡试而见斥，后曾参与乾隆十五年《无锡县志》的编纂。因有感于县志格于体例未能尽载地方民俗利病，乃网罗轶事，纂辑成《酌泉录》一书，十二卷。[1]未

---

① 钱泳：《锡山补志·儒林》，第1—2页，《锡山先哲丛刊》第4册，凤凰出版社影印，2005年，第359—360页。按蔡樾的说法，《锡金识小录》原名《酌泉录》，顾奎光改为是名。

及刊行而殁。后来其中表弟顾奎光对全书重加编排，更改卷目，并加以增删，易名为《锡金识小录》。按蔡樾的说法，《乾隆南巡秘记》原是《酌泉录》中物，因"秉笔直书，无稍隐避，恐触世忌之故"，所以光绪二十二年（1896）刊刻的《锡金识小录》一书并无相关内容。看来，很可能是顾奎光担心原书触涉世忌，在重加编排时已将此书删除，方未列入违禁书目。刻本未收，但民间流传有两种抄本，一个是华翰仙所录，于原书又多删节，仅记到御驾入城为止；另一个是罢书楼安慕林手抄本，记录自两江总督黄廷桂于乾隆十四年秋奏请皇帝南巡至御驾回銮全过程。1938年7月，江南大旱，吴观蠡校订，金秋、徐育柳绘图，将安氏抄本连载于《锡报》附张。随后，吴又请秦毓鎏作跋，梓行单行本。①笔者现在利用的，就是《锡报》连载本，看来即是一直流传于民间的安氏抄本。

《乾隆南巡秘记》一书，对于乾隆首次南巡引致的"四境骚然，百姓怨嗟"，据事直书，不稍避忌②，分条缕记，共33条，即皇亭、营盘、正路副路、竹篱茆舍、桥梁、城垣、街道、惠山寺、二泉漪澜室、锡山、寄畅园、河塘、黄埠墩、放生池、临幸地、大差局、派夫、捉船、灯彩、御码头、兵卫、龙舟、茶棚、接驾、御舟、后妃、华希闳、杂耍、灯船戏台、御驾小舟、惠山、题诗、献诗，后有附录，载顾奎光《迎驾纪事诗》。在杂耍内再分走索、轮车、龙灯、纸鸢、龙船、抬扛船、秋千船7目；在灯船戏台内再分戏台、十番、海屋添筹3目。自皇亭至临幸地前14条，基本上按御驾行进先后叙述无锡地方为迎驾兴修的工程，自大差局起后19条，基本上记载迎驾准备及御驾巡幸情形。

---

① 黄印：《乾隆南巡秘记》蔡樾序，第1—2页，秦毓鎏跋，第52页，《无锡文库》第二辑，凤凰出版社，2012年，第285、298页。
② 黄印：《乾隆南巡秘记》秦毓鎏跋，第54—55页，《无锡文库》第二辑，298页。

黄印自序表明其撰写此书的出发点和心迹道："圣祖六幸江浙，俱尝驻跸惠山，闻初南巡时，汤文正公斌为巡抚，务俭约，无纷华，御舟已入邑境，县令犹坐堂皇决事也。后渐加增饰，至乙酉、丁亥，号称极盛，故老犹及见之，亦惟结彩为楼，悬灯映水，点染山色湖光而已。今天子于乾隆十六年，复修旧典，巡幸江南，銮舆所届，万姓聚观，锡予更蕃，亘古未有。然自（乾隆）十四年之冬，至十六年之春，官民竭蹶将事，工作繁兴，百务俱废，下邑犹然，况于省会。今识见所闻，尚多遗漏，后有征邑中故实者，亦可有所考焉。"①后来古稀老人蔡樾为之作序道："自乾隆十四年秋，江督黄廷桂等奏请南巡得旨俞允之日始，至十六年三月回銮而止，计十八个月中，锡邑筹备皇差，凡官民士庶，旦夕奔走旁皇，四境骚然，并及邻近各邑，靡不一一记载，首尾完具，详细无遗，其繁华绮丽，恐隋炀之幸江都，亦无以逾此，较之康熙时翠华南幸，事属创举，惟务崇简朴，故跸路所经，万民安堵，甚至御舟已入锡境，而邑令犹安坐堂皇，决事如故，其奢俭相去奚啻霄壤！世所艳称之《南巡盛典》一书，其雍容揄扬，润色宏业，此乃官样文章，若民间之咨嗟怨恨，无可呼吁之隐衷，惟此可略觇其一二，世有振奇好古之士，或可于此有所稽考焉。"②两人说得很清楚，此书所载，较之圣祖南巡，反映乾隆首次南巡地方官民如何竭蹶将事，工作繁兴，百务俱废，民间怨恨，无锡小县如此，而江宁、苏州、杭州等省会更可想见，振奇好古之士要想了解当时县中迎驾何等奢华的实际情形，必须阅览此书。

现将是书所载无锡地方为准备迎驾以及接驾情形缕述如次，期能深化和细化对乾隆帝南巡的认识。

---

① 黄印：《乾隆南巡秘记》自序，第7—8页，《无锡文库》第二辑，第286—287页。
② 黄印：《乾隆南巡秘记》蔡樾序，第2—3页，《无锡文库》第二辑，第285页。

一

为迎接乾隆帝南巡，无锡地方兴办了一系列工程。工程包括三大类：一是增添设施；二是改造设施；三是装饰工程。

第一类，增添设施，如皇亭、南北二营盘、竹篱茆舍、龙舟、茶棚、灯船戏台等，竭力筹划。

皇亭。圣祖康熙帝南巡时，曾在惠山山麓泉亭上建有皇亭。此次乾隆帝首次南巡，两江总督黄廷桂谕令如旧建造。无锡知县王镐与地方绅士商酌，先是议定照田蠲银，后来突然接奉总督严禁告示，斥责绅士无耻，拖了数月，经费仍无着落。最后仍然向绅衿之户摊派，每亩出银一分。皇亭原议拆毁黄埠墩的僧庐而改建，舆论认为今后若不修葺必将废为荒地，于是改建在北塘。新建的皇亭，更加宏敞，亭之四周砌有墙垣，垣内有门，可通放生池僧舍。

营盘。圣祖南巡时，未设营盘，现在皇上每次出巡，必具营帐，故按站为营盘。无锡县境，行经之地南北90多里，增设南北营盘两座，北营盘设在石塘湾之北，南营盘设在望亭，"两处约费民田六百余亩"。每座营盘高约3尺，"挑筑俱用民夫"，四周用木桩无数，桩入地四五尺，均用大铁条钩连固定，以桩木板障土，土用山泥黄砂。每填土一层，用巨石砌筑，十分坚实，表面则用极细土合油灰筑之，"光润可鉴"。修筑营盘时，乾隆十六年正月遭逢大雨雪，天寒地冻，冰冻融化时，道路泥泞，又久雨不止，工程进展缓慢。为期紧迫，"上官切责，县令几不欲生"。后来天气转晴，"役民无算，运土运砖运草，晓夜填筑，始幸无事"。营盘对河是照墙，全长将近2里，木材为边，中以竹子为实，外包芦席数重，描绘龙凤杂彩。为造此营盘，"民田之当是役者，每亩费至一两有余，县官上报，费止五百，其实廿倍不止也"。[1]廿倍不止，则多达银万余两。

竹篱茆舍。为了点缀沿岸村庄佳景，在运河下塘，每隔十五六里，即设竹篱茅舍，全县共5处。每处"一屋三楹，覆以棕，或以茅，间以松柏叶，编竹为篱环之，右设水车盘，左为亭，缀以朱栏，移竹植其旁"。[2]表面文章，劳民伤财。

龙舟。为迎驾，无锡地方新造龙舟9艘，造成者实际是6艘，较之平常年份端午节龙舟稍异，首昂，尾短，腹阔，上平，每艘"首尾以纸为之，加彩绘，中为木架，多缀五色彩为小球，悬小晶灯，纱灯或结彩如窗楞，缀以小镜，或为亭式，花草人物，点缀其中，以笙簧清吹易锣鼓，两旁执楫者，笼纱以蔽之，见舟而不见人也"。等到御驾回銮经过时，又将龙舟首尾改为旧式，两旁笼纱全部去除，"锣鼓与清吹相间，亦有用宝盖帅字旗者"。[3]地方挖空心思，百般趋奉。

茶棚。设于沿岸塘路，共5处。每处派监生2人负责，令学宫门斗值守，官设茶炭，以便南巡护从人员使用。

灯船戏台。灯船共7艘，以小黄舡为之，有大有小，于舡顶结彩悬灯，歌吹者居其中，或设香案悬匾额对联，以"北塘者最盛"。戏台原来因为奉旨禁设灯棚及戏台未设，后因苏州郡城演剧繁盛，故御驾回銮时新设于北塘。费用约银500两，由一徽州汪姓监生提供。事主家非富有，"竭力挪借，始克为之"。北塘戏台之外，南塘下田也搭建备用。[4]

第二类，改造设施，如正路副路、桥梁、街道、河塘、黄埠墩、放

---

① 黄印：《乾隆南巡秘记·营盘》，第9—10页，《无锡文库》第二辑，第287页。
② 黄印：《乾隆南巡秘记·竹篱茆舍》，第12页，《无锡文库》第二辑，第288页。
③ 黄印：《乾隆南巡秘记·龙舟》，第32—33页，《无锡文库》第二辑，第293页。
④ 黄印：《乾隆南巡秘记·龙舟》，第42—43页，《无锡文库》第二辑，第295页。

生池、御码头等处，及惠山寺、二泉漪澜室、锡山、寄畅园等相关景点，颇费经营。

正路副路。无锡县北自五牧南至望亭，运河官塘为正路。此官塘正路石塘，圣祖南巡时，只对倾圮者修砌，土塘之坍卸者修筑。此次高宗首次南巡，一律大事修筑，增辟加广。更于官塘对岸也全线修筑塘路，"遇河港即架木桥，有村庄竹木者，俱斩伐毁坏以通纤，自五牧到望亭皆然。南北塘近城滨河有屋者，沿屋钉木桩，架板为复道，朱木为栏，曲折可观，皆纤路也"。又有副路，即北自转水河经后圻，过白塘圩口，上接同府阳湖县，南自带钩桥，经谈渡孤渎桥，南行接苏州府长洲县，旧本无路，"俱即民田填土筑之，阔与塘岸等，占田当以千计"。遇水即为浮桥，以便护从兵马经行。修筑正副塘路，"役夫皆出自轮年总甲，其费盖与营盘相上下"。①此次修筑，较之圣祖南巡时，不但加广原有塘路，而且在对岸增筑一条正路，又全程增筑副路一条，有备无患，而所需费用，自然数倍于前。

桥梁。南巡经过无锡地面，西则跨运河者曰洛社桥，北门则莲蓉桥，东则熙春桥，南则跨塘、清宁二桥。乾隆十五年秋大雨，水涨八九尺，总督及监院造御舟试行河道，自扬州抵苏州，过莲蓉桥，以为有碍，县令不敢言，即拆去桥面。行至熙春桥，亦微有碍，"总甲某集数十金与主船者，即抑而过之，竟得免"。如此毁桥，总督题奏时却推称因"不利于粮艘"。后来重建莲蓉桥，"加高三尺，估费六百，实费至千余金，大半出北里居民"。至冬天，闻有御驾入城之信，"凡经行之桥，俱去其层级为直道，至南吊桥，又易两块之石以砖，恐御辇不可行也"。如此一来，南吊桥及莲蓉桥，势极峭堑，行路者苦不堪言，遇

① 黄印：《乾隆南巡秘记·正路副路》，第11—12页，《无锡文库》第二辑，第287—288页。

雨雪天尤甚，"驿路过此，闻颠仆有死者"。至十六年正月，南吊桥又改置小砂条，微作层级，莲蓉桥及城内大市桥，也俱改作。"凡所过诸桥，俱加粉饰，无石栏者，俱以朱木为栏，沿塘诸小桥及浮桥皆然，惟南吊桥尤工致，桥北塍下有店面三间，官拆去。"①前后反复折腾，不惜代价。

街道。御驾莅临无锡，自北塘入城，过大市桥，直出南城门，至南塘清宁桥以下，均是入城所经街道。旧街俱由小黄石砌成，"令尽去之，易以新砖，平如砥"。整修沿街门面，皆由民办，大约每间费银四五钱，"后查核公费，俱开派官办云"。②

惠山寺。驾发前，皇帝上谕江南多名山古刹，只令"扫除洁净，不得有所增加"，而督抚以下诸大僚，至惠山寺，"岁无虚日，相度推督，务令华赡，于是百工俱举，日役千夫，约一年有余，至圣驾将临，而工徒犹未息也"。惠山寺不修已30年，毁坏剥落者过半，县令出银千两，嘱令县中富人邹文锦任修，"及毕工，费至二千余，于是粉饰灿烂，金碧巍峨，宏壮巨丽，视昔有加矣"。山门外为照墙，二石幢稍为缩进，而当中位，行者由两旁，此次修整，将照墙移至石幢外，如其基址而筑之，"高大倍于旧"。两旁无路，辟其中为大环洞，砖刻其上曰"古华山门"，其阴曰"胜地名泉"，"规模宏壮，较旧为得体"。惠山寺额，明陈秋林书，雍正间金坛蒋衡另书"惠山寺"以易之，此次整修仍用旧额。而前"惠"字有损坏，另配入一字，"殊不类"。香花桥跨日月池，在山门内，金莲桥跨金莲池，在天王殿内，"俱去其层级，用大石直上，桥柱石栏以黑漆涂之，前后甬道，俱易以新砖，沿池俱添设石栏，月台石栏去旧易新者过半"。天王殿中有弥勒像，阴为韦驮，其下石座，此

---

① 黄印：《乾隆南巡秘记·桥梁》，第13—14页，《无锡文库》第二辑，第288页。
② 黄印：《乾隆南巡秘记·街道》，第15页，《无锡文库》第二辑，第288页。

次撤去，以御驾由中行也。如此大事更张，"一时寺内诸像，无不错彩镂金，陆离五色"。大殿侧为弥陀殿，名为"竹炉山房"，因古竹茶炉及明人竹炉卷存贮于此，开始督臣拟拆去为路，直通二泉，后以向导某言乃已，遂撤去弥陀像，于此设御座，"修葺布置颇精雅"。连同殿后大悲阁、文昌、真武等殿，"俱加葺治，焕然改观"。①

二泉漪澜室。堂临方池，后为"二泉"，圣祖御书碑刻尚在，"上官令毁而更建，大不逾旧，而高过之，飞檐峭角，制如亭而加广，八方洞开，回廊周之，四面皆纱槅，上为花板，雕镂之精细，绘画之工巧，饰色之绚丽，邑人目中所未见也"。改设御座于此处，而将圣祖御书碑移于白云庵僻处。堂壁向多明人题诗石刻，此次四壁尽撤，诸碑碣也散落不知去向。堂下方池，四围石岸石栏，悉去旧易新，"既毕工，以上官言，改作者数次，石栏花纹，俱为新样"。池水从石龙口下注，向与池平，此次池较旧加深，则龙口高出于池水五六寸，下注之水如汩汩有声，"殊胜于昔"。二泉亭俱加丹艧彩绘如漪澜堂，左右俱叠石为假山，杂植花木数十本，右甃石为潭，引若冰洞水注之，俱用本山石，连接山麓，"布置绝佳"。亭下池左偏，又叠置湖石，"势极玲珑，然一见知为假饰，不如其已也"。池右偏居民"为茶肆者数家，俱逐去，而筑红墙数丈于其址"。泉上为旧皇亭，即"云起楼"故址，岁久颓坏，葺治复旧观。堂前曲水，从若冰洞出者，也引使复流。又于若冰洞左辟池建一小亭，覆以棕，四围杂置佳石，植梅数十本其上，可至玉皇殿，也新其门垣，"此则御迹所必不至，而犹意或望见之也"。为不影响葺治工程，自乾隆十五年秋至十六年春暮，"民间不得汲取泉水"。②

---

① 黄印：《乾隆南巡秘记·惠山寺》，第16—18页，《无锡文库》第二辑，第289页。
② 黄印：《乾隆南巡秘记·二泉漪澜室》，第18—20页，《无锡文库》第二辑，第289—290页。

锡山。一向寂寂无名，在江南山麓中，既无法与镇江的金山、焦山、北固山争胜，也无法与两浙名山相比，"而向导官极叹以为佳，必欲导上登此"。登山之路，原在东岳庙右，因其迂曲，此次改道自庙巷而上，甃石接庙巷，直至山巅，于黄公涧经行处建小桥，以木为朱栏。山顶龙光塔、望湖亭及道院，"俱一时鼎新"。山有真武殿，环以矮垣，如半月，可坐眺，向名小武当，此次毁殿建三楹，"华饰亚于漪澜"。沿月垣叠石为假山，散植梅竹，"经行之路，皆曲折以木栏绕之，几成一名胜地矣"。山半有少参议顾可遵墓，虽然圮坏，而石羊石马及门垣仍在，此次修整，"悉去之而夷其冢，其余民间之冢，又何论乎"！①

寄畅园。明后期以来原是秦氏私家园林，雍正初年没为官产，乾隆初复归秦氏，然倾废者已十之七八。"今天子南巡，所开列临幸地，不曰无锡，不曰惠山，而曰秦园，则是园尤独注意处，奉旨命督臣给银千两为修理费。"秦氏中，较富者唯有秦瑞熙，"畏不敢受，勉强葺治，而未厌上官意，至形于弹章"。秦氏惶遽，"始竭力营治，亭台轩榭，悉复旧观，而华瞻有加矣"。②

河塘。两塘石岸俱未损坏，"当事者嫌不能整齐，督令拆去，易以新石甃治，平直如线，旧泊舟上下马头俱去之，街道俱易以新砖，河塘尽处石龙首注水者，饰以泥金青碧。岩壑夔龙坊上，有大照墙，撤去之，取空旷不碍御辇也"。宝善桥外土塘，向来仅阔二尺，增辟至丈余，直抵黄埠墩，"平坦光润，遍栽桃柳，有支河处，俱造浮梁，朱栏映水，行者便之，然所占民田，盖不少矣"。河塘沿岸街道，每民房一间，约费银3两，"无居民者，官始为营治焉"。③

---

① 黄印：《乾隆南巡秘记·锡山》，第20—21页，《无锡文库》第二辑，第290页。

② 黄印：《乾隆南巡秘记·寄畅园》，第21—22页，《无锡文库》第二辑，第290页。

③ 黄印：《乾隆南巡秘记·河塘》，第22—23页，《无锡文库》第二辑，第290页。

黄埠墩。黄埠墩是无锡城中运河流经的名胜之地，当年圣祖曾于此驻跸歇宿，此次更于墩外周围筑土，"加广五尺余，甃以青石，为外围廊，绕以朱栏，花纹极细巧"。其内围廊也设花栏，淡碧色，"朱碧参差，映水极有致"。墩上佛殿楼阁，窗棂门扇，梁柱栿节，"俱极雕镂工细，饰色雅淡，舟行过此，宛若画图"。①

放生池。圣祖曾赐额"慈云"，御书尚在内，不修者已数十年。此次南巡旨下，"上官饬令修治，佛殿山门，水阁石径，俱相度缮治，工整华美，视昔加胜"。又于池上依墙垒石为假山，临池遍栽名花佳木，池之南多隙地，累石为高阜，编竹篱环之，篱外通新阜亭，"此昔之所无也"。内中临池一小室，布置尤精，设御座于此。②

御码头。无锡境内共设7座，圣祖南巡时已有，设于惠山河塘者一，黄埠墩者四，北塘设放生池前，南塘设于接官亭。每座以木为之，木方如柜，长阔约八尺，朱色涂绘，"无层级，旁为花栏，恰与御舟齐，可平步上下也"。惠山河塘码头之上，"以木为棚，布为幔，半上覆，半下垂，如复壁"，河塘对岸也隔以黄布。南码头"因坊结彩，以红黄五色彩绸，纵横结为幔"。对岸照墙如营盘而短，御舟停泊处，上皆铺红毯，下藉以棕鞯。③

第三类，装饰工程，如城垣、街道、黄埠墩以及御驾行经沿线及惠山、锡山、北塘各处景点，精心布置。

无锡只是县城，规模很小，县城水门堞楼倾圮已经40余年，地方奉到南巡谕旨，乃复建城楼以壮外观，但匆促之中，"楼板仍缺，自外观之，则翼然巍焕矣"。南、北、西三门子垣俱粉饰，界画周整，"南

① 黄印：《乾隆南巡秘记·黄埠墩》，第23—24页，《无锡文库》第二辑，第290页。
② 黄印：《乾隆南巡秘记·放生池》，第24页，《无锡文库》第二辑，第291页。
③ 黄印：《乾隆南巡秘记·御码头》，第31—32页，《无锡文库》第二辑，第292—293页。

门尤工丽，冬春之交多雨雪，彩绘者凡五六次"。①

城中街道，自北塘至清宁桥南北一线，所有店肆门垣"俱黑油涂泽如新，其有破碎及沿河无屋处，令筑墙掩之，施黝垩焉，盖惟敝坏之象，偶经睿览，知民间贫窭也"。②

凡是皇帝莅临的名胜之地或可能临幸地，"皆藉以粽藉，藉上加花毯，阶除道路皆然，其无佛像处，设御榻御案，裀褥皆龙凤锦绮，惠山寺殿漪澜堂，大红毯依堂宽窄为之，不差分寸。秦园则亭台新榭，皆罗列古鼎尊彝，玉器珍玩，并厕溷俱饰锦绣奇香，又错落散置盆梅盆松等，磁缸注水，蓄大金鱼，以供清玩，漪澜堂旁放生池皆然"。③如此表面文章，营造出国泰民安、丰亨豫大的繁盛景象。

二

为了完成上述迎驾工程，全社会动员，各行各业所有士民，均各尽所能，出力贡献。

具体落实主要包括两方面，一方面是县中设立大差局，征调各种匠役物资，将全县各种匠作集中在武庙，榜其门曰"大差局"。自乾隆十五年春起，整整提前一年，百工俱集，至十六年三月回銮才罢散。应役的工匠，包括木工、土工、石土、漆工、雕工等类，无一幸免，"但有多寡久暂不同耳"。即如淘沙者，令去惠山浜瓦砾；瞒罗筛者，令以纱糊灯，甚至如营盘木桩池潭，则令掘鳝者为之。准备的物件应有尽

① 黄卬：《乾隆南巡秘记·城垣》，第14页，《无锡文库》第二辑，第288页。
② 黄卬：《乾隆南巡秘记·街道》，第15页，《无锡文库》第二辑，第288页。
③ 黄卬：《乾隆南巡秘记·寄畅园》，第25页，《无锡文库》第二辑，第291页。

有，数量繁夥，只有"备而不用，未有用而不备者"。作者黄印亲眼所见，满洲桌、火盆架、灯檠、马槽、竹篓之属，每项以千计，纤担纤绳以万计，即如厨灶炊所应用之物，无不具备，甚至虎子净桶与扫帚也备至数百，其余可以类推。作者还见过用稻草编扎、以小黄布为衣、加以彩绘、圆如蒲团的数百个物件，后来将其悬于泊舟处，以防阻舟船触损。而在御舟抵达苏州处，作者看见红木灯架数百个，其他灯架数千个，木架悬方木灯，糊以火纱，竹架悬纸灯笼，以备回銮之用。为承差备办各种用物，官府并不提供财务安排，各行各铺自然无不赔贴，各行铺中又以木行最多赔累，其次是绸布店、麻皮行、芦席行、窑户，其余如钉铁、颜料等一应用物，"俱取之于市，非不发价，胥吏扣克，得半为幸矣"。至于届时食用的鸡鸭猪羊等物，预先一年发价，令各行铺蓄养，临期取用。麸料则取于面坊，稻草则派各图总甲，全价提供，又索取香珠米，以备煮粥用，也派于总甲。①

另一方面是精细做妥迎驾的其他准备。一是征调夫役船只。御舟的纤夫俱系淮南府河兵，但随驾诸舟的纤夫则派夫于民，规定每图派夫40余名，船5只，以备用。另有扛抬纤夫，每图派20余人。此类人夫，因上官明令禁止加派，县衙下达任务时，"县无牌票，但以口令督办"。每夫1名，发给工食银2钱，民间实际雇募则须2两以上。后来等到御驾回銮时，所派夫役较前加了一倍。②为了保证御驾临幸时有船只调配，官方下令所有黄船、尖头船皆开赴淮安听候使唤，小船则编发轮番值日。无锡县自乾隆十五年春季，提前一年即下达"捉船"之令，只要乡舟入城，县衙差役即行拘捕，索取贿赂后才肯放行。后来每次向导官将至，民船相戒不敢往来。临近御驾临幸之日，民间小船只有轮番空

---

① 黄印：《乾隆南巡秘记·大差局》，第25—27页，《无锡文库》第二辑，第291页。
② 黄印：《乾隆南巡秘记·派夫》，第27—28页，《无锡文库》第二辑，第291—292页。

日才能允许雇用，而雇值顿时增高至五倍。[1]

二是置备迎驾灯彩。采行责任包干，各负其责，落实到人，官办民办，分工明确，具体到位。为确保御驾即将抵达时遍地都是灯彩的盛况，事先商定，各处灯彩，黄埠墩、放生池、宝善桥、岩壑夔龙坊四处，责令本府宜兴、荆溪、江阴、靖江四县知县分别承办；漪澜堂、锡山及两营盘，则由本县知县备办；旧皇亭则全县绅士公值，新皇亭则县中五大位所值；惠山寺天王殿前，则派两贞节祠后裔，香花桥、金莲桥则派惠山各寺后裔，秦园则秦氏自为之；由秦园门至惠山寺街，又自惠山寺至庙巷口，又自庙巷口至锡山山麓，均由当地居民"照门面所出"；自天王殿右观泉坊经华孝子祠至尊贤祠前，则华氏通族所办。凡灯彩一处，"多者费至千金，少者亦不下五六百"，盖因木料、布匹、彩绸等项，皆用价买，不像民间作灯，不过三五日，可以租借。凡御驾所经之处，遇旧牌坊，皆结彩以掩挡，其中要数岩壑夔龙坊最为细密绚烂，"自顶至末，石无一隙露"；其次则贞节坊，再次则嵇氏祠坊。此外如北郭之状元坊，城内寺后门之两沐驰恩坊，南城之龚氏二坊，驿前之首谏坊，南接官亭之探花坊，"俱责令本家后裔承办，必无后裔，始官办焉"。南北城门内外，皆设彩坊，由官办；街市每隔十余家结扎彩坊一座，由民办。桥梁如北之莲蓉桥，南之跨塘桥，也扎彩坊。自北塘入城至南塘，沿街居民户悬紫灯一盏，巨室大户则二盏，门首红纸书颂圣对联，各设香案桌围，桌围以贡布画团龙，或有不画者，烛筌香炉大多以木为之，糊以铜锡箔。[2]

三是添置灯船戏台，召集娱乐表演人马等。总督饬令无锡、金匮两县县令备办百戏以候回銮时表演，"于是平时所禁治驱逐者，悉招来会

---

[1] 黄印：《乾隆南巡秘记 · 捉船》，第28页，《无锡文库》第二辑，第292页。
[2] 黄印：《乾隆南巡秘记 · 灯彩》，第28—30页，《无锡文库》第二辑，第292页。

集，凡民间游戏诸具，咸令毕陈，官又以意增益之，极水陆之娱，兼昼夜之胜"。表演项目分为两大类，一类是杂耍，一类是戏曲。杂耍极为丰富，包括走索、跳白猴、弄缸、钻梯、耍流星槌、花鼓、唱秧歌等，演员"皆非本邑人，乃招集于外县无佳者，后不果用"；轮车（本名云车），平时赛会所有，此次更制新衣装束，多达12席；灯笼、马灯、球灯、伞灯、八仙灯，此是元宵节及神会中所用，此次"悉加彩绘，精巧倍常，令集于南营盘"；纸鸢，以青黄红绿纸，联竹篾缀成"天子万年"，又为"万寿无疆"字，于御舟过处放飞；装饰两艘龙船，旗章之属，悉以彩绸为灯；抬扛船4艘，以窑船去其上截，朱木为架，张五色幔，中以童子之韶秀者扮杂剧故事，加楼阁、车马、假山、花果之属，承以圆座如磨，令可旋转，笙簧箫鼓居其尾；秋千船2艘，也以窑船为之，竖两木，高四五尺，结彩亭于其顶，中设机为旋木，旁出四架，架置童子一，中木旋转，则上者下，下者上，一个童子为男装、将巾、五色短衣，一个童子为女装，但摇曳取致而已。抬扛船与秋千船，皆"出令君新意"。①灯船有7艘，以小黄船为之，有大有小，于船顶结彩悬灯，歌吹者居其中，或设香案悬匾额对联，其中以北塘灯船装饰最盛。戏台之设，如前所述，原来奉旨禁设斗棚及戏台，并未搭建，后因苏郡演剧复盛，当御驾回銮时新设于北塘。戏曲表演则预备十番，南营盘者悬灯结彩，"集能音律者于其中，打十番锣鼓，八音齐作，声彻御舟"。岩壑夔龙坊侧，以木搭为浮桥，高出于屋，直接秦园内之见山阁旁，以纸为假山，及花卉、仙鹿、仙鹤之属，结彩为小亭，选优童扮王母八仙于其上，谓为"海屋添筹"。②

---

① 黄印：《乾隆南巡秘记·杂耍》，第40—42页，《无锡文库》第二辑，第295页。
② 黄印：《乾隆南巡秘记·灯船戏台》，第42—43页，《无锡文库》第二辑，第295—296页。

对于无锡为迎驾所兴的工程和其他周到准备以及迎驾盛况，黄印说县中奉和御制诗篇多以千计，但大多是"导谀之词"，而只有顾奎光的诗"颂而不侈，讽而不讪，得古诗人遗意，与予所记，旨归略同"，可补前记所未备，因而附录了20首中的16首。[1]现再择录其中的9首：

> 慈云对黄埠，五彩照波明。谁觉机丝苦，真疑结绮成。楼台歌得地，培嵝偶知名。屡奉宸游过，弹丸沐宠荣。
>
> 春风吹五两，未觉水程遥。绿树临官道，朱栏护野桥。通津劳役戍，行艓尽供徭。犹喜闻明诏，经过戒驿骚。
>
> 百亩平如镜，中田帐幄张。囊沙填浅渚，束版障回塘。沾湿愁零雨，畚除自肃霜。直须蒸土筑，勿吝费糇粮。
>
> 江南卑湿地，厥土本涂泥。徒费鞭笞急，空教版筑齐。恓勤骇郡县，督责及蒸黎。谁敢陈明主，崇阶愧尔跻。
>
> 杂组连哥锁，临流结彩亭。幔成环满月，燎火艺明星。宿卫周庐静，皇居帐殿扃。吴人惯舟楫，陆宿未曾经。
>
> 每爱桑麻好，疑过村落中。覆亭松叶绿，映水桂栏红。稍减萧疏趣，翻缘点染工。谁教雕太璞，设色绘豳风。
>
> 漪澜堂一闳，谁敢汲名泉。树杪浮金碧，楼头奏管弦。旗亭多系马，寺港少停船。醉尉频呵问，踌躇立道边。
>
> 香案晨先设，氍毹晚未收。春灯高映水，风幔半遮楼。渔夺群胥饱，捐输大户愁。正应宣德意，何事有诛求。
>
> 江右繁华盛，三吴佳丽多。冬春工不息，朝暮令如何。圣主崇敦朴，群僚费揣摩。行宫恐岑寂，百部召笙歌。[2]

---

[1] 黄印：《乾隆南巡秘记·附录》，第51页，《无锡文库》第二辑，第297页。
[2] 黄印：《乾隆南巡秘记·附录》，第49—51页，《无锡文库》第二辑，第297页。

顾奎光，字星五，乾隆十五年进士。黄印的中表弟。任官湖南泸溪知县，"决狱无滞，囹圄一空"，岁歉时，设法救荒，征收赋税全部去除火耗，平时劝农桑，修学校，集诸生讲学，颇著政声。生平砥行励学，时称为人有三不惑，曰酒、色、财，居官有三不愧，曰清、慎、勤。①上述诗句，确实以诗的体裁形象地形容了黄印所记33条内容，颇具补证作用。作为一个在任的官僚，对于乾隆首次南巡，能够附和黄印，直抒胸臆，确实需要一定胆识。

三

关于此次南巡地方迎驾的费用，朝廷也曾作出过安排。乾隆十五年七月十七日，两江总督黄廷桂和两淮盐政吉庆上奏："窃照明春恭值圣驾南巡，一切预备事宜，钦奉恩旨，例应报销者，俱令动用公帑，臣等督同总办司道，逐一筹议，如道路、桥梁、马头、营尖、茶棚等类，系例应报部者，着动支藩库钱粮；行宫名胜及附近上山道路并铺垫陈设等类，不应报部者，着动支运库商捐银两，均经分别饬办。惟是地方官应办之事甚多，若不为其区画，恐致扰累闾阎，有辜我皇上省方问俗至意。是以臣吉庆前曾面奏，请将商捐项下拨银十五万两交与藩库，帮助地方官办理差务，仰蒙恩允。"②按此规定，皇帝南巡，地方为迎驾兴建的工程和所做准备，均由中央财政的公帑、地方财政的藩库（布政司库藏）和运库商捐银两中支出，民间应雇承差，不但不需出银，应该还有工价所得。

---

① 《清史列传》卷七二《文苑传三》，中华书局，1987年，第5897页。
② 《钦定南巡盛典》卷八九《奏议》，《景印文渊阁四库全书》第659册，台湾商务印书馆，1986年，第382页。

对照实际，由于地方踵事增华，过度铺垫陈设，大兴道路桥梁营尖工程，街道铺面张灯结彩，高扎牌坊，所以事实上迎驾事宜所需巨额支出，额定财政无法兑现，而大多转嫁到了地方民户头上。

由黄印《乾隆南巡秘记》所记可知，无锡地方迎驾经费，完全未遵照朝廷定规分类落实，而是分为两大类，一大类由国家和地方财政负担，另一大类则由地方民户个人出资。

国家和地方财政负担部分，大要包括两类。一类是全县范围的项目，又难以着落个人，看来只得由地方官府出资，如塘路茶棚和运河下塘一带竹篱茆舍的布设，城门楼堞的复建，二泉漪澜堂的改扩建，锡山景点的鼎新，放生池的修治，临幸地的陈设，御码头的砌筑，南北城门彩色牌坊的营建等。御驾行经街道的修砌、地面的铺设，照门面民办，每间费银四五钱，原议由民户出资，后来大概因为系官方统一布置，乃"查核公费，俱开派官办"。

另一类是官方指定的项目，出资或部分出资贴补相关人户承应。如南巡御览的重点寄畅园，总督奉旨出银千两修理，实际只是修理费的很小部分，不足部分均由园主秦氏自理。又如惠山寺的重修，县令出银千两，嘱令县中富人邹文锦任修，实际费用多至一倍。此类费用，名为官方出资，实则民户承担了主要部分。

地方民户个人出资又可分为五种：

一是照亩出银，迹近摊派。如南北营盘的建造，工程浩大，役民无数，费银多至万余两，"民田之当是役者，每亩费至一两有余"，以致县官不敢如实上报巨额费用。[①] 又如塘路正路副路的砌筑，"役夫皆出自轮年总甲，其费盖与营盘相上下"，轮年总甲自然不能个人赔贴，只

---

① 黄印：《乾隆南巡秘记·营盘》，第9—10页，《无锡文库》第二辑，第287页。

得分摊到全体里甲人户。

二是相关地段民户或铺户门面自出费用。如增高莲蓉桥，费银千余两，"大半出北里居民"，其他如南吊桥塊之砖石改砌，大市桥的改作，所过诸桥的粉饰，其费用自然由当地居民承担。两岸街市每隔十余家结扎彩坊一座，也由民办。自御驾由北塘入城至南塘出境，沿街居民户悬紫灯、门首的红纸颂圣对联，所设香案桌围、烛筌香炉等，自然由居民承办，以示虔诚输忱。

三是景点所有者或后裔自出费用。如前述各地灯彩的张挂和各处牌坊的修治装饰。前述寄畅园由秦氏后裔承修。秦氏中较富者秦瑞熙，最初畏难不敢承担，后来勉强葺治，但并未达到上官要求，竟致列入奏章将其弹劾，秦氏惶遽，才竭力营治，亭台轩榭，悉复旧观，花费了不知多少银两。

四是责令绅衿或铺户、富户出资承办。如皇亭砌造，知县责令全县绅衿之户摊派，每亩出银1分。如龙舟9艘，费用分为三等，上者银30两，中者20两，下者10两，由全县典当铺出资，"纳银于官，而官办之"。[①]所谓"官办"，实际只是官方经办，费用仍由民间负担。

五是个人捐献助办。如北塘戏台一座，约费银500两，由徽州人公正号盐商之族人汪姓监生出资。秦园内的"海屋添筹"装扮，费用由秦氏受赐缎匹者出。南营盘的十番锣鼓表演，费用由杨若元承担。有些景点的葺治装饰，业主其实并不情愿，也在官府的威逼下，忍痛蕆事。如上述寄畅园的葺治，就是如此。有些费用也出于无奈，如汪姓监生捐建戏台，"竭力挪借，始克为之"。

《钦定南巡盛典》的编纂者曾标榜，高宗"自辛未以迄甲辰，继绳祖

---

① 黄印：《乾隆南巡秘记·龙舟》，第32—33页，《无锡文库》第二辑，第293页。

武，奉若成宪，兢兢以简仪卫、除供亿、崇朴黜华、撙节爱养为本，而自疆吏以逮编氓，无不仰沐仁膏，同归扬诩，加恩于无可复加，利物而不言所利，中外禔福，含仁讴风"①。此话不免冠冕堂皇，言不由衷。在总督黄廷桂的严厉督责下，迎驾各项工程及一应活动实际上给地方带来了巨大而又沉重的额外负担。即如无锡一县而言，总结起来，约有如下数端。

一是诸多工程营造，大量民田被占用，给地方和百姓造成了极大的经济负担，甚至付出了生命。皇亭重造，绅衿每亩出银1分，当有数千两；南北营盘新造，两处约占民田600余亩，费银万余两，按亩出银；近百里的塘路，皆由民田填筑而成，占田不下千亩，夫役由里甲出应，费用与营盘不相上下；桥梁修建改造，费银多至数千两；宝善桥外至黄埠墩的土塘，由二尺增广至丈余，"所占民田，盖不少矣"。②惠山寺景点的改扩建，费银2 000多两；御码头的7处灯彩布置，费银不下五六千两。这些只是记有费用的极少部分，其余如街道改造、景点增扩、门面装饰、灯彩点缀、牌坊结扎，以至华屋布置、娱乐表演等项，更难以计数。更有甚者，莲蓉桥因抬高桥面，势极峭壁，行者艰苦，遇到雨雪天气更加受累，驿路过往者，据说有颠仆而死者。南吊桥改造尤为工致，"桥北塊下有店面三间，官拆去"，将原住户驱逐。③

二是征调大量人力物力，役使民众，糜费物力，影响生产。为迎驾，无锡地方动用里甲人户，征调各色工匠，派差一应铺户，短则数天，长则经年累月，无一幸免，"但有多寡久暂不同耳"。各行铺如木行、绸布店、麻皮行、芦席行、窑户以及钉铁、颜料各种应用物件的铺

---

① 《钦定南巡盛典》卷二五《恩纶》，《景印文渊阁四库全书》658册，台湾商务印书馆，1986年，第451—452页。
② 黄印：《乾隆南巡秘记·河塘》，第23页，《无锡文库》第二辑，第290页。
③ 黄印：《乾隆南巡秘记·桥梁》，第14页，《无锡文库》第二辑，第288页。

行，被征取的物资，官方发价，被胥吏扣克，仅得其半。其余鸡鸭猪羊等物临期取用，麸料、稻草等外派累及里甲，所付物价不到一半。随驾诸舟的扛民夫和拉纤夫，所发工食银不到市价的十分之一。如此反复折腾，"大抵官民工贾，无不坐累，惟吏胥多因此致富"。[1]时届春季，地方百姓被强行集中起来，自然耽误生产。民间船只征调，提前一年，以致乡民相戒不敢往来，深受滋扰。

三是临时兴建大量工程、改造增设景点，虽然从某个角度而言美化了局部环境，但就整体而言，不但占用民田，而且毁人庐舍，迁人坟冢，一定程度上破坏了乡野景观。锡山半山有少参议顾可遵墓，虽已圮坏，但石羊、石马、门垣等仍在，"悉去之而夷其冢"。塘路兴筑时，逢水架桥，有村庄竹木则"斩伐毁坏以通纤"。[2]位于塘路的坟墓被迁徙一空，以致黄卬发出慨叹："其余民间之冢，又何论乎!"[3]如此不加顾忌，大肆迁移民间坟冢，完全违背皇帝的谕令。[4]

四是大量工程的兴修，加上随驾官员兵丁的滋扰，严重影响民众生活。黄卬《乾隆南巡秘记》记载，御驾驾到前数日，"惠山及城内外，禁止行人，店肆俱惊惶闭户，至有挈家避居于乡间者。及驾至，喜万姓聚观，县令于惠山急叩各店，速令开张。城内外男妇，俱拥马首跪迎。上顾有喜色，各有赏赐银牌者"。[5]"随驾之舟，前后相衔，百有余里，去御舟远者，需索食物，虐使民夫，人不能堪，其近者，皆贵近大臣，恭谨守

---

① 黄卬：《乾隆南巡秘记·大差局》，第25—27页，《无锡文库》第二辑，第291页。
② 黄卬：《乾隆南巡秘记·接驾》，第35页，《无锡文库》第二辑，第293页。
③ 黄卬：《乾隆南巡秘记·锡山》，第21页，《无锡文库》第二辑，第290页。
④ 乾隆十五年正月二十八日，皇帝命军机大臣传谕两江总督黄廷桂等曰："朕巡幸江浙，问俗观风，清跸所至，除道供顿，有司不必过费周章，已经屡降谕旨，至川原林麓，民间冢墓所在安厝已久，不过附近道傍于辇路所经由无碍，不得令其移徙。"（《钦定南巡盛典》卷二五《恩纶》，《景印文渊阁四库全书》658册，第453页）
⑤ 黄卬：《乾隆南巡秘记·后妃》，第38页，《无锡文库》第二辑，第294页。

法，民夫受累亦差少。"①由此看来，南巡随行人员无不骚扰地方，没有有无，只有轻重之别。为了安全，从他地调派数量可观的营兵。御舟将至前数天，即分拨沿塘上下，城内外正街，巷口皆由营兵把守。最初还拟净河净街，后上谕免除，居民才正常出入，而河港汊口、太湖独山门诸隘口均预先数天屯兵防卫，严禁民间舟船出入，百姓日常生活大受影响。②

五是各项工程一次性者或应景性的不少，应急布置，为求临时观瞻效果而又反复折腾，造成极大浪费。全县运河下塘临时修建的五处景观竹篱茆舍，精心布置成水乡田园风光，但冬春之交移植的竹子，"不匝月，尽枯死"。③县城水门堞楼倾圮已40余年，临时复建楼台以壮外观，"楼板仍缺，自外观之，则翼然巍焕矣"，南、北、西三处城门子垣俱经粉饰，界画周整，南门尤其工丽，但因施工在冬春之交雨雪季节，"彩绘者凡五六次"。④城中由北至南御驾经过的街道，居民店肆门垣，一律黑油涂泽如新，凡是破碎及沿河无屋处，担心有碍观瞻，皇帝了解到民间贫窭实情，则"令筑墙掩之，施黝垩焉"。⑤如此表面文章，完全出于应景，不顾实际，不惜代价。

四

乾隆帝首次南巡，定在十六年春，时当皇太后六旬。南巡时日确定后，皇帝即于十四年十月初五日上谕内阁："届期诹吉以闻，向导人员朕

---

① 黄印：《乾隆南巡秘记·接驾》，第35页，《无锡文库》第二辑，第293页。
② 黄印：《乾隆南巡秘记·兵卫》，第32页，《无锡文库》第二辑，第293页。
③ 黄印：《乾隆南巡秘记·竹篱茆舍》，第32页，《无锡文库》第二辑，第288页。
④ 黄印：《乾隆南巡秘记·城垣》，第15页，《无锡文库》第二辑，第288页。
⑤ 黄印：《乾隆南巡秘记·街道》，第15页，《无锡文库》第二辑，第288页。

酌量先期简派，前往清跸。所至简约仪卫，一切出自内府，无烦有司供亿。至行营宿顿，不过偶一经临，即暂停亦不逾旬日，前岁山左过求华丽，多耗物力，朕甚勿取，曾经降旨申饬。明岁晋、豫等省以及江南，俱不可仿效。至名山古迹，南省尤多，只应扫除洁净，足备临观而已，无事崇饰。倘有倾圮，随宜补葺，悉令动用官项，且有吉庆所奏，准商愿捐之项，可以报销，但当核实，不得任有司浮冒。其民间张灯结彩，圣祖尝以为戒，载在方册，宜共恪遵其慎，勿以华侈相尚。所司通行晓谕，其一切应行典礼，着照所议行。"①煌煌谕令，南巡行经之地以及名山古迹，只需"扫除洁净，足备临观而已，无事崇饰"，民间不必张灯结彩，所有费用，"悉令动用官项"和商人愿捐，准予报销，无烦民间。

乾隆十五年十月初五日，皇帝再次上谕内阁："朕明春巡幸江浙，所过道路桥梁，该地方官现在以次预办，应遣向导大臣覆加查看，着兆惠、努三等就近自开封府驰驿前往，并传谕该督抚等一切供顿办理，务从简朴，毋得徒尚纷华，以滋糜费。"②

乾隆十五年十一月二十六日，皇帝又上谕内阁："朕频岁巡幸直省，问俗观风，一遵祖制。……所有行营供顿悉出内帑，丝毫不以扰民，道路桥梁原准开销正款，且更特赐公项，俾通融协济，该督抚等量力措办，尽足敷用。即或以大员俸入既丰，稍效忱悃，尚非必不可行之事，从未有出于指派绅民者。"但因当年巡幸河南，地方办理不善，"恐江浙督抚等闻风效尤，将以观风布泽之盛典转成地方官科敛累民之私计，因即遣兆惠等由开封驰至江浙宣布朕意，俾督抚知所儆戒。今兆惠回京覆奏，江浙督抚并无派累，朕心稍释"。皇帝还乘势表明心迹："朕为海内苍黎蠲免正供至数千万，尚所不惜，岂因省方盛举，转惜多费数十万

①《钦定南巡盛典》卷二五《恩纶》，《景印文渊阁四库全书》658册，第453页。
②《钦定南巡盛典》卷二五《恩纶》，《景印文渊阁四库全书》658册，第455页。

金，而乃需民力捐输耶？即谓感恩趋事，实出群情所愿，而农民非富商可比，该督抚亦应明谕朕旨，早行禁止，方为知轻重之大臣，岂可因循从事？"①

南巡前一年的年终，皇帝的话说得更加恳切。乾隆十五年十二月十六日，上谕内阁道："惟念江浙二省襟带江湖，程途稍远，自皇祖圣祖仁皇帝南巡以来，异数隆恩，昭垂史册，迄今四十余年，朕俯从望幸之忱，倍切勤民之隐，前于大学士九卿等议准两江总督黄廷桂等一折，已降旨谆切晓谕，又特遣向导大臣兆惠、努三等前往面传谕旨，务从俭约，一切供顿丝毫不累民间，凡地方大吏职任旬宣，自能仰体朕心，遵旨办理，但恐地方有司奉行不善，或穷乡僻壤未及周知，是用再行申谕。各该督抚及所属军民人等尚其凛遵前旨，共期撙节，以敦善俗，以导淳风。如所在行宫与其远购珍奇，杂陈玩好，不如明窗净几，洒扫洁除，足供信宿之适也。经过道路，与其张灯悬彩，徒侈美观，不若蔀屋茅檐，桑麻在望，足觇盈宁之象也。阛阓通衢，人烟稠密，正以见懋迁有无之乐，不得因道路湫隘，俾迁移廛舍，或至商民失业也。朕翠华所至，念切民依，惟期宣达群情，勤求治道，上以奉慈颜之悦豫，下以答黎庶之瞻依，凡属虚文浮费，概宜实力摒除，用光巨典。"②

揣度皇帝心迹，此次南巡，务从俭约，只要地方洒扫洁净，足备观临，似乎并不要民间张灯结彩，徒尚崇饰，以滋繁扰。皇帝也知道南巡可能会给地方和民间带来沉重负担，因而财政方面先期作出安排，一切供顿不劳民间，地方接驾费用从公帑和商捐银中开支，并且沿用圣祖南巡时的老办法，为防止巡幸地物价上涨，专门鼓铸投放一定量的铜钱以调节，为避免大量人马在江南停留引致食物短缺价昂，特意截留漕粮

---

① 《钦定南巡盛典》卷二五《恩纶》，《景印文渊阁四库全书》658 册，第 457 页。
② 《钦定南巡盛典》卷二五《恩纶》，《景印文渊阁四库全书》658 册，第 457—458 页。

15万石以平衡。

皇帝的考虑似已十分周全，出发点或许无可厚非，但地方为迎接圣驾，讨得皇上欢心，往往殚精竭虑，格外讲究，发挥过度，不免互相攀比，水涨船高。恭迎南巡的封疆大吏两江总督黄廷桂，既带头上奏吁请皇帝效法圣祖故事巡幸江南，并下令各地知府收取乡绅耆老呈词详院奏请，又在获得谕旨允准后，更竭尽心力，督令所属尽其所能做好迎驾准备。仅在无锡一县境内，据黄卬《乾隆南巡秘记》上述所记，黄廷桂下令如旧建造皇亭，县令王镐与各绅商议照田蠲银，黄却出示严禁，"直斥邑绅为无耻"。营盘修筑，黄下达的时限十分紧迫，时际冬春雨雪之时，进程自然缓慢，黄不断切责，"县令几不欲生"，役民无数，日夜修筑，方始完工。前述秉承旨意出银千两修葺寄畅园，园主畏不敢受，而勉强葺治，黄不满意，竟至要弹劾承修者秦瑞熙，逼得秦氏竭力营治园貌华瞻有加方才罢休。为通御舟，莲蓉桥抬高桥面，黄廷桂题奏谎称原桥不利于粮艘通行。黄廷桂如此卖力，督令各地全力以赴做好迎驾准备，无锡如此切实执行，但较之苏州等地，看来仍不免小巫见大巫。

嘉庆、道光时无锡人钱泳记载："乾隆十六年辛未，高宗第一次南巡，江南总督黄廷桂驭下严，催督急，州县奉行不善，因科派地方绅富各人承办，人心惶惶。苏州绅士畏廷桂势，唯诺不办。在籍翰林蒋恭棐负重望，暨其兄户部郎中蒋曰梅、弟刑部员外蒋楫、侄内阁中书蒋应焜力持不可，见廷桂，侃侃议论，不稍贬损。适御史钱琦风闻其事，参劾廷桂一折，奉旨严行申饬。时蒋氏官监司、郡守、州牧、邑令者三十余人，相约助捐。惟楫力持拒之曰：'吾承先人余业，衣食稍给，理宜报效朝廷于万一。弟侄辈居官在外，一郡有一郡之政，一邑有一邑之政，学校农桑，有关国计民生者，事事可取之家财，以利地方。果能罄家为国，百姓受福，吾荣多矣。'乃独力捐办御跸临幸大路，计费白金三十余万两，亲自督工，昼夜不倦。楫字济川，诸蒋中家最饶，性慷慨，仗义疏财。官刑部十年，明慎练达，囹圄有颂声焉。"①钱泳说州县科派地方绅富是奉行不善，实则此乃总督黄廷桂的通行做法。由钱泳所记可知，蒋楫一人即出资白银30万两捐办御跸大道，看来苏州踵事增华的程度远非无锡所能想象。十六年三月十九日午刻，御舟自苏州返航，驻扎无锡县之南营盘。其时龙船、灯船以及其他灯彩舟舆皆集，苏州灯船12艘随而跟进，"奇丽夺目"，无锡灯船只得"惭沮退避"。②无锡的迎驾准备较之苏州，不敢望其项背。黄印此次记载，与其他大多数描写一样，未曾评论，但后来的古稀老人蔡樾却在序文中说，民间流行的另一不全本《乾隆南巡秘记》，展示出御驾进入无锡城后的一个月中，"县令竭诚献媚，征集水陆玩艺，百戏杂陈，备与姑苏虎丘争奇斗胜，于回銮时冀邀宸赏，此种一时无两，极盛难继之情形"。③无锡已经竭尽所能，但较之苏州等地还相去远甚。扬州等地的接驾，可能更为繁缛。平山堂行宫本来并无梅花，据说商人觉得风景不佳，临时捐资移植梅花一万株，精心装点，一时之间平山堂内外梅花怒放，香气袭人。④

乾隆十五年十一月十五日，闽浙总督喀尔吉善和署理浙江巡抚永贵奏言："其沿途修做道路营盘，有必须借用民力之处，乡民皆荷锄举锸，踊跃赴工，臣等尚令地方官各给与饭食之资，不令枵腹从事。此皆浙省办理之实在情形也。至浙省预备修整之道路、营盘、彩牌、彩亭等项，臣等因杭、嘉二郡遍地桑麻，惟恐有碍民业，道路止就旧有纤道平治，并未开辟宽广。其看定营盘处所，有用民地修筑者，量其所获花利，按

---

① 钱泳：《履园丛话》丛话一《旧闻》"独力捐办御道"条，中华书局，1979年，第25—26页。
② 黄印：《乾隆南巡秘记·御驾小舟》，第44页，《无锡文库》第二辑，第296页。
③ 黄印：《乾隆南巡秘记》蔡樾序，第2页，《无锡文库》第二辑，第285页。
④ 高翔：《乾隆下江南》，中国人民大学出版社，1989年，第23—24页。

亩偿给，俾免失业。沿途彩牌、彩亭等项，屡据士民呈请，欲效巷舞衢歌之意。臣等恐过于糜费，但令就城市总汇处所，间或搭盖。"①浙江迎驾工程，在城市总汇处所搭建彩牌彩亭，从事道路修筑工程的乡民人等只有饭食并无报酬。此种接驾做法，地方官事先奏明，但皇帝并未制止，可见乾隆帝内心喜欢隆重热闹，因而顺水推舟。

直到决定第二次南巡后，乾隆二十年六月三十日，乾隆帝上谕内阁，批评首次南巡地方迎驾过于华丽糜费，说："前次南巡，苏州、扬州城内街衢间张设棚幔。南方多雨，且街窄檐低，而上施彩幕，既不开爽，复滋糜费，甚无谓也。"②同年七月初七日又上谕内阁："乃闻前次南巡时，浙省办差，至有当商捐费者。"③杭州当商捐费办差，无锡是根据当商实力摊派龙舟费用，名称虽异，其实皆一，均是利用商人财力，将迎驾准备尽量做精做细。

有意思的是，两江总督黄廷桂等地方官超出皇帝允准程度华而不实的百般趋奉之举，朝中御史上章参劾，皇帝也曾严行申饬，却不仅未遭到任何实质性的处罚，反而得到皇帝的肯定和褒奖。南巡归来，皇帝赋诗赐道："迎銮卫警跸，建节久旬宣。体我勤民德，嘉卿率属贤。何须张锦帐，惟喜阅鳞田。细验刚柔俗，周谘丰歉年。咸中方有庆，虚己自无偏。此地人文盛，还淳尚勉旃。"虽然对其设立彩亭锦帐稍有指斥，但对其竭尽心力迎驾卫跸，是充分肯定，大加赞赏。事后，黄廷桂即被调任陕甘总督，宠信不替。④下至无锡知县王镐，虽然从事迎驾工程，时受上官切责，"几不欲生"，但接驾时有机会得到皇帝垂问，亲聆宸

① 《钦定南巡盛典》卷九〇《奏议》，《景印文渊阁四库全书》659册，第397页。
② 《钦定南巡盛典》卷二六《恩纶》，《景印文渊阁四库全书》658册，第465—466页。
③ 《钦定南巡盛典》卷二六《恩纶》，《景印文渊阁四库全书》658册，第466页。
④ 李桓辑：《国朝耆献类征初编》卷一七《宰辅十七·黄廷桂》，第30页，广陵书社影印本，2007年，第2082页。

音，并获得高度肯定，自然受宠若惊，喜出望外。①此种恩遇，堪称异数。凡此种种，都显示出皇帝对无锡等地的迎驾工作是十分满意的。

乾隆帝首次南巡，自述其目的为"问俗观风"，六次南巡结束后，《钦定南巡盛典》的编纂者则将河工、海塘内容单独成篇，旨在彰明皇帝南巡是在省方观俗了解民情的同时，为擘划河工、海塘事务。无锡等地既不关涉河工，也无海塘。因此，要说乾隆南巡或许于黄河下游地区或浙江海塘一带尚有一些有利的正面因素，而对无锡等地似乎只有负面因素，殆可断言。这次南巡，另一无锡人、号称经行明修的顾栋高也是持否定态度的。据说顾栋高在京荷蒙皇上召见，面谕道："看汝年衰，是以准令回籍颐养，将来朕巡幸江南，尚可见汝。"顾奏云："皇上还要南巡吗？"高宗默然。②其实号称尚为节制的康熙六次南巡，自康熙三十八年（1699）第三次南巡，即已较为奢华了。③乾隆帝承其圣祖仁皇帝之后，时隔40余年后，再行南巡，地方为迎驾博取天颜欢畅大事兴作，首次即较奢华，以后迭次升华，声色奢靡，自是必然之势。

乾隆帝的南巡，皇帝增进了对江南社会民情风俗的了解，但封疆大吏事先进奏邀请，获准后更督令所属大事兴作，为自身争取到了宠信得奖的进身之阶，地方官员因营建迎驾设施装饰场景，也有可能格外获得皇帝垂青的机会，不少官员还可借机勒索受贿，江南绅衿因为迎驾效力，也有可能意外获得皇帝眷顾，但对御驾行经的地方及其子民来说，在沐浴浩荡皇恩的同时，只会平空增加沉重负担，在财力人力等方面作出极大牺牲，并承受各方面的无端骚扰。

---

① 黄印记：皇帝问"此汝承办否"，应"是"，上称"好"。（《乾隆南巡秘记·御舟》，第36页，《无锡文库》第二辑，第294页）

② 陈康祺：《郎潜纪闻二笔》卷四"顾栋高奏对质直"条，中华书局，1984年，第385页。

③ 参见黄泳、范金民：《康熙帝第五次南巡实录——佚名〈圣驾五幸江南恭录〉解读》，唐力行主编：《江南社会历史评论》第12期，商务印书馆，2018年。

清代江南地区的乡约

张海英

（复旦大学历史学系）

摘要：乡约是明清政府治理基层与道德教化的制度之一。清代的乡约制度较之明代有很大的改变，不同于明代以乡约、保甲、社学、社仓为主的整体性乡治系统，清代乡约的主要任务是宣讲圣谕，并成为一种定期的政治教育。清代江南地区的乡约所大多建于旌善亭、宗祠、乡校以及宗教性场所如寺观庙宇等公共建筑中，这在某种程度上反映了清代江南基层社会的管理与民间宗教文化的密切关联，包括官方正统意识形态的强势及与民间宗教的融合，另一方面也显示了清代江南地区民间宗教意识的多样性与包容性。清代，政府赋予了乡约更多的权利和义务，并将乡约纳入"官役"之内。有些地方开始出现里甲催科向乡约催科转变、乡约领导保甲、乡约长官役化等现象。但在乡约的实际实施过程中，其在不同地区的表现形态并不完全一样。清代江南地区乡约的实施时有废举，且很多时候其仪式的严肃性已大不如前。总体来看，最迟至咸丰时期，江南地区乡约的主要职责还是宣讲圣谕、教化民众、旌别善恶，像乡约长力役化、乡约催科及"乡保化"色彩尚不突出，这当是清代江南地区乡约实施的实态。

关键词：清代　江南地区　乡约

引　言

乡约起初是中国古代邻里乡人互相劝勉共同遵守，以相互协助救济为目的的一种制度[①]，通过乡民受约、自约和互约来保障乡土社会成员的共同生活和共同进步。中国最早的成文乡约制度，是北宋蓝田吕氏兄弟提出并推行的《吕氏乡约》（亦称《蓝田乡约》），约规包含四大项——"德业相劝、过失相规、礼俗相交、患难相恤"，从而提供了一个改善乡里风俗，维护乡村淳朴社会秩序的德治教化方案。南宋时朱熹增加了读约和解说，突出了乡约的宣讲功能，进一步完善了乡约制度。

明代，政府将乡约纳入国家基层社会治理体系，由群众公推地方上才品服人、德高望重、公道正直、熟悉礼仪的人任约长、约正，并与圣谕宣讲联系起来。明政府还发展出一套以乡约、保甲、社学、社仓为整体性

[①] 关于"乡约"的性质，目前学界看法不尽相同。20世纪30年代，杨开道《乡约制度的研究》开乡约"制度"研究之先河（详杨开道：《中国乡约制度》，商务印书馆，2015年），并得到众多学者认同。还有学者认为乡约是一种组织，是那种在乡村中，为了一个共同的目的（或御敌卫乡，或劝善惩恶，广教化、敦风俗，或保护山林，或应付差役等），"依地缘关系或血缘关系组织起来的民众组织"（详陈柯云：《略论明清徽州的乡约》，《中国史研究》1990年第4期），是"得到官府鼓励和推行的一种村民自治的教化组织"（卞利：《明清时期徽州的乡约简论》，《安徽大学学报》［哲学社会科学版］2002年第6期）。还有学者认为，乡约的性质有一个变化过程，它最初是人民自动结合的机构，尔后成为官定的基层地方组织，最后成为地方权力结构里面的执役。乡约性质的改变带来了地位的降低，传统的地方自治权力已为政府权力所压服（详胡庆钧：《从蓝田乡约到呈贡乡约》，《云南社会科学》2001年第3期）。在江南地区，乡约则表现为一种"半官方的基层组织"（详徐茂明：《江南士绅与江南社会［1368—1911年］》，商务印书馆，2004年，第127—131页；朱鸿林：《二十世纪的明清乡约研究》，《历史人类学学刊》第2卷第1期［2004年］）。相较于"乡约组织"说，我个人更倾向于将明清时期的"乡约"当成一种制度来看待。当然，这一制度不等同于"禁赌博约""禁夜行""禁盗鸡犬约""禁盗笋竹约""禁盗田园瓜果菜蔬约""禁田园山泽约"等普通的乡规民约，而是一种类似于里甲制、保甲制等纳入明清政府基层社会管理体系内的制度安排。

的乡治系统，"重乡约以励俗，严保甲以防乱"成为当时官方认可的理念。嘉靖万历年间，明政府大力推行乡约，乡约在全国范围内发展起来。①

入清以后，明朝政府所创立的乡治制度的整体性有所改变，乡约由礼部管辖，单纯用来司教化，以宣讲圣谕为主。保甲、社仓由户部管理，主管缉盗安民，社学主司教养，社仓主司救济。清代乡约的主要任务是宣讲圣谕，并成为一种定期的政治教育。但在乡约的实际发展中，清朝政府又赋予了乡约很多的权利和义务，乡约与官府的关系呈现出日益密切的倾向，乡约在各地的发展及职能也不尽相同。有些地方开始出现里甲催科向乡约催科转变、乡约领导保甲、乡约的司法职能日渐突出、乡约长官役化等现象，乡约职能由以教化职能和自治职能为主，开始向以行政管理职能为主演变，最终成为清代基层社会管理体系的重要组成部分。②

清代乡约的这些特点在江南地区是否明显？清代江南地区的乡约究竟是一种怎样的存在实态？这将是本文关注的主要内容。

———————————

① 明代的乡约制度可以有广义和狭义两种理解：以里甲特别是里社为基础，结合社学、乡饮等制度，设立里老与旌善、申明二亭，以调节民间纠纷、施行教化为特征是广义的乡约制度（乡约，每与社学保甲社仓相联络，成为乡村自治之中心）；狭义乡约是指设立约正宣讲六谕。广义的乡约制度更能体现官方的统治思想和士大夫的政治理念。常建华：《乡约的推行与明朝对基层社会的治理》，《明清论丛》第4辑，紫禁城出版社，2003年；另见常建华：《明代宗族研究》，上海人民出版社，2005年，第200页。

② 常建华：《乡约的推行与明朝对基层社会的治理》；[日]寺田浩明：《明清时期法秩序中"约"的性质》，载[日]滋贺秀三、寺田浩明等著，王亚新、梁治平编：《明清时期的民事审判与民间契约》，法律出版社，1998年；董建辉：《明清乡约：理论演进与实践发展》，厦门大学出版社，2008年；刘铮云：《乡地保甲与州县科派——清代的基层社会治理》，载黄宽重主编：《中国史新论（基层社会分册）》，"中央研究院"、联经出版事业股份有限公司，2009年；萧公权著，张皓、张升译：《中国乡村——论19世纪的帝国控制》，联经出版事业股份有限公司，2014年；冯贤亮：《明清江南的州县行政与地方社会研究》，上海古籍出版社，2015年。王日根：《论明清乡约属性与职能的变迁》，《厦门大学学报》（哲学社会科学版）2003年第2期；段自成：《论清代里甲催科向乡约催科的转变》，《青海师范大学学报》（哲学社会科学版）2005年第6期；段自成：《略论清代乡约领导保甲的体制》，《郑州大学学报》（哲学社会科学版）1998年第4期；段自成：《明清乡约的司法职能及其产生的历史原因》，《史学集刊》1999年第2期；段自成：《清代乡约长的官役化与乡约教化的效果》，《平顶山师专学报》2003年第3期。

一、乡约所及其建置

乡约所的设立是国家教化力量在基层社会的具体体现，它作为明清乡约运行的基本场所，是乡约推行过程中的基本建置。明清时期各地的乡约所大多设在申明旌善亭、寺庙观宇、宗祠、乡校等公共建筑之内，江南地区也不例外。

比如嘉兴府桐乡县的乡约所在城中惠云寺，青镇乡约所在密印寺，玉溪镇乡约所在普慈寺，濮院镇乡约所在白云庵，屠甸镇乡约所在寂照寺，炉镇乡约所在龙翔寺。①

康熙时，杭州城内有五处乡约所："东社景隆观，南社慈云寺，西社水圣寺，北社长明寺，中社佑圣观。城外四，在乡十七。"②

其他如唯亭镇："乡镇设立乡约，择庙宇中之宽敞适中者改立之，吾里设在延福寺。公举硕行士民为约正、副，朔、望日学师临镇，督率绅衿耆老辈，宣讲圣谕十六条，四民观听"。③

枫泾镇，有讲约所二：一在四南区张泾汇，今废；一在镇北高阳里，明时建，后改城隍庙（即今大堂址）。④

南浔镇：明嘉靖中知县钱学建乡都五所，一在南浔，后废。知府陈幼学恒到镇举乡约，每就广惠宫莅事云。⑤

① 光绪《桐乡县志》卷四《建置中》，清光绪十三年刊本。
② 民国《杭州府志》卷十九，民国十一年刊本。
③ 道光《元和唯亭志》卷七《社仓·乡约·善局》，《中国地方志集成》乡镇志专辑7，江苏古籍出版社，1992年，第143页。
④ 光绪《重辑枫泾小志》卷二《建置·义建》，《中国地方志集成》乡镇志专辑2，上海书店，1992年，第19页。
⑤ 咸丰《南浔镇志》卷二《公署》，《中国地方志集成》乡镇志专辑22下，上海书店，1992年，第21页。

梅李镇：摩诃庵，现存。在问村。宋时创建。雍正丙午，僧惟明重建，奉宪立乡约所。……净土庵，现存。在梅李东北七里先生桥北市稍。屋两进，共十间，主佛三世。乾隆十二年，邑侯张曧改为乡约所。[①]

从方志的记载来看，明清江南地区一些规模稍大的市镇里，几乎都有乡约所。关于乡约所的建筑及分布，康熙《常熟县志》的记载颇有特色，现不厌其烦，兹录于下：

明高帝制教民榜六条，设州县乡约所，月吉有司临莅讲所，宣谕劝戒，俾民圜观而竦听焉，亦犹古读法巡国之遗意也。国朝更定彝宪，彰明六礼七教，广而为十有六条，其所以禁民非，迪民善者，意深切矣。……今知县杨振藻实心教民，正己化俗，力举讲约之政。虑乡隔辽远煌煌，圣谟未及周知，爰择神宫佛宇，凡六十四所，按八卦以定八方，每所各颁铎书编列某所某号，悬额以垂永久，俾遐迩相率，翕然从风，圣世之觉民，与贤侯之善俗，并有征焉。故详列之如左。

西北乾号乡约所八：

清源神庙，在镇海门内，离县治二里

结草庵，在镇江门外，离县治四里

继绿道院，在田庄镇，离县三十六里

高神祠，在王家桥，离县三十里

大慈寺，在福山镇，离县四十里

辟尘道院，在西阳，离县四十五里

① 《新续梅李小志》(不分卷)，《常熟乡镇旧志集成》，广陵书社，2007年，第159、160页。

何王庵，俗名茅柴庵，在下十四都，离县五十里

泗水庵，在□□，离县五十里

正北坎号乡约所八：

扈城庵，在四十五都一啚，离县治五里

法云庵，在王家市，离县三十五里

东湖三官堂，在□□□，离县二十五里

汤王庙，在李市，离县四十五里

刘太尉庙，在福山南镇，离县三十六里

中沙净土庵，在先生桥，离县四十里

东岳庙，在二十九都西周市，离县六十里

长寿庙，在三十三都陆河市，离县七十五里

东北艮号乡约所八：

香堂周孝子庙，在二十五都，离县一十里

双林禅院，在二十五都六啚，离县十五里

邵庄庵，在二十一都十一啚，离县二十五里

寿圣庵，在二十一都塘坊桥，离县三十六里

李墓三官堂，在二十八都一啚，离县五十里

最胜庵，在三十一都老吴市，离县六十里

何市三元堂，在三十八都，离县七十里

桑林庵，在三十一都张家市，离县七十五里

正东震号乡约所八：

崇教兴福寺，俗名方塔寺，离县治一里

金神庙，即总管庙，在宾汤门外，离县一里

五渠东岳庙，在四十四都，离县五里

蜇泾庵，在二十五都八啚，离县十二里

三元堂，在二十五都二十啚，离县二十里

胜法寺，在二十六都梅林镇，离县三十六里

坞丘增福院，在四十二都，离县四十里

智林寺，在二十八都徐家市，离县六十里

东南巽号乡约所八：

福城禅院，俗名新塔寺，在迎春门外二里

护国禅院，在南塘三里桥，离县三里

龙旋宫，在二十五都虹桥，离县二十五里

真武殿，在二十七都均墩村，离县二十五里

高真堂，在四十都任阳，离县五十里

地藏殿，在四十一都芝塘镇，离县五十里

达孝庵，在二十八都白茆塘，离县六十里

上真殿，在三十八都十五啚，离县八十里

正南离号乡约所八：

儒学明伦堂，离县治一里

大悲殿，在二十五都尖口圩，离县治三里

资福禅院，在翼京门外，离县四里

妙清寺，在四十三都草城，离县一十里

吴塔观音堂，离县四十里

观音庵，在二十七都，离县四十里

关帝庙，在四十三都唐市镇，离县三十六里

圣寿庵，在董家浜新市，离县五十里

西南坤号乡约所八：

永福庵，即南庄废庙，在翼京门外，离县治三里

朱岸观音堂，在丁家港，离县二十里

练塘寺，旧名净慧院，在四十七都，离县二十五里

晏林庵，在大河市，离县二十五里

庙桥庵，在四十九都二三啚，离县三十六里

关帝庙，在五啚黄庄镇，离县四十五里

马墅天台庵，在杨尖市，离县四十五里

白马庵，在三十一都，离县五十里

正西兑号乡约所八：

慧日寺，离县治二百步

致道观，在县治西一里

延福禅院，在一都一啚，离县四里

永庆寺，在西徐市，离县三十六里

李王堂，在塘桥，离县四十二里

清凉禅院，在中十四都，离县五十五里

净居禅院，在庆安镇，离县六十里

万善庵，在十一都一啚西唐市，离县六十里①

从上述记载可以看出，乡约中的圣谕宣讲贯穿明清两代。在明代，乡约宣讲的主要内容是明太祖"圣谕六言"；清代，乡约宣讲的则是康熙"圣谕十六条"（后来又有雍正"圣谕广训"）。②上述《常熟县志》关于乡约所的这段记载，此前学者也有提及，它反映了当时常熟知县杨振藻对乡约推广活动的积极践行。③另一方面，我认为常熟乡约所这种

① 康熙《常熟县志》卷三《官署》，《中国地方志集成》江苏府县志辑21，凤凰出版社，2008年，第50—51页。

② 详周振鹤撰集，顾美华点校：《圣谕广训：集解与研究》，上海书店出版社，2006年。

③ 冯贤亮：《明清江南的州县行政与地方社会研究》，上海古籍出版社，2015年，第209页；朱仕金：《乡约与清代基层社会法律秩序研究——以乡约所建置为线索》，《民间法》2017年第2期。

"爰择神宫佛宇，凡六十四所，按八卦以定八方"的建置值得我们关注。明清时期各地有很多乡约所利用寺观庙宇、旌善亭、宗祠、乡校等公共建筑，应该说，乡约所利用旌善亭、宗祠、乡校等公共建筑是可以理解的，因为这些地方本来就是宣扬教化、官方意识形态的场所，但《常熟县志》所提的这六十四处乡约所，不仅大多建于佛教的寺院庵内，而且还将这么多的佛教元素置于道教文化"八卦"方位的建置之中，在其中宣讲的又是儒家伦理等官方意识形态，这中间的关系值得注意。一方面，它表明清代江南民众的宗教信仰更多的是"归属"与"参与"，其宗教信仰带有非常浓厚的世俗性与功利性，并时常与日常生活的方方面面融为一体，显示了清代江南民间宗教意识的多样性与包容性，这一点不同于西方宗教意义上的"皈依"与"委身"；另一方面，它在某种程度上反映了清代江南基层社会的管理与民间宗教文化的密切关联，包括官方正统意识形态的强势及与民间宗教的融合，这一现象值得学界进一步关注探讨。

二、清代江南地区乡约的职责及实施

清代，宣讲圣谕成为乡约的主要任务，与此同时，政府也赋予了乡约更多的权利和义务，并将乡约纳入"官役"之内。清代"职役"规定：

> 以乡人治其乡之事者，**乡约、地方等役类**，由本乡本里之民保送佥充，而地方一役最重。凡一州县分地若干，一地方管村庄若干，其管内税粮完欠，田宅争辩，词讼曲直，盗贼生发，命案审

理，一切皆与有责。遇有差役所需器物，责令催办，所用人夫，责令摄管，稍有违误，扑责立加。终岁奔走，少有暇时。乡约、里长、甲长、保长，各省责成，轻重不同，凡在民之役，大略若此。①

在这里，很明显是把乡约归于"职役"类，并与里长、甲长、保长一样，在职责上均有所要求。

清初还规定，甲长、乡约长必须为本甲逃人负责："（顺治）三年，定逃人，鞭一百，归还本主，隐匿之人正法，家产籍没，邻佑九甲长、乡约各鞭一百，流徙边远。"②

乡约还要负责看管属约内的精神病患者。清代规定："疯病命案，罪及亲属邻佑。""各省及八旗，凡有疯病之人，其亲属邻佑即报明该地方官，该佐领处令伊亲属严行锁锢看守，如无亲属，**即责邻佑、乡约、地方族长人等，严行锁锢看守**，倘容隐不报，不行看守，以致疯病之人自杀者，照不应，重律杖八十，杀他人者，照知人谋害人不即阻当，律杖一百。"③

也正因为此类规定，清代在很多地方，乡约与官府的关系呈现出日益密切的倾向，乡约宣讲的角色逐渐淡化，不再只是宣导者，而是约束乡里、稽察保甲的执行者，并最终与保甲制度一起形成清代基层社会行政组织化的"乡保制"，成了覆盖所有地区的"国家制度"。④

而在一些地区，随着民间争讼日益纷繁，里老制渐衰和吏役、讼师把持词讼等现象日趋严重，一部分乡约被赋予司法职能，承担起调处

---

① 《清文献通考》卷二十一《职役考一》，清文渊阁四库全书本。
② 《清文献通考》卷一百九十五《刑考一》。
③ 《清文献通考》卷一百九十七《刑考三》。
④ 刘铮云：《乡地保甲与州县科派——清代的基层社会治理》，载黄宽重主编：《中国史新论（基层社会分册）》，第406页。

民间纠纷，调查取证和勾摄人犯等任务。① 有些地方，"乡约简直就是要负责起乡里社会的全部事务"②。还有的地区，出现了宗族、会社的"乡约化"趋势。③

乡约职能的变化可以映射基层社会的运行状况。但在清代的江南地区，上述变化并没有全部发生，从江南方志的记载来看，乡约的主要内容还是宣讲圣谕、教化民众。"朔、望躬历各乡约所，宣示圣谕"是各地官员的重要职责④，而官员们自己也时常以"洁己爱民，宣六谕于乡约，俾使革心向化"为己任⑤。

关于清代江南地区的乡约仪式及内容，清初隐居浙江桐乡的乡绅张履祥有这样的记载：

> 国朝定制，凡朔望日，各官及乡绅士民齐集乡约所，恭设龙牌，南向下设讲案，北向众官及乡绅，排班行三跪九叩首礼，礼毕，众官及乡绅俱分东西，席地坐听。士民阶下立听。顺治十九年设立乡约正、副，公举六十以上，经告衣顶行履无过，德业素著生员，或素有德望，六七十岁以上耆老，每遇朔望，**申明六谕，并旌别善恶，实行登记簿册**。⑥

由此可以看出，"**申明六谕，并旌别善恶**"，是清代江南乡约的主要

---

① 段自成：《明清乡约的司法职能及其产生的历史原因》。
② 王日根：《论明清乡约属性与职能的变迁》。
③ 卞利：《明清时期徽州的乡约简论》；常建华：《明代徽州的宗族乡约化》，《中国史研究》2003年第3期；常建华：《清代宗族"保甲乡约化"的开端：雍正朝族正制出现过程新考》，《河北学刊》2008年第6期。
④ 康熙《常熟县志》卷十五《宦迹》；嘉庆《松江府志》卷四十《名宦传一》，《中国方志丛书》华中地方第10号，成文出版社有限公司，1970年。
⑤ 钱谦益：《河阳汤侯去思碑》，康熙《常熟县志》卷二十五《集文》。
⑥ 光绪《桐乡县志》卷四《建置中》。

职责。

关于清前期江南乡约的相关记载，目前所见最完整的资料当属清初吴若金所写的湖州府双林镇《乡约所碑记》。

双林镇的乡约所建于明后期万历年间，以镇上的禹王庙为地址，最早的乡约长由镇上大族吴氏家族的吴汀担任。[①]明末清初的战乱中，乡约所毁于兵燹。顺治八年（1651），乡约所再次重建。[②]

清顺治十年（1653）吴若金所撰双林镇《乡约所碑》记载：

> 古者天子诸侯教养之地，皆以学名，而郡邑则设社学五：东曰居仁，西曰縣义，南曰执礼，北曰沉智，中曰笃信。听士民子弟居之，选教读数人训之。其各乡村无社学者，就各乡约所为讲演处，一如社学。兴孝齿让，弭乱格奸，使民之驯者，咸敦履实行，即游惰亦有所慑而知变士也。……慨今兵燹之余，人皆一意苟且，谓得偷生丧乱已足，何事羁縻？父母恕其子弟，而子弟渐不逊，似染暴乱余腥，甚而一室干戈，同舟水火，虽无元凶巨恶之才，而有鼠窃狗偷之智，其行为不可究诘，此近今之士风也，而吾镇为尤甚。鼎革以来，优恤之诏屡下，一日敕所在乡镇，各建乡约所，抚按下其议，于各郡令有司董其事。是岁，归安邑侯吴之荣，固与民相亲者也，刊布**六谕**，悉加参解，于所属地方相度乡约所四处，而吾镇居其一，**朔、望日亲临讲读**。……吾镇土狭民贫，创建独难，邑侯谋之，绅耆咸未敢轻任其事，顾欲尽今日之秀顽而劝惩之，舍此无由。且邑侯固请之再四也，于是李评事赠君瑞麟与诸衿者，各捐资经始度地，效力于镇

---

① 钱梦得：《吴总管祠碑》，民国《双林镇志》卷十二《碑碣》，《中国地方志集成》乡镇志专辑22下，上海书店，1992年，第537页。

② 民国《双林镇志》卷九《庙寺》，第517页。按镇志卷八《公所》则记载为"顺治壬辰（九年）里人李评事瑞麟建，邑令吴之荣讲乡约于此"。同上书，第514页。

东北面石街漾而建焉。……其制三楹，中悬圣谕，次额承恩堂，前缭以垣门，榜"乡约所"……为一镇雄势。抑知此堂为何而设耶？吾愿邑侯岁岁履此堂与斯民相见，曰：尔毋不孝，不孝者罚如彼；尔毋不弟，不弟者罚如此；尔毋不慎行，不慎行无以处宗族。乡党如是者，行之而辄效。数行之而数效。将见数年之内，士无奇衺，民皆遍德，人情丕变，世道聿新，亦孰非朝廷遵古兴教之所赐哉？……时邑侯于落成日来临讲读，老幼群集，余固身履其境，因为兹记。①

这是目前所见到的为数不多的关于清代乡约所建立（包括乡约所建筑规模）的详细记载。这一记载清晰表明，清代双林镇乡约所建立的主要原因，是明清鼎革之初，面对双林镇日益严重的"似染暴乱余腥，甚而一室干戈，同舟水火"的暴戾风气，政府联手地方士绅，欲通过乡约所劝惩秀顽，从而体现乡约宣教圣谕、扬善抑恶、教化民众的职责，以有效维护地方秩序。

万历时，双林镇的乡约长由镇上商人大户吴氏家族垄断，清初改为由科举而兴隆的李氏家族担当。康熙年间，乡约所被改建为东岳庙，到乾隆重修时，乡约所仍在发挥作用。②

在关于双林镇的史料记载中，清前期似未出现上文所言的乡约"官役化"的情况，由此也显现出清代各类官方役使执行演变的区域性差异。

关于清代江南乡约的职责，咸丰年间，青浦知县刘郇膏实行的《乡约章程》中记载得比较详细。

咸丰六年（1856），青浦知县刘郇膏延义学师，并宣讲圣谕，实行

---

① 吴若金：《乡约所碑》，民国《双林镇志》卷十二《碑碣》，第537—538页。
② 民国《双林镇志》卷九《庙寺》，第517页。

乡约章程。"每月朔望，行香邑庙，礼毕官率士民齐集恭听。"其"宣讲章程"如下：

一、乡镇各就庙宇为宣讲之所，每逢朔望，乡董耆老率同该处士民，环集敬听，着地保料理传唤，无许喧哗滋扰，以昭郑重。

一、访择各乡老成公正之人，谕作乡约董事，并由该董保举有行文士，作为讲生，并乞给谕，以昭郑重，而专责成。

一、孝悌贞节，例应请奖，邑中如有孝子、悌弟、贞女、节妇，足为民间坊表者，许乡约局随时开具略节，禀请奖励，以示激劝。

一、花鼓淫戏，伤风败俗，尤为乡约之害。应责成乡约局随时劝禁，不率教，即将为首之人，指名禀究，以肃地方。

一、溺女、宰牛、焚棺、逼寡、赌场、花会、大干例禁，亦责乡约局设法劝化，以冀革除。

一、各乡镇如有敦崇行谊、实心宣讲之人，或赐匾额以昭激劝，或即饬邑中绅董赴乡查察，随时禀闻，分别示奖，以资鼓励。①

由上可以看出，直到咸丰年间，清代江南地区乡约的主要职责仍没有发生大的变化，主要还是以劝善惩恶、道德教化为主，乡约力役化、治安防御及乡保化色彩尚不突出。

三、乡约的实施

在乡约的实施方面，清代江南地区可谓时有废举，很多地方的乡约

---

① 光绪《青浦县志》卷九《学校》，清光绪四年刊本。

到后来开始流于形式，早已没有了最初实行时的严谨与庄重。据《临安县志》记载："（乡约）宣讲，临安创自康熙十一年，遵上谕十大条，每逢朔望，邑令集绅衿耆庶于讲所，选讲生敷陈宣讲，分令乡约长各集该乡四民，齐诣讲所，依法宣劝，务使穷谷深山，共晓伦常大义，敦睦淳风。后风俗衰颓，去古甚远，宣讲要典，久废不举。"①

黄印《锡金识小录》中也有类似记载："乡约之法，每乡举生员一人为约正，举耆老二人为约副，于村镇庙坛宽阔处设台置案。约副宣《圣谕广训》一条毕，约正以俗语演说讲解，举行三四次。后上官不复催督，遂止。然当其升讲时，举止羞缩，语言蹇涩，观听者辄指目姗笑，使数行之，益供戏玩，毫无裨于风教也。"②在这里，张履祥所记崇祯年间乡约宣讲时那种"有泣于堂者，有道于途者，有老语其少、母戒其子者"③的深入人心的场景已是杳然无踪。

江南方志关于地方官讲劝乡约的记载，主要以明代为多。如雍正《浙江通志·名宦》篇中，记载了22名业绩中有讲劝乡约的地方官，其中19名是明代嘉靖至崇祯年间的，清代（康熙年间）的只有2名，元朝1名。方志中关于"乡约规范"的记载也以明代为多，雍正《浙江通志》中关于明代的乡约文本有六种④，清代则无。这也从另一个侧面说明，清代乡约的实行并不稳定，或者人们不再以讲劝乡约作为评判地方官政绩的主要标准。

---

① 宣统《临安县志》卷一《舆地志九·乡约附》，清宣统二年刊本。
② 黄印：《锡金识小录》卷一《备参上·社米·附乡约》，清乾隆十七年修，光绪二十二年刊本。
③ 张履祥：《杨园先生全集》卷十七《乡约记》，中华书局，2002年，第502页。
④ 这六种乡约是：《乡约政训》（万历《严州府志》）、《乡约释义》（万历《嘉善县志》）、《乡约训言》（崇祯《浦江县志》）、《乡约》（《会稽县志》）、《乡保类编》（崇祯《乌程县志》）、《芦江乡约》（隆庆《平阳县志》）。详雍正《浙江通志》卷二百四十五《经籍》，《中国地方志集成》省志辑·浙江8，凤凰出版社，2010年。

那么，官员们怎样通过乡约活动来"旌别善恶"，以负起监督与惩治的责任？我们可以从同治《苏州府志》引康熙志的一段记载中管窥一斑：

> 天启五年十月，各邑行保甲之法。奉巡江御史檄，民间以十二家为一甲，甲有长。十二家各长一月，岁一周。复以乡约之法，辅而行之。月朔诣乡约所讲约，问十二家有游手好闲者乎？有往来不测者乎？有不当用之物、不宜用之器乎？有不孝不悌者乎？本甲不举而他甲举者罪本甲，平日不举而有事发觉者罪轮甲。①

这一段记载的虽然是明代的乡约实施，但却非常生动形象地展示了除宣讲圣谕之外，乡约所惩恶活动的具体形式。

另据同治《苏州府志》记载，陈鹏年任苏州知府时，以刚正清廉著称。他在任职期间，"革除钱粮耗羡，严滥差，戒奢侈，禁妇女出游，驱流娼，惩赌博，凡讼师、拳勇匪类，籍其名，朔、望令至乡约所，**跪而听讲**。浇风为之一变"②。由此可见，乡约所也是惩治不法之徒的重要场所。

结　语

乡约是明清政府治理基层与道德教化的制度之一。清代的乡约制度较之明代有很大的改变，不同于明代集乡约、保甲、社学、社仓为一体

---

① 同治《苏州府志》卷一百四十七《杂记四》，《中国地方志集成》江苏府县志辑10，凤凰出版社，2008年，第737页。
② 同治《苏州府志》卷七十《名宦三》，《中国地方志集成》江苏府县志辑8，凤凰出版社，2008年，第826页。

的乡治系统，清代乡约的主要任务是宣讲圣谕，并成为一种定期的政治教育。清政府将乡约长纳入"官役"之内，有些地方开始出现里甲催科向乡约催科转变、乡约领导保甲、乡约长官役化等现象。但在乡约的实际实施过程中，其在不同地区的表现形态并不完全一样。清代江南地区乡约的实施时有废举，且很多时候其仪式的严肃性已大不如前。总体来看，最迟至咸丰时期，江南地区乡约的主要职责还是宣讲圣谕、教化民众、旌别善恶，乡约长力役化、乡约催科及"乡保化"色彩尚不突出，这当是清代江南地区乡约实施的实态。

流杯宴集

——清代江南的文人雅集

叶 舟

（上海社会科学院历史研究所）

摘要：以文会友是每个文人的心愿，文人精英需要获得认同，他们在彼此的互动中寻找身份的认同和感情的交流，文人雅集便是这种互动链形成的标志，并最终促进了文人群体的形成。本文试图以清代常州地区为个案，讨论当时江南地区文人雅集的概况及文人雅集对江南学术文化的促进作用。

关键词：清代 江南 常州 文人雅集 文人群体

道光二年（1822）正月，李兆洛与武进同乡丁履恒、陆耀遹、庄绶甲、周仪暐、管绳莱、方履篯、张成孙、江阴祝百十、宜兴周济、吴江吴育以及山西人康兆奎、歙县人鲍继培集于常州之东坡旧馆，再集于扬州之静修俭养轩。转年过来的十月，李兆洛委托画家张莹作《同车图》，并补上没有参加这两次雅集的张琦，李兆洛专门作了《同车图记》，全文如下：

> 露车一辕，中马左骖驴，跨驴而从者三，车之中白须中坐者子常，仰而与语者卿珊，青兕蔽耳，侧坐露半面者宛邻，若士对之，

举手若相语。若士之后左山子，右彦闻，绍闻背宛邻坐，撚须若有思。善之坐右辕，回首与伯恬语，孝逸曳一足坐左辕，若与驴背人相盼也。驴傍车而稍后，前为彦惟，后则赞卿、竹吾并而语，竹吾拄鞭若听者。驭夫结束，傍右辕而趋，扬鞭而顾，若指示车中人者为保绪。先是，张君怀白为诸人各写照，欲汇为一图，又欲俟宛邻之归，并图之。会宛邻自京师径赴山左，不复归，怀白不识宛邻，故为侧写，不能求似也，余人则诩诩如对面矣。他日相思，但一展视，亦可以稍释瘝瘝矣。夫子常祝大名百十，宛邻张二名琦，若士丁四名履恒，绍闻陆九名耀遹，卿三庄四名绶甲，伯恬周大名仪暐，赞卿魏大名襄，山子吴五名育，保绪周二名济，孝逸管大名绳莱，彦惟张大名成孙，彦闻方大名履钱，竹吾康大名兆奎，善之鲍六名继培，此其齿序也。竹吾，山西兴县人；善之，安徽歙县人；山子，吴江人；子常，江阴人；保绪，宜兴人；余皆武进人。道光二年正月集于常州之东坡旧馆，再集于扬州之静修俭养轩。三年三月属怀白画，此在吾家枕芸书屋。其年十月装于江阴暨阳书院，乃记之。时孝逸、竹吾、善之在京师，赞卿在云南，宛邻在山东，山子、彦闻在河南，绍闻在浙江，卿珊在安徽，保绪、彦惟在扬州，若士、伯恬家居不常见。见予记此者，子常也。[1]

陆宝千曾经撰文《爱日草堂诸子：常州学派之萌坼》[2]，爱日草堂诸子是指以江阴祝百十爱日草堂为会聚中心的十四位士人，包括李兆洛，刘逢禄，恽敬，张惠言、张琦兄弟，祝百十、百五兄弟，陆继辂、

① 李兆洛：《养一斋文集》卷八《同车图记》，《四部备要》本。
② 陆宝千：《爱日草堂诸子：常州学派之萌坼》，《"中央研究院"近代史研究所集刊》第16期。

陆耀遹叔侄，丁履恒，洪饴孙、洪符孙兄弟，庄绥甲和周仪暐，基本囊括了著名的常州学派、常州词派、阳湖文派的中坚力量，晚清郭嵩焘曾言："乾嘉之际，士皆尚文章，驰骛声利，于时常州尤独多文士，而草堂诸君子独以立身砥行相为劘切，风尚为之一变。"①《同车图》绘成时，爱日草堂雅集的极盛时代其实已经过去，张惠言已经去世，他的儿子张成孙成为聚会的新成员，但是仍有多位中坚人物参与。《同车图》在当时"见贵于名流"②，沈学渊③等学者专门为此图题诗，徐松更曾致书李兆洛称："闻君有《同车图》，耻不得与。"④可以说，《同车图》是清代常州乃至整个江南地区文人雅集盛况的缩影。本文便试图以清代常州地区为个案，讨论当时江南地区文人雅集的情况。

一、文人雅集的形式

会有聚合、汇合之意，人聚集之地即可称会。《论语·颜渊》便云："君子以文会友。"后人因此称文人相聚谈艺为会文。这种以相聚谈艺为主题的文人集会的历史非常悠久，至唐宋间，文人集会的形式开始基本定型，而到明代以后则盛极一时。文人集会中最典型的形式便是诗社或者文社。"社"最初是指土地之神，又引申为春分秋分后戊日举行迎神赛会祭祀后土之神的民俗，故有社日、社事之名。随后"社"

---

① 郭嵩焘：《郭嵩焘日记》，湖南人民出版社，1981年，第6页。
② 蒋彤：《武进李先生年谱》，《北京图书馆藏珍本年谱丛刊》131册，北京图书馆出版社，1999年。
③ 沈学渊：《桂留山房诗集》卷八《十四友同车图申耆太史属题》，《续修四库全书》集部1516册，上海古籍出版社，2001年。
④ 蒋彤：《武进李先生年谱》。

的含义开始扩展，在学术文化场域中往往指信仰相同、志趣相投者结合的团体，所谓"后人聚徒结会亦谓之社"①，这是"社"比较常用的含义，即"合气类之相同，资众力之协助，主于成群聚会而为名者也"②。这类团体自古即有，如晋慧远结莲社，唐白居易与香山九老结"香山社"，宋元时期的"西湖诗社""月泉吟社"闻名一时，而明末诗社或者文社，则更是盛极一时。从基本含义来看，社与会大致相同，都是指一种集体的组织形式或活动方式，所以白居易九老会又称香山社，但是一般而言，社的外延要小于会。一方面，社主要指文社或者是诗社，虽然诗文是集会文人的共通语言，一般文人雅集中也有诗词创作，分题探韵或者唱酬和答，但这只是其中内容之一。而诗社或者文社以提高文质诗艺为首要目的。另一方面，称之为"社"，一般都比较规范化和制度化，有着固定的集会日期和集会主题，而不同于一般文人雅集的随兴和任意。诗社和文社的出现，应该与科举取士的制度有关，士子们为能取得更好的考试成绩，会就考试内容预先模拟。《邵氏闻见录》便称："嘉祐间应举时，洛中有名士十余人，分题作诗赋，遇旬日，会于僧寺。"③

常州地区的文人集会有据可查者当始于宋代，第一次盛景则是明代龙城书院经正堂的讲学，日后成为著名的东林讲学的先声。东林本以常州为根据地，复社也有大量的常州文人参加，因此明末常州的文社十分兴盛。明代诸社其兴起之初衷也是为了讨论制艺。张采在《具陈复社本末疏》中也曾云："我朝制科取士，因重时文，凡选乡会中式文曰程墨，选进士文曰房书，选举人文曰行卷，其诸生征文汇选曰社稿……窃惟文者昭代之所重，社者古义所不废。推广溥志，不过欲楷模文体，羽翼经

---

① 顾炎武：《日知录集释》卷二二《社》，上海古籍出版社，2006年，第1261页。
② 杜登春：《社事始末》，《丛书集成新编》第26册，新文丰出版公司，1986年。
③ 邵伯温：《邵氏闻见录》卷十六，中华书局，1983年，第175页。

传耳。"①清代常州著名的前黄杨氏腾光馆文会便以研习制艺为主，洪亮吉曾回忆道，杨氏"子弟会文之所曰腾光馆，饶有泉石之胜，凡外人预斯会，得隽者又数十人。余童年亦预焉"②。只不过由于这些文社、诗社后来有了全国性影响，才开始涉及政治而已。

清兴以后，鉴于文社的影响力，对文社、诗社等均采取严厉禁止的态度，如《松下杂抄》便录有学宫卧碑，其中第八款云："生员不许纠党多人，立盟结社，把持官府，武断乡曲，所作文字不许妄行刊刻，违者听提调官治罪。"虽然一般文人骚客诗酒流连，并不禁止，但清代的"社"在影响力上远不及明代，其功能也仅限于讨论制艺、切磋诗文了。而且即使这种纯粹文字性质的集会也受到了各种限制。如江阴人金捧阊便记录了他在常州陶园集社过程中遇到的烦恼：

> 辛亥余受谈湘亭，聘馆陶园，野水红桥，小山绿竹，历历忆之。仿米家之韵事，已易新诗；驻陶氏之名园，如逢旧雨。庄竹所、蒋立庵、赵味辛辈过访，并以新诗见赠。味辛元唱，有"芳邻喜结羊求侣"，杨随安次韵，有"输与羊求频过从"之句，谓李鹿仔、唐乐野也。吾乡前辈名家，次韵几及三百首。将以付梓，忽被俗客投笺，遂致中辍，至今怅然。③

可见，这种文人聚会一有风吹草动，便会引起官方的警惕。但是一般而言，诗社、文社基本上都能够正常举行。洪亮吉曾经回忆陆继辂之父陆广霖家中社交之盛况：

---

① 张采：《知畏堂文存》卷一，《四库禁毁书丛刊》集部81册，北京出版社，1997年。
② 洪亮吉：《北江诗话》卷五，刘德权点校：《洪亮吉集》，中华书局，2001年，第2302页。
③ 金捧阊：《客窗偶笔》卷三《陶园雅集》，清同治七年刻本。

及大令罢归，素持廉声，并乏长物。文贝紫蛤，无海南之珍；纺床绩筥，有郁林之石。里门既归，座客尝满；执经问字，辟癰已盈。束修之羊，执贽之鹜，尝溢轩栋。爰有隙地，遂营简园。列竹半亩，以供春盘；种鱼千头，曰备文谯。怪鸟之舌，俪于笙簧；轩禽之羽，洁比雪霙。客至不速，辄呼治具；一语之外，无他及焉。孺人酌量燥湿，平准丰俭，山雌水母，珍极水陆。梁溪会稽，酒斗吴越。宴本卜昼，时而彻宵。生果数种，备醉客解酲；华灯十盘，与苍头夹侍。客号夜半，筵移月中。非时之需，不求已具。大令及客，乐可知矣。费之所从，不复问也。盖大令里居二十年，此乐一月辄数举焉。袁吉士枚与大令为同岁生，每诧大令家烹饪为吴中第一，职是故矣。①

当时与陆氏相类似的文人宴会在常州数不胜数。如"（管）奇玉名家子，故饶于资，好园池竹石之胜，其所与交多一时知名士，数馈俎衔杯，翩翩佳公子也，亦工书，喜作画，为山水木石，皆有致。顺治辛丑余馆其家，奇玉方构所为梅花书屋，一树一石，皆手自灌植结构，不以为劳。同邑龚仲震、董文友诸文士数往来其家，每一过从，脱帽酣饮，诙调歌呼，竟日夜不厌"②。李兆洛的父亲也"喜交游，春秋胜日，座未尝无客"③。即使经济状况稍差的文人，也时常在街边酒肆中聚会。如洪亮吉便曾作《城东酒垆记》回忆其少年时与文友聚会时的情景："城东酒垆者，余弱冠之时与亡友黄君景仁、马君鸿运，及今知南

---

① 洪亮吉：《更生斋文乙集》卷三《贞寿堂记》，《洪亮吉集》，第1092页。
② 邵长蘅：《邵子湘全集》卷一二《管奇玉墓志铭》，《四库全书存目丛书》集部247册，齐鲁书社，1997年。
③ 蒋彤：《丹棱文钞》卷三《养一子述》，《丛书集成续编》集部141册，上海书店出版社，1994年。

陵县左君辅、文学蒋君青曜诸人讌游之所也。"①沈昌宇也曾回忆他和朋友"夜常集觅渡桥陈氏酒肆中饮，一人至独饮，继至者或饮，或不饮，渐而诸子并集，以为常"②。大体而言，当时文人雅集的形式主要有以下几种。

1. 诗社

清代常州诗歌文学极为兴盛，诗社和文社也很多，尤以诗社为最。杨兆鲁曾在年谱中回忆："壬子（1672）五十五岁，举诗文社于近园，一月一举，同社毛补庵重倬、黄艾庵永、毛公阮羽宸、董易农文骥、龚琅霞百药、孙风山自式、陈椒峰玉基、董舜民元凯、钱梅仙煆（虞山人），共十人。"③《毗陵诗录》则对清代常州诗社作了一个详细的回顾：

> 有清武进夙称诗国。清初六逸，洪北江先生以杨（宗发）为首，邹讦士（祇谟）、董文友（以宁）、陈赓明（玉璂）、龚介眉（百药）四先生称毗陵四家，其时有榖诒社、浣花社、峨眉社、碧山吟社，互张旗鼓，学子翕然从之。乾隆壬寅、癸卯间味辛先生（赵怀玉）偕蒋莘仲（熊昌）、程命三（景傅）、庄勉余（勇成）、蜚英（绳祖）、皋直（选辰）五先生共举吟社，闻风入社时有增加。数十年大略言之：杨氏腾光馆（杨望秦、杨元锡）、赵氏山茶厅（赵翼）、味辛斋、汤氏东坡遗馆（汤成彦）、左氏念宛斋（左辅）、洪氏卷施阁（洪亮吉）、管氏读雪山房（管世铭）、陆氏崇百药斋（陆继辂）、双白燕堂（陆耀遹）、汪氏采真轩，为诗人觞咏最盛之所。庚申后仅存山茶厅、读雪山房、东坡遗馆、采真轩，赓歌

---

① 洪亮吉：《卷施阁文乙集》卷六《城东酒垆记》，《洪亮吉集》，第345页。
② 沈昌宇：《记四友》，赵震辑：《毗陵文录》卷六，1922年铅印本。
③ 杨兆鲁：《遂初堂文集》卷十《自编年谱》，清康熙十三年刻本。

久歇，采真轩今且为握算之所矣。[1]

提到清代常州诗社，钱陆灿的名字不得不提。钱陆灿，字湘灵，自号圆沙，常熟举人，为钱谦益族孙。钱陆灿早年寄籍常州，十八岁时曾在常州参加科试。此后在康熙十五年（1676），董文骥邀请他到自己在青果巷的微泉阁讲学[2]，从此长驻常州，"馆于吾邑者久，著录弟子不下百余辈"，著名的毗陵六逸中胡香昊、陈炼皆为入室高弟，唐恽宸、董大伦则在游夏之列[3]，其门生还包括钱名世、董元恺、恽鹤生等。钱陆灿在清代常州诗风的确立上起到了开创者的作用，同时他也是常州本地文人集会的主持者。杨伦曾回忆其先祖杨兆鲁和陈炼、胡香昊举行吟社时，"虞山钱陆灿湘灵、同邑黄永云孙二公为主盟"，所以杨伦诗中有"钱黄执牛耳，剖义绝纤霏"[4]之句。康熙三十三年二月十二日花朝节，庄天锦、胡香昊、唐恽宸、董大伦在民元里庄嵋生宅参一堂宴集赋诗，举浣花会，纪念杜甫，这就是清初常州最有名的诗社——浣花诗社的开端。[5]不久，庄天锦等便邀请钱陆灿来主持浣花会，钱陆灿还专门为此作了一篇《浣花会序》。此后浣花会陆续在青果巷董氏、庄氏星聚堂、绣衣坊的许氏槐荣堂等宅第的园亭轮流举行，先后参加的还有陈炼、许睿耀、恽鹤生、徐永宣、杨祖辑等众多当时常州的名士，而其中

① 赵震辑：《毗陵诗录》绪言，1922年铅印本。
② 汤大奎：《炙砚琐谈》卷上，《丛书集成续编》子部90册，上海书店出版社，1994年。
③ 庄杜芬、徐梅：《六逸诗话》，庄令舆、孙永宣辑：《毗陵六逸诗钞》，清康熙五十六年刻本。另钱陆灿《调运斋集·调运斋门人录》（《四库未收书辑刊》7辑23册，北京出版社，2000年）所录常州籍门人有七十余位。
④ 杨伦：《九柏山房诗》卷三《将归毗陵二子俱有赠章复叠前韵奉答》，清嘉庆十七年刻本。
⑤ 胡香昊：《香草堂诗钞》卷一，《毗陵六逸诗钞》本。另参见庄天锦《寱言堂诗》卷三、唐恽宸《苊野诗钞》卷一、董大伦《梅坪诗钞》卷二。

庄氏星聚堂是最重要的活动场所，至今我们可以在庄天锦、胡香昊、唐恽宸、陈炼、董大伦、徐永宣等人留下的诗集中一窥当时的盛况。康熙三十八年四月初六日钱陆灿逝世一周年之际，陈炼、胡香昊、恽鹤生等人还在许睿耀的槐荣堂举行隆重的周年忌。①可以说浣花社直接推动了清初常州的诗歌创作活动，为日后常州诗歌黄金时代的到来打下了重要的基础。

乾嘉时期常州的诗社最盛，著名的毗陵七子（洪亮吉、孙星衍、黄景仁、赵怀玉、杨伦、吕星垣、徐书受）便始于乾隆三十七年（1772）前后的文宴往来。《洪北江先生年谱》："十月，始与孙星衍订交。同里则孙黄赵诸君外，复皆杨君伦、吕君星垣、徐君书受唱酬无间，号七子。"②《孙渊如先生年谱》："九月归常州，居王氏宅，与同里洪亮吉、黄景仁、赵怀玉、杨伦、吕星垣文燕无虚日。"③《黄仲则年谱》："时先生里友孙星衍方自句曲归武进，亮吉馆扬州权署，以贫故兼肄业安定书院，值秋试旋里，里人诗友称是年为最盛。"④

而举行于乾隆四十七年（1782）的吟社则是这一时期最重要的诗社活动，也标志着毗陵七子时代达到极盛，吟社五位主持人是赵怀玉、蒋熊昌、程景傅、庄绳祖、庄选辰，此外还包括庄勇成。赵怀玉有较详细的关于吟社活动之记载：

乾隆壬寅、癸卯间，里中六人共举吟社，太守蒋君辛仲先生其一

---

① 胡香昊：《香草堂诗钞》卷二。

② 吕培：《洪北江先生年谱》，《北京图书馆藏珍本年谱丛刊》116册，北京图书馆出版社，1999年。

③ 张绍南：《孙渊如先生年谱》，《北京图书馆藏珍本年谱丛刊》119册，北京图书馆出版社，1999年。

④ 黄葆树等编：《黄仲则研究资料》，上海古籍出版社，1986年，第47页。

也。其五人则程学博命三、庄文学勉余、大令輩英、进士皋直及余而已。自余闻风入社，时有增加，而此六人未尝更易。每浃旬必一举，拈题赋诗，征经史，作新令，往往流连达旦。惜乎仅及二年而止。①

　　岁壬寅，乞假归省，偕君（引者按：即庄勇成）举吟社，同会者程君景傅、蒋君熊昌及君族子绳祖、选辰，它客或有增减，此六人常在座。每集拈题分体后，各出觞政，务为新奇以取胜，往往达旦不止，乡党友朋之乐是岁为极盛。②

　　除了以上六人外，经常参与吟社的，还有当时常州诗坛执牛耳的赵翼及毗陵七子的其他成员洪亮吉、杨伦等，赵翼诗中便称"好联北郭新吟社（城中程霖岩、蒋立庵辈诗社甚盛），恰近东坡旧寓楼"③。杨伦诗中还记录了三次吟社的活动，即"中秋后三日蒋立庵太守息养斋吟社八集，观苏文忠书丰乐、醉翁两亭记拓本"，"重九前一日遂初堂吟社九集同赋小兰亭三味柏之甘蕉"，"九日立庵太守息养斋吟社十集，同用工部蓝田崔氏庄韵"④，可知从八月十八至九月初九，二十天左右，吟社举行了三次活动，重九前后，更是连续举行了两天。聚会地点则有蒋熊昌的息养庵，杨伦先祖杨兆鲁所建的遂初堂。而据赵怀玉《亦有生斋集》，七集应该是在味辛斋，二集是在苏东坡旧居的藤花旧馆洗砚池。⑤

---

① 赵怀玉：《亦有生斋集》文卷四《息养斋诗序》，《续修四库全书》集部1470册，上海古籍出版社，2001年。
② 赵怀玉：《亦有生斋集》文卷十八《文学庄君墓志铭》。
③ 赵翼：《瓯北集》卷二八《自西干村移居郡城顾塘桥即事》之二，上海古籍出版社，1997年，第613页。
④ 杨伦：《九柏山房诗》卷七。
⑤ 赵怀玉：《亦有生斋集》诗卷八，《续修四库全书》集部1469册，上海古籍出版社，2001年。

2. 怡老会

除了以讨论诗艺和制艺为主题的诗社和文社之外，文人雅集的形式还有很多，这种形式都会明确一个主题，然后将声气相投的文人聚集在一起。这种形式包括怡老会、修禊雅集等。怡老会始于白居易的香山会，主要是由退休官员为怡情适性举行的群体活动，之后文人雅士纷纷效仿，虽冠以九老会、五老会、四老会、真率会等不同名称，但具有相同的怡老性质。宋代常州张守及其兄弟便有四老会的活动。清代常州最早的怡老会也与钱陆灿有关，是康熙二十年（1681）由毛重倬与钱陆灿、史庸庵、黄永、董嶓在青果巷董宅水园亭结五老会。此后常州怡老会堪称极盛。如汤大宾，"暇与里中耆宿仿唐宋人故事，举同甲九老诸会，一时称为人瑞"①。蒋和宁婿汪廷栻，"丁酉、戊戌之间君集同里庄君燧、汤君大奎、杨君望秦、庄君炘及余为真率之会，号饮中六友"②。赵翼记载了四老人会："程霖岩、汤蓉溪、杨静叔与君同甲午生，皆八旬以外，有四老人会。"③洪亮吉也曾经主持过怡老会："稚存招同里中老人孙上舍葆舒年九十、余八十、吴上舍俊臣七十、家味辛司马六十，皆取成数，其余吴封翁书屏七十八、杨刺史述庭七十七、吴封翁简斋七十五、刘瀛坡总戎七十三，并以次列坐，主人亦六十一矣。乡邦此会颇称佳话。"④还有赵怀玉参与的五老会。据赵怀玉回忆，五老会包括"同里庄刺史炘年八十二、永济崔观察龙见年七十六，同里龚刺史际美、襄阳樊总戎雄楚皆年七十二，余年七十，亦得次焉，总戎集五人为五老会，以五人三百七十二为首句，即席成诗，时嘉庆丙子十一月二十四日

---

① 赵怀玉：《亦有生斋集》文卷十七《汤府君墓志铭》。
② 赵怀玉：《亦有生斋集》文卷十七《汪振行墓志铭》。
③ 赵翼：《瓯北集》卷四二《挽汪屏周》，第1031页。
④ 赵翼：《瓯北诗钞》，《赵翼全集》第4册，凤凰出版社，2009年，第86页。

也"①。清末民初时还有九老会举行，据金武祥回忆，戏曲家陈烺"晚岁归里，尝与余及恽次远侍郎、史佳若观察、刘申孙、孙萱孙、陈筱山、庄凤梧诸太守、吕稼生大令为九老会，皆年逾六旬七旬者也"②。

常州最为著名的怡老会是乾隆十四年（1749）的南华九老会③，由常州庄氏家族内的成员组成，属于家族性的文人聚会，包括当时致仕居里的九名庄氏成员，即礼部郎中庄清度，时年九十；福建按察使庄令翼，时年八十四；临洮府知府庄祖诒，时年八十二；黄梅县知县庄櫰，时年六十九；密县知县庄歆，时年六十六；开州知州庄学愈，时年六十三；湖南石门县知县庄柏承，时年六十三；射洪县知县庄大椿，时年六十二；温处兵备道庄柱，时年六十。同时还包括家族成员年满六十，而未能参与此会的退休为官的二十人，总共二十九人。九老会由一个家族举行，是非常罕见的事例，而其时正是庄氏家族最为鼎盛之时，庄柱之子庄存与、庄培因相继成为鼎甲，家庭中为官者众多，九老会的举行更加强了庄氏的影响力，所谓"清时佳话，世所仅见"④。

3. 修禊雅集

相对于文社、诗社的主题限制和怡老会的年龄规定而言，没有太多约束的修禊雅集是文人聚会的另一种主要形式。古人在农历三月上旬的上巳日（魏以后定为三月三日）到水边嬉戏、洗濯以祓除不祥，称为修禊。后修禊已不以时地为限，逐渐演化成士人会集的主要形式。参加者赋诗唱酬，享受自然风光，如著名的兰亭修禊便是如此。修禊与文会、诗会相比，是一种规模较小、形式灵活的文人聚会方式，因此也最为普

---

① 赵怀玉：《亦有生斋集》诗卷三二《樊总戎雄楚招饮诵陔草堂》。
② 金武祥：《陶庐续忆补咏》，清光绪粟香室丛书刻本。
③ 庄宇逵辑：《南华九老会唱和诗谱》，1923年铅印本。
④《南华九老会唱和诗谱》卷首梁同书叙。

遍。修禊雅集的方式很多，在当时主要包括游园、消夏、消寒、纪念先贤等。如前述金捧闾与赵怀玉、程景傅、蒋熊昌、管世铭等人参与的陶园修禊便是典型："金君玠堂馆陈渡桥陶园，前明唐荆川先生读书处也，孙文介公遗墨犹存。近为契友谈氏别业，葺治一园，栏有药，池有莲，庭榭幽闲，水木清华，信小饮之奥区也。谈氏尊师好客，玠堂勤学工诗，诸朋友联袂过之，相与觞咏于清流怪石间。赵君味辛首唱四韵，蒋立庵继之，继而和者甚众，斐然遂成一编。一时文物风流，胜情逸韵，殆略似兰亭、桃李园乎？"①修禊除了游园、赏花等常见的主题外，比较著名的便是消夏会和消寒会。消寒会的历史非常悠久，《开元天宝遗事》便有所谓暖冬会的记载，当是消寒会的前身，一般是"冬月，士大夫约同人围炉饮酒，迭为宾主，谓之'消寒'"②。消夏会则是避暑，形式与消寒会相同。常州当时消寒会、消夏会举行次数非常频繁，黄景仁便有"东城旧有消寒会，几辈依然共往还"③之句。一般认为消寒会或者消夏会取九九消寒、九九消夏之义，以九人九日为准，但根据本人标点的《壬辰春试日记》，消寒会已经办至第十集④，可知次数远不止此。根据金武祥的记录，除了消夏会、消寒会之外，还有其他形式。如蝴蝶会，亦称壶碟会，"则各携酒肴两三具而来，如有两人所携名色复出者则须罚，另设一筵，不徒金谷例也"。⑤蝴蝶会是清代非常普遍的文人雅集形式，如洪亮吉诗题中便有"清明日招同人各携一壶一碟至舣舟亭小集，酒半崔三景侃以事先去，余十五人并至月午始归，分韵得阙字"⑥，

---

① 金捧闾：《客窗偶笔》卷三《陶园雅集》。
② 李家瑞编：《北平风俗类征》，商务印书馆，1937年，第309页。
③ 黄仲则：《两当轩集》卷七《冬日忆城东诸子》，上海古籍出版社，1983年，第183页。
④ 恽毓德：《壬辰春试记》，《晚清常州名贤日记四种》，凤凰出版社，2013年。
⑤ 金武祥：《陶庐五忆》，清光绪粟香室丛书刻本。
⑥ 洪亮吉：《更生斋诗集》卷六，《洪亮吉集》，第1360页。

"花朝日乍晴邀诸同人各携一壶一碟至舣舟亭小饮，乘月乃归，即席成长句一首"[1]。此外还有一元会："频年与诸朋旧作消寒雅集，各酿金一元，故又名一元会。"撇兰会："近年同人小集戏为撇兰之法，先画兰一丛于纸，其叶适符同人之数，书分钱若干于兰根，叠纸不露，各书号于叶，乃出兰根视之，则知应各认分钱若干，多寡不一，其中必有一伴食者，以为笑乐。"[2]

　　修禊雅集中有一个非常重要的主题，便是祭祀先贤。常州最重要的便是以祭祀苏东坡为主题的舣舟亭和藤花旧馆修禊。苏轼曾两次上表乞居常州，并曾在宜兴买田置房，建中靖国元年（1101）他从岭外回归之后，便卜居于常州，寓顾塘桥孙氏，并于是年七月二十八日殁于寓所，所谓"枝园笠屐祝生朝，玉局风流迹未消。欲问紫藤花在否，几回行过顾塘桥"[3]。孙氏宅在清初一度属于洪亮吉外家蒋氏，洪亮吉曾回忆："裕中先生分宅在北岸顾塘桥侧，实宋苏文忠公撒顾之所，相传卒时懒板即设宅东小楼下，余童时每过此楼，徘徊不忍去。壬辰继在毕秋帆先生四安据署，十二月十九日作东坡生日诗，内有四语云：'公生于蜀没在吴，吾乡一楼还号苏。人传树古云亦古，公昔撒瑟余悬孤。'盖纪实也。"相传馆内有东坡手植的海棠和朱藤，藤花旧馆便以此得名，藤花旧馆后属于汤雄业，并一直归属汤氏至今。舣舟亭则在东门外文成坝运河，传说是苏东坡系舟处，苏东坡诗《除夕夜宿常州城外》便作于此地。乾隆南巡时，改建成园林，更名为万寿亭，为乾隆行宫，同时将藤花旧馆中的洗砚池移至此。从明代开始，在东坡生日及祭日时，常州文人便要举行修禊集会以作纪念，常州人文集中以朱藤、海棠、舣舟亭、

---

① 洪亮吉：《更生斋诗集》卷三，《洪亮吉集》，第1257页。
② 金武祥：《陶庐五忆》。
③ 金武祥：《陶庐续忆补咏》。

洗砚池为主题的文字比比皆是，外地文人来此题诗也主要以纪念东坡为主。清初毗陵六逸便经常举行这种祭祀活动，陈炼便有诗题云："东坡先生以宋建中靖国元年辛巳七月二十八日卒于常州白云溪上孙氏寓馆，到今康熙辛巳六百年矣。今岁方庶常其枢延予主西塾，坐卧处即孙氏馆地，低徊吟叹，不释于怀，爰以是日招同学诸子及门人辈凡十九人肇祀先生，拈眉山二字记事二首。"① 洪亮吉也曾言："余外家蒋氏岁常以生卒日祀东坡，并为会。"② 他曾作《古藤歌》，诗下小序云："藤相传为宋苏文忠公寓孙氏宅时手植，今宅归汤方伯雄业。三月十九日汤公子招同人宴集花下，即席赋此。"③ 这种祭祀直到晚清民国时依然不衰，金武祥便回忆道："近年十二月十九日诸友常为东坡祝生日，余每悬粤刻笠屐图，去岁费屺怀（念慈）太史来携有覃溪所藏东坡真像石印本，即在余粟香室招同人具蔬果设祀小集焉。"④

这种祭祀其实是一种仪式感很强的活动，蕴涵了深刻的文化功能，由于仪式的隆重性，对参与者具有较强的精神感染力，他们不一定有明显的思想自觉，但仍会在无形中受到祭祀对象的学术、思想和人格的熏染，如关于藤花馆修禊诗词的主题都是对苏东坡文化精神的强调和认同。"我从卯角知慕公，摩挲手泽荒庭中。读公文章论公世，奇气郁郁蟠心胸。河山钟毓定非偶，岂仅百代为文雄。"⑤ 这种认同和强调，可以加强参与者对祭祀对象的模仿，从而扩大自身的文化资源。同时，正由于这种活动的集体性，强化了彼此间的共同性，增强了内部成员继承和延续祭祀对象所

---

① 陈链：《西林诗钞》卷三，《毗陵六逸诗钞》本。

② 洪亮吉：《卷施阁诗集》卷一《东坡生日集翁学士方纲苏斋即送罗山人聘出都》，《洪亮吉集》，第479页。

③ 洪亮吉：《更生斋诗集》卷三，《洪亮吉集》，第1267页。

④ 金武祥：《陶庐续忆补咏》。

⑤ 张曜孙：《谨言慎好之居诗集》，清光绪三十年刻本。

代表文化精神的使命感，因此又起到了增强文人群体内部凝聚力的作用。

不管是哪一种文人集会活动，都已经成为文人日常生活中最重要的组成部分。庄蕴宽曾为庄宝澍作传，称其自二十岁入邑庠，便与薛绍元、高粹曾、庄士桢交，四人常啜茗于觅渡桥之义和轩及鼓楼左之半山亭，文酒之会无虚日。[①]今与庄宝澍日记[②]相对照，可知此言不虚，由此也可看出文人集会活动的日常性。

二、清代常州文人雅集的制度化趋向与文人群体的形成

从文人集会活动的多样性及频繁性来看，可以发现他们是要通过集会和集社的形式使文人精英之间的交往活动取得一种确定的形式，让他们的来往互动有一个稳定的"制度"作为凭借，以此保证其互动内容的进行，保证彼此之间的关系。这种活动是文人群体形成之后，意图将偶然性、个别性的交往活动，加以固定化的结果，这个发展可以说是一个形式化的过程。赵怀玉分别有《邀同人小饮启》及《同人吟社久不举叠韵促之》诗，由此可以一窥文人对于这种集会形式的重视程度，以及这种形式的"制度化"趋向：

同人吟社久不举叠韵促之

未入吟坛旷经暑，羊公之鹤愁难舞。

向之散者今渐并，譬治废田重拓圃。

---

① 庄蕴宽：《庄仲芳家传》，庄宝澍：《懒翁诗词》卷首，1934年铅印本。
②《庄宝澍日记》，《晚清常州名贤日记四种》，第218—514页。

贾余犹可张吾军，岂惜檗笺走旁午。

歌成同志况欣赏，画辨鞠甘与荙苦。

新凉风月好乘兴，咫尺近园泉石古。

如何欲战尚坚壁，连日孤负催诗雨。

长庆松陵莫笑人，愿理壶尊洁庭宇。

不然芦墅亦佳游，盍往观乎具籝櫓。①

邀同人小饮启

人怜久病，花怅将离。千金在橐，方闻陆生之归（刘卣于新自
粤东回）；一行赴官，又见安石之出（庄葆琛将谒选）。将迎之际，
能无慨乎？顷者瓮余藏醪，园有新笋，爰谋小集，以宣积怀。佛当
浴后，敬诹十日为期；仙附饮中，适成八人之数。②

这种社交活动的形式化，一方面可以说是社交活动高度发展的结
果，另一方面，也使得社交活动进一步发展，成为一种可以帮助成员取
得社会资源，又可以将成员规范化的社会制度。一个人要成为文人，必
须认同这种社会制度，进入交往圈。一旦进入交往圈，他们就可以获得
更多的社会资源以及扩大自己文化资源的机会，这也是这种文人集会存
在的原因所在。文人雅集的制度化趋向还表现在以下几个方面。

1. 新成员引入机制

文人群体也可以视为一个由文人组成的社会集体，这个集体同样再
生产出属于本集体所有的公共资本，同样有一整套规则规范其成员之间
的互动关系以及行动者对共享资源的获取与使用，正是这些规则为成员

---

① 赵怀玉：《亦有生斋集》诗卷八。
② 赵怀玉：《亦有生斋集》文卷十。

确立了义务与报酬。比如说，集体中的领袖成员会通过提拔进入本群体的新成员或者弱势成员来获得名声之类的社会资本，同时也提高群体的声望，促进群体内部的团结和群体公共资本的积累。新成员则依赖这个集体来获取各种资本，以扩大其文化资源。在某一类社会集体中，生存和延续是由于财富的积累，而在另外许多社会集体中，生存和延续则来源于内部的团结和共识的确立。对后来者的赏识与提拔是文人精英这一社会集体保持其活力，获得延续的重要策略。

毗陵七子便正是通过文人雅集进入了这一集体之后，才获得了在集体中占据领导地位的文化领袖的赏识，随即开始获得其重要的文化资源。当时在常州文人圈占据领袖地位的是钱维城和蒋和宁，毗陵七子大多都曾得到此二人的赏识和提拔。钱维城便影响毗陵七子至巨："今毗陵钱文敏公以沉宏博丽之才，提倡后学，一时异才辈出，指不胜屈，而七子为最著。"[1]洪亮吉等人也均以师长视之，洪亮吉便承认"余为文敏门下门生"[2]，多次提及钱维城对他的提拔："余幼时谒萧山公（引者按：即钱人麟），即蒙奖识，及长，受尚书之知，又与大令及伯垌兄弟并称莫逆。"[3]"尚书钱文敏公见予所制乐府百首及游山诗，奇赏之，适以事归，遂徒步访焉"，"文敏公常以识余不早为恨，临没犹为公子中铣、中钰言之，并属订交加礼焉"。[4]如果说钱维城远在京城，其影响主要还是在精神和诗艺上的话，蒋和宁对毗陵七子的赏识更是实际行动上的不遗余力。孙星衍年谱中便载有"同里蒋侍御和宁知君才，索诗观

---

① 徐书受：《教经堂诗集》卷首毕沅序，清嘉庆四年刻本。
② 洪亮吉：《卷施阁诗集》卷八《跋英文肃相国所藏钱文敏咏物诗卷子后》，《洪亮吉集》，第607页。
③ 洪亮吉：《卷施阁诗集》卷十七《酬钱上舍丙曜》，《洪亮吉集》，第841页。
④ 洪亮吉：《卷施阁文乙集》卷二《伤知己赋》，《洪亮吉集》，第289、291页。

之，大加赏异"。①洪亮吉对蒋和宁奖励后进的历程作了详细的记述：

> 侍御舅氏生平奖假后进，壬午癸未奉讳居里日，尤留意里中人才。时余甫成童，尚未为先生所知。一日先生谒外王母于南楼，大令、检讨二舅氏并在侧，先生忽语曰：里中今有五隽才，二弟欲知之乎？盖指管庶常干珍、刘庶常种之、钱孝廉维乔、庄明经祈、吕上舍岳自也。五人者惟上舍老而不遇，其四人者则皆科名仕宦有声，余时闻而慕之，后皆及与订交。继先生又拔二人于童子军中，曰史文学次星、董太守思骊，才亦可亚五人。后五六年中，先生始极赏余及黄二尹景仁、孙兵备星衍，云此三人者才复在五人上矣。②

蒋和宁所提拔者远远不止这些，赵怀玉便曾回忆："时侍御蒋用安先生和宁罢官里居，好奖人才，余与史右张次星、董蕙畴思骊、洪华峰莲（引者按：即亮吉）俱有国士之目。"③蒋和宁是杨伦的从外祖，杨伦"九岁能诗文，为祖舅蒋君和宁所器"④，蒋和宁对杨伦的指点教导在后者《哭蒋定安舅氏》一诗中有具体的描述："忆昨初见君，文章许阿士。下交折辈行，朋旧少与比。家居颇附近，相隔仅尺咫。踏月时叩门，闻我辄倒屣。新诗互评骘，丹黄杂案几。"⑤即便是小一辈的陆继辂也曾受到蒋和宁的指点："用安先生尤爱继辂，八九岁时尝命作文，王赞齐桓晋文谲正论，大被赏誉，今日思之，殆如隔世。"⑥

---

① 张绍南：《孙渊如先生年谱》。
② 洪亮吉：《外家纪闻》，《古今说部丛书》影印本第五集，上海文艺出版社，1991年。
③ 赵怀玉：《收庵居士自叙年谱略》，《北京图书馆藏珍本年谱丛刊》117册，北京图书馆出版社，1999年。
④ 赵怀玉：《亦有生斋集》文卷十八《广西荔浦县知县杨君墓志铭》。
⑤ 杨伦：《九柏山房诗》卷一。
⑥ 陆继辂：《合肥学舍札记》卷一《及见老辈》，清道光十六年刊本。

2. 学术交流机制

清代江南正是才士辈出之地，常州更是其中的典型，特别是乾嘉之时，常州学派、常州诗派、常州词派、阳湖文派等学术流派辈出，而其中的核心成员，生而同里，长而同乡，不仅有着血缘、师承、嫡亲关系，更通过这种制度化的文人雅集，使得这些具有相似或相近人生价值和学术取向的文人走到一起，交契愈加笃厚，学术上相互传衍，思想上息息相通，由此"毗陵七子""毗陵后七子""爱日草堂诸子"等著名的文人群体不断产生、发展，也使得区域文化得到了繁荣和发展。如本文开头所言的爱日草堂诸子便是其中的代表。陆继辂在为其母编纂的年谱中回忆，乾隆五十四年（1789），陆继辂十八岁，家计日益困乏，不能延师家塾，陆母林夫人命继辂就读从舅庄绳祖家，问学于庄宇逵，同学为洪饴孙、董恒善、董敏善、谢兰。是年继辂始与陆耀遹、恽秉怡、孙让、张惠言、张琦、庄曾仪、丁履恒、李兆洛、周仪晫、宜兴吴德旋、江阴祝百十、百五、无锡薛玉堂定交。①陆继辂又作《百衲琴谱序》叙其与诸人交往过程：

　　余与丙季（百五）定交在乾隆己酉之岁，丙子兄子常（百十）年二十有七，最长，次张宛邻（琦）、次吴仲甫（廷岳）、次丙季、次庄传永（曾仪）、次丁若士（履恒）、次余及余从子劼文（陆耀遹）。尔时识疏而志大，挟其一隅之见，几以为天下士尽于此矣。久之，子常女兄之婿薛画水（玉堂）自无锡，宛邻之兄皋文（惠言）暨皋文之友恽子居（敬）归自都下，而李申耆（兆洛）、吴仲伦（德旋）最后至，此十数人者，其所处期待与所相勖勉，岂尝沾

──────────
① 陆继辂：《崇百药斋文集》卷二〇《先太孺人年谱》，清嘉庆二十五年刊本。

沽求以文辞自见哉！①

这些人正是通过定期不定期的聚会，互相劝善规过，切磋学问，促进了各自学术的发展。在学术交流中，他们又能做到既坚持自我，又互相尊重，相互取长补短。刘逢禄著名的《岁暮怀人诗小序》便是广为流传的佳话，成为常州学者互相切磋的真实写照："敦行孝友，厉志贞白，吾不如庄传永；思通造化，学究皇坟，吾不如庄珍艺；精研《易》《礼》，时雨润物，吾不如张皋文；文采斐然，左宜右有，吾不如孙渊如；议论激扬，聪敏特达，吾不如恽子居；博综今古，若无若虚，吾不如李申耆；与物无忤，泛应曲当，吾不如陆邵闻；学有矩矱，词动魂魄，吾不如董晋卿；数穷天地，进未见止，吾不如董方立；心通仓籀，笔勒金石，吾不如吴山子。"②在交流中，他们也强调"和而不同"，不囿于乡曲之私。所以赵怀玉便称："学问之道，苟可自信，虽父子君臣不妨异趣。余故辑而录之，俾人知吾里经术之盛，不为苟同，以求其是非，务申己说已也。"③正是这些学者不为苟同，互相求同存异，争论切磋，才使得本地学术文化不断深入发展。

3. 文化资源展示机制

此外，文人集会类似于一种布迪厄所言的"显摆"（La montre）④，或者是人类学所言的"夸富宴"，即通过一种公共的方式来显示自己，让人承认其所拥有的权力。和一般的显摆主要形式是物质财富的示范性大量耗费不同，文人的显摆是文化资源的展示。但两者都是一种象征资

---

① 陆继辂：《崇百药斋续集》卷三。
② 刘逢禄：《刘礼部集》卷一〇，《续修四库全书》集部1501册，上海古籍出版社，2001年。
③ 赵怀玉：《亦有生斋集》文卷二《论语束修说序》。
④ ［法］布迪厄著，蒋梓骅译：《实践感》，译林出版社，2003年，第210页。

本的积累过程，以获得普通人的仰视和服从。前述南华九老会便是一个典型的"显摆"仪式，是庄氏家族超人一等的文化资本、经济资本和社会资本的展现，而且这种"显摆"和物质财富的耗费相比，不但更为经济，更具有排他性的独一无二效果。一个家族能够同时产生很多的官员，且都能活到六十岁以上，这样的概率在任何时代都接近于零。正如当时人所言，"以香山九老、洛下耆英之盛而萃之一门，古今所未之闻"[1]；"伊古迄今，公卿大夫士类多有尊崇名位，娱乐老寿，联社燕衍，朝野称荣，然而人不一姓，居不一乡，规之庄氏未极盛轨"[2]。除了南华九老会之外，家族内部的结社在常州还有很多，如由著名的张门才女组成的棣华馆诗课以及钱氏家族的"鸣秋合籁"[3]，主要成员有钱维城、钱维乔、钱中铣、崔龙见、庄炘、管世铭数人。

> 钱文敏以诗画名，女浣青得其口授。京师休沐之所曰绿云书屋，昔海宁陈文宁居此，王横云尚书所署。其东有簃焉，曰古青斋，文敏拜御赐之诗而名之也。庄虚庵为文敏甥，管韫山尊人与文敏有连，皆尝馆邸第。文敏弟竹初偕犹子味菽数省视文敏，文敏为浣青相攸，得永济崔曼亭，虚庵之姑子也。既就婚，文敏留不遣去。此五人者相得甚欢。或斗险韵，策旧事为笑乐。庭有老桑，近百余年物，绿阴荫蔚一亩，视其景移屋角，则文敏退朝竟就质疑，及举所得请甲乙以为常。曼亭名龙见，侨寓阳湖，浣青名孟钿，唱随风雅，曼亭著述无多，有词一首附浣青集中。三子幼而能诗，竹初题词有"郎种甘棠儿视草，修来福命胜梅花"之句。……复有浣

---

① 《南华九老会唱和诗谱》卷首吴大潋叙。
② 《南华九老会唱和诗谱》卷首左辅叙。
③ 钱维乔辑：《鸣秋合籁》，清乾隆五十年刻本。

青从母之子杨与岑及曼亭子云客。①

这种展示，不仅提高了参与者的象征资本，更提高了整个家族的象征资本，令家族中所有成员都从中受益。

4. 开放机制

关于文人集会的另一个要讨论的便是其封闭性和开放性的问题。正如王鸿泰先生所指出的，社是一种同好性的组织，其组成的基本出发点是结合同好。有些本来就认识的同好为密切交流而集结成社。除了这种封闭性的社之外，更多的社是为了交结同好，所以社主要不是为了建立一个封闭性的人际网，而是要借社以扩张其人际网络。也就是说，社是一种形式化的社交机制，使得社交活动制度化，透过这个制度，不特定性对象的人可以建立确定的人际关系。②因此，社是开放的，也是可以延展的。由于文人精英的活动范围不可能局限于本地，出游是他们常见的活动方式，因此他们的交往圈可以随着活动范围的扩大而不断扩展。常州学者如洪亮吉、孙星衍、张惠言、臧庸日后的考据学转型也是与当时整个江南地区的考据风盛行有关，也与他们和更广范围内的文人交往，参与了规模更大的雅集有关。如经学家臧庸便因参与了苏州吴派汉学家如顾广圻、瞿中溶、钮树玉为主导的渔隐小圃雅集，由此进入了吴派汉学家的核心圈。

昔顾子明吴门还，告余有其宗千里（广圻）者，高明绩学士也，恨勿能见。后钮君匪石（树玉）过尚志斋，子明招余订交焉。

① 杨钟羲：《雪桥诗话续集》卷五，北京古籍出版社，1991年，第341—342页。
② 王鸿泰：《流动与互动：由明清间城市生活的特性探测公众场域的开展》，台湾大学历史研究所1998年博士学位论文，第201页。

袁又恺（廷梼）向与吾师抱经为姻好，亡友王西林介为寓主人，遂得与匪石、千里往还，以求从事于实学，乃渐与镜涛（瞿中溶）、玉衡（费士玑）、尚之（李锐）交。丁巳冬，镛堂过吴门，又恺招钮、顾诸君会饮渔隐小圃，而属为记，余鹿鹿未有以报命。兹游粤东，又恺五千里外贻书促之，不敢以不文辞，于归途清远峡舟次迢记时事焉。吴县钮匪石年三十八，隐于贾，内介而外和，敦气谊，嗜金石，邃六书之学，好为诗歌。余游楚，匪石为理料行资。吴县袁又恺年三十六，性孝友，博雅通达，深研经史小学，交游皆海内名流。自西林之卒也，与余益善。震泽费玉衡年三十四，通《易》学，宗师法，所著秘不以示人。元和顾千里年三十二，气骨崚然，所览靡不精究，余畏友也。武进臧在东年三十一，有志于学，未成。元和李尚之年三十未，精步算，阐悉微奥，识者以为梅定九复出。余于数不能通九九，无由问津。嘉定瞿镜涛年二十九，从其外舅竹汀先生游，日久所业日进。余昔之楚，镜涛赠诗六章以壮其行，后以校勘石经《仪礼》寄示，皆深思好学士也。又恺以杯酒间集天下贤豪，较古人刘伶辈七友有过之无不及，后世当有能辨之者。愿真诚相与，坦率以待，为心交，勿为面交，过相规而善相劝，砥厉廉隅，切磋问学。毋怀才以相嫉，毋循利而忘义，出则有济当时，处则有益后世。庶君子之交久而有成，上不愧古人，次亦无负我，又岂一旦会饮之胜举乎？时嘉庆二年冬十月二十有三日，同饮者为金坛段若膺（玉裁）明府。[①]

又如乾隆四十九年（1784），二十三岁的张惠言结识时任常州知

① 臧庸：《拜经堂文集》卷四《渔隐小圃文饮记》，《续修四库全书》集部1491册，上海古籍出版社，2001年。

府金云槐。张曜孙曾回忆，金云槐奇其文，"其弟奉直君杲延归，课其子，歙之从学者日众，乃并延府君（引者按：即惠言弟张琦），令弟子分受业焉"。①张惠言在岩镇居住了近三年时间，此后又多次前往歙县，前后七八年时间，在歙县问经学于金云槐弟弟金榜，并参加了著名的鄂不草堂集会，结识桐城派文学家王灼。

> 岩镇市之南，旧有园曰"先春"。地平衍，小不能三亩，台榭之饰甚俭，池石花树独奇。其外平畴长林，带以崇山，云物之态，四望交属，岩镇之为园者莫及焉。乾隆乙巳，余客岩镇，时园荒无人，尝以岁除之日，与桐城王悔生披篱而入，对语竟日。朔风怒号，树木叫啸，败叶荒草堆积庭下。时有行客窥门而视，相与怪骇，不知吾两人为何如人也。壁间有旧题，则金君文舫及其伯筠庄、季星岩联句诗，盖五六年前游咏之盛，犹可想见。而其时筠庄官京师，文舫、星岩侍观察公于吾郡，皆不得相见。读其诗，俯仰今昔，又为之慷慨。明年，余与悔生皆去岩镇。又十年，余复来，则园已为文舫所有，益治其倾圮，位置其树石，增以迤廊曲房，高楼修除，山若耸而高，水若浏而深，花木鱼鸟，皆若相得而欣。既乃易其名曰"鄂不草堂"，志昔游也。于是筠庄宦河东，文舫则与星岩昕夕歌啸其中，燕饮属客，余时时在坐。而是岁十月，王悔生适至，信宿草堂乃去。当君兄弟昔日咏觞之时，岂意十五六年之后来为斯园主人？②

---

① 张曜孙：《先府君行述》，张琦：《宛邻集》卷末，《续修四库全书》集部1486册，上海古籍出版社，2001年。
② 张惠言：《茗柯文》二编卷下《鄂不草堂图记》，上海古籍出版社，1984年，第74—75页。

　　这段在徽州参加文人雅集的经历对其学术生涯产生了深远的影响，直接促成了张惠言日后在经学和文学上的成就。他自己曾经回忆："余少学为时文……余友王悔生，见余《黄山赋》而善之，劝余为古文，语余以所受其师刘海峰者。为之一二年，稍稍得规矩。已而思古之以文传者，虽于圣人有合有否，要就其所得……操其一以应于世而不穷，故其言必曰'道'。道成而所得之浅深醇杂见乎其文，无其道而有其文者，则未有也。故乃退而考之于经，求天地阴阳消息于《易》虞氏，求古先圣王礼乐制度于《礼》郑氏，庶窥微言奥义，以究本原。"①常州学者也通过参与外地的雅集，将常州学术的影响逐渐推向全国。如乾嘉学术领袖朱筠、朱珪年方弱冠，声誉初起，常州在京城的学者官员庄存与、刘纶、程景伊、钱维城、庄培因等专门设筵招待兄弟两人面试，翌日还登门造访，使得朱氏兄弟在京师一举成名，也由此展开了常州学者与朱氏兄弟延续数十年的不解之缘。②即便在本地，由于城市位于交通要道、商业发达、人口流动性高，其社交场域也随之增大，社交圈不可能只局限于本地人的参与，如前文所述常熟钱陆灿对常州文人雅集的推动便是代表。此外如邵齐焘、卢文弨等在常掌教书院时都是本地文会的主要参与者，钱陆灿的诗、邵齐焘的骈文、卢文弨的汉学便由此在常州产生了深远的影响。正是通过这一机制，方才使得本地的学术文化避免了画地为牢、作茧自缚的弊端，可以在一种开放的文化氛围之中兼收并蓄，吐纳百川，锐意求变，这正是清代江南文化繁荣带给我们的启迪。

　　但同时我们也要指出，文人精英的交往圈仍是以本地为中心，甚至

---

① 张惠言：《茗柯文》三编《文稿自序》，第117—118页。关于常州与徽州学术的互动，参见拙文《清代地域学术的互动：以常州与徽州的学术交流为例》，《安徽大学学报》（哲学社会科学版）2018年第3期。

② 罗继祖：《朱笥河先生年谱》，《北京图书馆藏珍本年谱丛刊》106册，北京图书馆出版社，1999年。

以家族为中心的，前述南华九老会便是代表。从前引《壬辰春试记》也可知，恽毓德在京城的41次文人聚会活动，完全与同乡、亲属无关的只有12次，占了三分之一不到。也就是说即使一个人离开家乡，他的交友活动圈有了相应的扩大，但与同乡、亲属之间的交往仍是他社交活动的主要内容。这一状况即使到了晚清文人聚集方式发生变化的上海，依旧没有改变。如根据1907年蒋维乔日记，其社会交际圈基本上仍是由同乡、同事、同学组成，而同乡在这当中占了相当大的比重，常州府人占了总数的近70%[①]，其人际关系依然没有突破血缘和地缘的限制。

余　　语

以文会友是每个文人的心愿，文人精英需要获得认同，他们在彼此的互动中寻找身份的认同和感情的交流，文人雅集提供了文化资源，促进了文人群体的形成。清代江南学术的繁荣与兴盛的文人雅集密切相关，互为因果。今天，虽然昔日的亭池园林有的只留存于书本之中，但文人学士"流杯宴集，挥毫作赋"的盛景却已深深地铭刻在所有走过这里的人的记忆之中。

---

① 蒋维乔：《蒋维乔日记》第2册，中华书局，2014年。

《耆年禊集诗》与康熙中期
江南文人的诗文雅集

李春博

（复旦大学历史学系）

摘要： 康熙三十二年（1693）八月，松江乡绅、原户部尚书王日藻在秦望山庄举办耆年会，参加者包括昆山徐乾学、盛符升与华亭许缵曾，诸人先后在许缵曾宅、王顼龄宜园、王日藻秦望山庄、王鸿绪横云山庄聚会，王日藻将此次聚会前后唱和诗文结集编为《耆年禊集诗》。本文通过《耆年禊集诗》考察此次诗文雅集的情况，结合当时朝廷党争的时代政治背景，展示出康熙中期江南文人的社会生活状况及其交流互动，同时考察分析《耆年禊集诗》的版本情况和文献价值。

关键词：《耆年禊集诗》 王日藻 文人雅集

康熙三十二年（1693）八月，松江乡绅、原户部尚书王日藻仿香山洛社故事，邀请昆山徐乾学、盛符升与华亭许缵曾，在秦望山庄举办耆年会。诸人先后在许缵曾宅、王顼龄宜园、王日藻秦望山庄、王鸿绪横云山庄聚会，聚会前后各有诗文唱和。王日藻将诸人所作诗文结集，又广邀江南文人作诗唱和，最终编为《耆年禊集诗》刊刻行世。《耆年谦集诗》反映了此次诗文雅集的情况，结合清初的社会历史背景对该诗集进行考察，有助于我们了解康熙中期江南文人的社会生活状况，可以加深我们对当时松江文人之间交流互动的认识。《耆年谦集诗》仅在上海图书馆有馆藏，除了延经苹利用该书介绍许缵曾晚年交游之外①，目前尚未见到学界对该书及此次聚会活动进行专门考察，笔者拟结合相关清人文集、上海地方文献，在整理诗集编纂者王日藻生平事迹的基础上，考察这次耆年会举办的背景情况和前后经过，介绍《耆年谦集诗》的版本情况及其文献价值。

一、王日藻举办耆年谦集的背景

王日藻，字印周，号却非，江南华亭人。顺治五年（1648）乡试中举，十二年成进士，授工部主事，出掌江宁芦政，报最迁员外郎，升郎中，出为河南提学佥事，擢参议。康熙十五年（1676），以布政司参政管河道。十八年五月，由河南管河道迁浙江按察使。十九年五月，迁江西布政使。二十一年二月晋副都御史，任河南巡抚。二十五年七月，升刑部右侍郎，十月调户部右侍郎。二十六年二月升工部尚书，九月转户部尚书，充纂修《赋役全书》总裁，以事落职。三十八年康熙帝南巡，召见劳问，赐御书，褒赏有加。随后不久以永定河工起用，卒于工所，诏复原秩。②

---

① 延经苹：《清初天主教文人许缵曾研究》，上海师范大学2009年硕士学位论文。
② 乾隆《娄县志》卷二五，《中国地方志集成》上海府县志辑5，上海书店出版社，2010年，第269页。参考《东华录》及徐乾学《诰赠一品夫人王母徐氏墓志铭》，《憺园文集》卷三〇，《续修四库全书》1412册，上海古籍出版社，2001年，第695—696页。

由上述履历可知，王日藻是在户部尚书任上罢官回乡的，地方传记资料均称之"以事落职"，究竟是什么原因则含糊带过。据《东华录》，王日藻于康熙二十七年（1688）正月，曾议靳辅奏请屯田一事有累于民，请行停止。至高家堰外再筑一堤，应如靳辅所请。其后未见其在朝廷活动之记载，《清代职官年表》言其于十二月十三日省假。十二月十九日徐元文继任户部尚书之职位。据徐珂《嘉定浮赋三大狱》所言，王日藻则又因为与嘉定私派案有关而罢官。事实上当时朝廷中由于党争，围绕治河问题发生了激烈争论，而嘉定私派案亦是在党争背景下发生的，故王日藻的罢官，与康熙中期的朝廷党争密不可分。

王日藻回乡之后，筑秦望山庄家居，其地在今金山县张堰西。关于秦望山庄的地理位置与构筑情况，康熙后期文人高不骞曾作诗咏颂，其云："计相乞归后，结庐能远嚣。秦山正当户，黄浦曲通潮。草树人频讶，岩潭景自超。蓝田别墅外，胜绝到今朝。"①反映出秦望山庄的山水风景成了当地风景名胜。

康熙三十二年（1693）中秋，王日藻在秦望山庄举办耆年会，邀请昆山徐乾学、盛符升前来聚会。徐乾学，字原一，号健庵，康熙九年探花，历官翰林院编修、内阁学士、礼部侍郎、都察院左都御史等职，官至刑部尚书，后在朝廷党争中失势，康熙二十九年被迫以原官休致还乡。徐乾学效仿司马光居家编著《资治通鉴》之事，请求在昆山继续编纂《大清一统志》和《资治通鉴后编》，得到了康熙帝的批准。但其回到昆山后屡遭政敌打击，次年即被革去职务，书局亦被裁撤，且因党争引起的嘉定私派案牵连，其子徐树敏锒铛入狱，面临死刑处决，此外还屡遭昆山民众的控告，一时声名狼藉，惶惶然不可终日。徐乾学本为王

---

① 嘉庆《松江府志》卷七七，《中国地方志集成》上海府县志辑2，上海书店出版社，2010年，第769页。

鸿绪的座师，但由于政治利益的冲突，二人成为政敌，相互弹劾，双双休致归乡之后仍不罢休，在嘉定私派案中均欲置对方于死地，闹得不可开交。最终还是康熙帝为了避免朝廷党争影响统治的稳定，对王鸿绪、徐树敏以及涉案诸人予以赦免，要求内外官员不得彼此倾轧、党同伐异、牵连报复，使得当时的激烈党争得以平息。由于深知康熙帝对党争深恶痛绝，徐乾学力图通过游山玩水、诗文唱和展示自己与世无争、安度晚年的形象，希望以此改变康熙帝对自己的态度。故王日藻此时举办耆年会，对于徐乾学而言是求之不得，他在唱和诗中称自己得到举办耆年会的书信后"开缄心涌跃"，因而"急装赴高会"①，反映出他急于前往赴会的迫切心情。

王日藻与徐乾学关系密切，徐乾学为王日藻之母所撰墓志铭中称："孙三人，于桓，日藻出，由贡生候补主事，余女夫也。"②由此可知二人系儿女亲家，此外徐乾学还为自己的长孙徐德淑向王日藻的孙女求亲③，意图结成婚姻世家。在嘉定私派案中，王日藻也受到牵连，仕途因而终结，他同样需要通过举办耆年会改变自己在地方人士心目中的形象。故举办耆年会，对于二人来说有着共同的政治利益。

此次耆年会的另一位倡举者许缵曾，字孝修，号鹤沙，华亭人，顺治六年（1649）进士，由庶吉士迁中允，历官江西驿站道副使、河南按察使、云南按察使，乞终养归，著有《宝纶堂集》。许缵曾幼时曾受洗入天主教，生长于天主教世家，一生建堂宣教，积极传播天主教，

① 徐乾学：《十五日饮山庄》，收入王日藻编：《耆年谦集诗》，上海图书馆藏清康熙三十二年刻本。另收入徐乾学《憺园文集》卷九，第435页。
② 徐乾学：《诰赠一品夫人王母徐氏墓志铭》，《憺园文集》卷三〇，第696页。
③ 钮琇：《为徐司寇答王中丞婚启》，《临野堂文集》卷二，《四库全书存目丛书》集部245册，齐鲁书社，1997年，第12页。

立育婴堂，多行善举。①王日藻与许缵曾同样关系密切，他在为许缵曾《宝纶堂集》所作序中称："余与公居同里，榜同年，仕同途。"文末署名为"云间年姻弟王日藻顿首"，这是因为许缵曾之子许坒娶王日藻之女为妻，二人同样有着姻亲关系。②

受邀前来参加耆年会的盛符升，与徐乾学同为昆山人，字珍示，号诚斋，明末参与张溥、夏允彝等人组织的复社活动。清康熙三年（1664）进士，授内阁中书，历官礼部主事、广西道御史，同样因朝廷党争罢官归乡。③盛符升早年即与徐乾学多有交往，二人归乡后关系更是密切，故此时一同受到王日藻和许缵曾的邀请。

王日藻举办耆年会还有一个目的，那就是借机修复徐乾学与王鸿绪之间的紧张关系。王鸿绪，初名度心，字季友，号俨斋，别号横云山人，江南华亭人。康熙十二年（1673）榜眼，授编修，历官翰林院侍讲、内阁学士、户部右侍郎、左都御史，二十八年由于同徐乾学之间的党争而被弹劾植党营私，被迫休致回乡。康熙二十九年受到嘉定私派案的牵连，曾前往南京对簿公堂，后经康熙帝特赦而免于无罪。王鸿绪与徐乾学之间的激烈党争引起的彼此攻击使得康熙帝极其震怒，他甚至要将二人发往奉天安插，因官员劝谏方才作罢。④在这种情况下，若能修复王鸿绪和徐乾学之间的关系，王鸿绪无疑也是乐于接受的。王日藻与王鸿绪同乡、同姓，之前又同在朝廷中为官，按辈分王日藻比王鸿绪高

---

① 嘉庆《松江府志》卷五六《许缵曾传》，第311页。另参延经苹：《清初天主教文人许缵曾研究》。

② 许缵曾：《宝纶堂集》卷首王日藻序，《四库全书存目丛书》集部218册，齐鲁书社，1997年，第445—第447页。参见延经苹：《清初天主教文人许缵曾研究》，第45页。

③ 王先谦：《东华录》康熙二十八年十月癸酉条，上海古籍出版社，2007年，第2册，第233页。

④ 《康熙朝起居注》三十一年三月壬申（二十三日）条，癸酉（二十四日）条，联经出版事业股份有限公司，2009年，第T01315页、T01331—T01332页。

一辈，王鸿绪称其为"家司农叔"，故王日藻作为居中调停人的身份还是非常合适的。

二、耆年会的举办经过

康熙三十二年的耆年会倡举者是王日藻与许缵曾，地点在王日藻的秦望山庄，耆年会的名字，源自北宋元丰五年（1082）文彦博、司马光等人在洛阳举行的耆英会。洛阳耆英会参加者共有十三人，大多在七十岁以上，司马光时年六十四岁，亦前往参加。发起者文彦博当时留守西京，"慕唐白乐天九老会，于是悉聚洛中士大夫贤而老自逸者，于韩公第置酒相乐……各赋诗一首，时人呼之曰洛阳耆英会"。①因为以韩国公致仕，故富弼被称作韩公，那次聚会是在富弼家中举行的。其中提到"白乐天九老会"，那是唐代诗人白居易晚年在洛阳香山寺举办的聚会，白居易有诗记此盛会，诗中言"七人五百七十岁，拖紫纡朱垂白须"，又言"人数多于四皓图""人间此会更应无"，他将参加聚会者与西汉初年的商山四皓相比拟，诗后列举参加者致仕时官职、籍贯、姓名与年龄，最后一位即是白居易本人："刑部尚书致仕太原白居易，年七十四。"②该年夏天白居易再次举办聚会，人数增加为九人，此次聚会画《九老图》，白居易作有《九老图诗序》记此事。③而徐乾学同样以刑部尚书致仕，又仿照司马光居家修书，均与上述历史典故契合，故此

① 王辟之：《渑水燕谈录》卷四，中华书局，1981年，第49页。
② 白居易：《胡吉郑刘卢张等六贤皆多年寿，予亦次焉，偶于弊居合成尚齿之会，七老相顾既醉，甚欢，静而思之，此会稀有，因成七言六韵以纪之传好事者》，谢思炜：《白居易诗集校注》卷三七，中华书局，2006年，第2805页。
③ 姚利芬：《白居易与香山九老会》，《文史天地》2013年第4期。

次耆年会诸人所作诗多次提及香山诗会和洛阳耆英会。

耆年会举办的经过，诸人诗作均有提及，徐乾学所记最为详细。接到许缵曾与王日藻耆年会的邀请后，徐乾学有诗《癸酉八月许鹤沙王却非招往秦望山庄为耆年会赋谢》，其中有言："穷巷久无人迹到，仙家新有鹤书来。"表明当时徐乾学由于党争中受到打击而门可罗雀，故对能够前往参加耆年会感到非常高兴。又有诗《发舟二首》，其中云："舴艋乘潮白苎城，似邀明月送吾行。月明放棹潮初减，月落停桡潮已盈。"从诗中看似乎是夜间乘舟前去的。之后有诗《十二日抵云间盛诚斋先至共饮鹤沙宅》，可知十二日徐乾学抵达松江府城许缵曾家中，而盛符升已经先期到达。徐乾学又有诗《俨斋招饮贤兄瑁湖宜园时瑁湖在江上》，表明王鸿绪已经得到徐、盛二人到达松江府城的消息，因而邀请二人及许缵曾一同前往其兄王顼龄家中宜园相会，当时王顼龄恰好前往南京，不在家中。王顼龄有诗《中秋司寇徐健庵先生廉访许鹤沙先生盛诚斋侍御枉驾小园时客白下有失祗迎赋此志谢》。[①]王鸿绪亦有诗《秋日奉邀徐座主大司寇盛诚斋侍御许丈观察饮伯氏园亭时伯氏在江上》。诗中言："经年未得依函丈，喜沐光风笑语新。"颇有相对一笑泯恩仇之感。[②]由此可知八月十二日徐乾学、盛符升二人先在许缵曾家中聚饮，之后又接受王鸿绪邀请前往其兄王顼龄家中相会。

八月十三日，徐乾学、盛符升再次在许缵曾家中饮酒，徐乾学有诗《十三日鹤沙招饮园中》。随后许缵曾首先前往秦望山庄，与王日藻一同准备第二天的耆年会，许缵曾所作诗《奉和秦望山庄耆年谶集诗原韵

① 王日藻编：《耆年谶集诗》。另参王顼龄：《世恩堂诗集》卷一〇，《四库全书存目丛书补编》5册，齐鲁书社，2001年，第106页，诗题略有不同。
② 王鸿绪：《横云山人集》卷一四，《续修四库全书》1417册，上海古籍出版社，2001年，第49页。

十首》第二首记载此事，诗题为《十三日司农订余先过山庄》。①

八月十四日，徐乾学与盛符升一同前往秦望山庄，许缵曾所作耆年谦集诗第三首《十四日健庵司寇诚斋侍御偕至秦望》记载此事。徐乾学有诗《十四日秦望山庄为耆年之会各赋七言六韵》，表明耆年会这一天正式开始。当时还向王鸿绪发出了邀请，王鸿绪作诗《秦望山庄谦集因检校横云不及赴赋此志谢兼订游山中》，表明自己要打扫整理横云山庄以接待徐乾学等人前来游山，故而无法前往参加耆年会。

八月十五日许缵曾所作耆年谦集诗第四首《十五日举耆年谦集》，诗中言"登临犹见晚山青，薄暮殷雷雨未停"，表明当晚曾下雨。徐乾学有诗《十五日饮山庄》，诗中称："独居寡欢爱，多难积悲戚。感尔惠芳讯，结言慰离析。"叙述其当时在政治上遭受打击的悲戚心情，反衬其受到耆年会邀请的感激之情。"四老比商皓，衔恩并奋激"，将自己四人比作商山四皓，同时感谢康熙帝对自己的宽恕。"胜事足绘图，千秋播芳迹"，则是叙述此次耆年盛会应当绘图作为纪念，可以作为胜事流芳后世。

八月十六日王日藻送徐乾学、盛符升、许缵曾至松江府城，在许缵曾家中聚饮。

八月十七日王鸿绪邀请诸人前来横云山庄相聚，徐乾学有诗《俨斋招饮横云同却非鹤沙诚斋令兄子武即事》。②王鸿绪有诗《中秋后二日奉邀徐座主、许廉访、盛侍御、家司农叔游横云山，恭酬徐座主作》，许缵曾所作耆年谦集诗第五首为《十七日银台总宪邀游横云谦集》，记载横云山庄之游。

八月十八日耆年会结束。许缵曾所作耆年谦集诗第十首为《十八日话别有上巳之订》，诗中言"河干话别更谆谆，此后招寻待暮春"，表

---

① 王日藻编：《耆年谦集诗》。参见许缵曾：《宝纶堂集》卷三，第529页。
② 以上徐乾学诸诗见于《憺园文集》卷九，第434—436页。

明徐、盛二人乘舟返回昆山，并约定来年上巳再次举办耆年会。

盛符升有诗《秦望山庄赋赠王司农却非先生》，其中称"辋川佳地留诗卷"。又有诗《秦山留别二十韵》，其中有言："此日忝嘉招，来赴香山社。香山在何许，杳霭秦峰下。"以此赞扬秦望山庄风景之佳，将此次耆年会比作白居易当年举办的香山九老会。盛符升还有诗《游横云山因过天马入神山塘至凤凰北麓遂极九峰之胜》，描写游览松郡九峰胜景的情况。[①]

这次耆年会除了吟诗唱和外，还专门绘图留念，可惜的是该幅图画如今已经不知所终。许缵曾所作耆年禊集诗第八首题为《绘图》，其中言："何处丹青顾虎头，麟图幻出五湖舟。会昌眉宇传名笔，兰渚衣冠纪胜游。"将其与白居易在唐会昌年间的《九老图》相提并论。他还在《癸酉中秋秦望山庄为耆年之会仿香山诗意各赋七言六韵》诗中称："四人二百八十岁，耆旧风姿入画图。"王鸿绪《中秋后二日奉邀徐座主、许廉访、盛侍御、家司农叔游横云山，恭酬徐座主作》中称："纷纷图画貌三君，济济衣冠惊四皓。"其中提到画图之事，同样将四人比作商山四皓。至于图画的作者，王日藻《耆年禊集十咏》第七首诗中自注"仿先贤故事属何友夏绘图"，则画家名为何友夏，其生平事迹待考。

三、《耆年禊集诗》的内容及其文献价值

耆年会举办之后，除了汇集诸人所作诗文外，王日藻与许缵曾又邀请江南士绅文人为之唱和作序，最后以《耆年禊集诗》之名刊刻行世。由于文献资料的欠缺，《耆年禊集诗》刊刻情况已经很难研究清楚。其

---

① 王日藻编：《耆年禊集诗》。

编纂刊刻的时间，卷首高士奇所作《耆年谦集诗序》称，康熙三十二年（1693）十一月，许缵曾前往杭州请其为谦集诗作序。①尤侗所作序则署名"吴下七十六翁尤侗序"，尤侗生于万历四十六年（1618），至康熙三十二年，按照中国传统，虚龄恰为七十六岁。②由此可知，《耆年谦集诗》在康熙三十二年应该基本上已经编纂完成。

该书具体刊刻的时间尚不明确，笔者查阅各地图书馆所藏相关古籍目录，目前查到只有上海图书馆藏有《耆年谦集诗》二册，该馆将其定为善本，索书号分别为线善 T319704 与线善 821691，由于书籍的索书号被工作人员保管，笔者未能将两册书籍与索书号完全对应，下文暂且以字母 A 代表所收诗文多者，以字母 B 代表所收诗文相对较少者。经笔者查阅，这两册善本在检索目录中虽然书名完全相同，但 A 册装订次序略有混乱，且所收诗文比 B 册要多。值得注意的是，二书均收录了许缵曾本次耆年谦集所作诗，但 A 册收录有"附甲戌上巳遂园谦集诗"，这是康熙三十三年三月三日徐乾学等人在昆山遂园举办的第二次耆年会，这些谦集诗明显刊刻于昆山遂园耆年会之后，且在所附耆年姓氏之后有诗《初夏却非大司农惠示秦山谦集诗依韵寄酬》③，显示出直到康熙三十三年初夏，王日藻才将刊刻完成的《耆年谦集诗》寄给许缵曾。比较二册图书，B 册图书没有出现次序装订错乱的情况，从内容上来说也没有混入康熙三十三年昆山遂园谦集的诗句，称作《耆年谦集诗》更加名副其实一些。A 册多出了许缵曾昆山遂园谦集所作诗，此外还多出一些松江地方文人唱和许缵曾的作品，笔者颇疑该书为许缵曾在初刻本基础上陆续增补刊刻而成，但由于该书很可能只有这两册善本存世，无法

---

① 王日藻编：《耆年谦集诗》卷首。
② 文志华：《尤侗事迹征略》，广西师范大学2007年硕士学位论文。
③ 王日藻编：《耆年谦集诗》。

进行比对证实，目前只能存疑待考。

为了更直观地显示二册图书的异同点，现将二书所收诗文按作者次序列表如下：

作　者	A 册	B 册
以下二册同，版心均有"耆年谠集诗"几字。		
高士奇	耆年谠集诗序	
尤侗	序	
盛符升	中秋赴云间耆年会仿白香山七言六韵体	
	中秋前一日许太夫子招饮宝纶堂即事二首	
	晓渡春申浦	
	秦望山庄赋赠王司农却非先生	
	秦山留别二十韵	
	秋日游王氏宜园次王纳言薛澂韵	
	中秋后一日王宪长俨斋招游横云山赋谢	
	横云怀古	
	游横云山因过天马入神山塘至凤凰北斛遂极九峰之胜	
	次韵奉酬王学士瑁湖见赠之作	
	许太夫子以小照命题	
王日藻	耆年谠集十咏	
	耆年嘉会余率赋七律十咏深愧言不尽意徐健庵许鹤沙盛诚斋各以长篇见示再作里句奉酬	
	奉和六言原韵	

（续表）

作　者	A 册	B 册
徐乾学	许鹤沙王却非两先生招往秦望山庄为耆年之会赋谢	
	发舟	
	十二日抵云间盛诚斋先至共饮鹤沙先生宅	
	俨斋招饮贤兄瑁湖宜园时瑁湖在江上	
	十三日鹤沙招饮园中	
	十四日秦望山庄为耆年之会各赋七言六韵	
	十五日饮山庄	
	十六日却非送至郡城同饮鹤沙宅	
	俨斋招饮横云同却非鹤沙诚斋令兄子武即事赋	
许缵曾	癸酉中秋同健庵司寇却非司农诚斋侍御举耆年会于秦望山庄，兼同赴俨斋总宪横云之约漫成古风一章纪胜	
	奉和秦望山庄耆年谶集诗原韵十首	
	其二（十三日司农订余先过山庄）	
	其三（十四日健庵司寇诚斋侍御偕至秦望）	
	其四（十五日举耆年谶集）	
	其五（十七日银台总宪邀游横云谶集）	
	其六（总宪邀游宜园）	
	其七（同日荒圃小集）	

（续表）

作　　者	A 册	B 册
	其八（绘图）	
	其九（倡酬）	
	其十（十八日话别，有上巳之订）	
A 册多一页赠言，装订错误	多出半首诗：袖，宠忆纶温侍九阊。还讶风流逾白傅，画图喜对美人妆。	B 册无
A 册又多一首诗	和许廉访韵	B 册无
A 册多许缵曾康熙三十三年昆山遂园谶集诗	附甲戌上巳遂园谶集诗：时耆年十二人，共八百四十二岁即席各赋七律二首以兰亭为韵	B 册无
	柬谢健庵大司寇（再用兰字）	B 册无
	柬谢果亭宫允（再用亭字）	B 册无
	柬谢诚斋侍御（再叠兰亭韵）	B 册无
	耆年姓氏附后	B 册无
	初夏却非大司农惠示秦山谶集诗依韵寄酬	B 册无
以下二册同，版心均有"赠言"二字		
高士奇	题许鹤沙先生小照	
尤　侗	奉柬耆年谶集诗二首	
龚　嵘	奉和秦望山庄耆年谶集原韵十首	
王世纪	奉和耆年谶集诗各步原韵一首	
杨自牧	奉和耆年谶集七言六韵	
陈白汉	奉和耆年会仿香山体原韵	
吴开封	奉和耆年谶集诗	

（续表）

作　者	A 册	B 册
王顼龄	中秋司寇徐健庵先生廉访许鹤沙先生盛诚斋侍御枉驾小园时客白下有失祇迎赋此志谢	
王九龄	仲秋陪游横云	
王鸿绪	秋日奉邀大司寇徐座主廉访许鹤沙先生侍御盛诚斋饮伯氏园亭（时伯氏在江上）	
	清娱堂谦集	
	秦望山庄谦集因检校横云不及赴赋此志谢兼订游山中	
	中秋后二日奉邀徐座主许廉访盛侍御家司农叔游横云山恭酬徐座主作	
	中秋后二日奉邀徐座主许廉访盛侍御家司农叔游横云山恭酬徐座主作	
A 册多周金然	奉和许鹤沙先生秦望山庄耆年谦集六韵诗仿香山体	B 册无
A 册多张集	奉和耆年谦集原韵仿香山体	B 册无
	秦望山庄耆年谦集奉和原韵十首	B 册无
	宜园八咏次韵	B 册无
以下二册同		
朱在镐	耆英会七言六韵	
A 册无	奉和鹤沙先生耆年谦集六韵诗	B 册为孔蕙
A 册无	遥和王司农秦望山庄与许观察诸先生耆年谦集诗原韵十首	
以下二册同		
卢元昌	耆年谦集诗次韵十首	

（续表）

作　者	A 册	B 册
张彦之	奉赠耆年谶集诗（并小序）	
周　治	癸酉秋日鹤沙先生属写耆年雅集图并赋	
张李定	读耆年会诸先生名作敬赋一章咏歌盛事	
沈一梅	诸先生耆年雅会赋以纪胜	
张姬超	侍耆英会恭赋	
赵　炎	奉和耆年谶集十咏原韵	
许　坴	恭和岳父司农公耆年谶集原韵	
张霭生	恭颂耆年谶集诗二章	
岑　巇	秦山四老歌	
A 册为陈鹤翔	和盛侍御韵	B 册无
	和王大司农韵	B 册无
	和徐大司寇韵	B 册无
A 册为许钟衡	奉和秦望山庄耆年谶集原韵	B 册无
以下二册同		
蒋元烺	奉赠耆年谶集诗	
徐　颋	耆年谶集诗次韵	
吴一鹗	奉赠耆年谶集	
徐基	恭赠耆年谶集	
释元龙	奉赠耆年谶集诗	B 册终，以下 B 册无
孔　蔺	奉和鹤沙先生耆年谶集六韵诗	
	遥和王司农秦望山庄与许观察诸先生耆年谶集诗原韵十首	
张泽谦	奉赠耆年谶集诗	
蒋堂徽	奉和耆年谶集元韵四首	

（续表）

作　者	A 册	B 册
徐　熙	奉赠耆年谶集十二韵	
张姬统	耆年谶集诗仿香山体	
张　绅	奉和耆年谶集诗仿香山六韵体	
高　朗	奉和耆年谶集诗（有目无诗）	
瞿　炯	恭和耆年谶集原韵	
后一页有诗，缺诗题及作者姓名		
张　寅	奉和耆年谶集诗仿香山六韵体	
徐　贲	奉赠耆年谶集诗	
钱廷芳	奉和耆年谶集七言六韵体	
袁　爔	奉和秦望山庄耆年谶集仿白香山七言六韵体	

通过逐一对比可以知道两册图书有如下几方面的差异：

第一，从内容上来说，A 册比 B 册多出不少。A 册共有 46 位作者，B 册仅有 33 位作者，B 册收录的诗文 A 册全部收录，A 册多出了周金然、张集等 13 位以松江地方文人为主的唱和作品。

第二，从体例上来说，A 册虽然所收诗文较多，但出现了体例混杂、前后装订错乱的情况。A 册收录许缵曾康熙三十三年昆山遂园谶集诗，在体例上超出了《耆年谶集诗》的收录范围。关于作者姓名，有的详列姓名字号、籍贯和职位，有的列有名和字以及籍贯，有的仅仅列出名和字，有的甚至只有姓名，体例上不够统一。此外还有部分内容装订错漏，如许缵曾耆年谶集诗之后多出不知作者姓名和诗题的半首诗。张绅之后高朗《奉和耆年谶集诗》则是有目无诗，而瞿炯之后所收诗又缺少作者姓名和诗题。这些都是比较明显的错误，显得混乱无章。由于文献缺失，出现这种情况的原因目前尚无法得到合理解释。

第三，藏书印章方面，两册图书除了都有上海图书馆藏书章之外，B册多出三方印章。第一方印章位于卷首高士奇所作序言第一行文字的右下角，其文字为"松石主人"。第二方印章位于正文第一位作者盛符升姓名及简介之下方，系葫芦形印章，其文字为"鹤亭"。第三方印章位于全书之末页，其文字为"尊江"。①这三枚印章反映了该书的流传情况，但具体收藏者的情况尚有待进一步查考。

从内容来看，该书卷首为高士奇与尤侗所作序，叙述耆年禊集的举行情况，将其与唐代白居易香山之会和宋代洛阳耆英会相比拟，如高士奇称："徒知后之人读斯集而企慕图绘之者，亦如香山洛阳焉。"尤侗称："远追履道香山，近跂元丰洛社。"②全书正文可以分为三个部分，首先是盛符升、王日藻、徐乾学、许缵曾四人所作诗；其次为高士奇、尤侗、王鸿绪、王顼龄、王九龄以及松江知府龚嵘等官宦唱和之诗；其余为松江地方文人唱和之奉赠。第一部分内容版心均题"耆年禊集诗"，后面两个部分版心题为"赠言"。

《耆年禊集诗》目前仅见上海图书馆有藏，通过考察其内容，现将该书的文献价值分述如下：

其一，《耆年禊集诗》所收诗文，作者的文集或已散佚，或文集里面未收入相关诗文，因而这些诗文目前仅在《耆年禊集诗》中有存。如卷首高士奇所作《耆年禊集诗序》，《高士奇集》中即未曾收录。王日藻著有《秦望山庄集》，但如今未见何处有馆藏，极有可能已经散佚，则其保留下来的诗文仅见于《耆年禊集诗》所收录。再如王九龄，虽然《四库全书总目》称其有《艾纳山房集》五卷，列入存目之中，但

---

① 三方印章的文字内容得到石建邦与孟刚老师的指点，谨此致谢。

② 王日藻编：《耆年禊集诗》卷首。

如今同样未见何处有藏，同样很可能已经散佚，则《耆年谶集诗》中收录的《仲秋陪游横云》亦可见其所作诗之一斑。此外唱和耆年会的松江地方文人，大部分没有诗文集流传，通过《耆年谶集诗》所收诗作，对于这些地方文人可以有一定程度的了解，因而同样具有重要文献价值。

其二，《耆年谶集诗》中的诗文，有的又被收入相关作者的个人文集，通过对比，可以发现其中存在个别文字的差异，因而具有版本方面的文献价值。比如卷首尤侗所作序，后又以《耆年会诗序》为题收入《艮斋倦稿》文集卷十，文中多出一些注解，文章末句"他年修禊，庶补阙于兰亭"之后增加注解"玉峰将为上巳举"。① 又如许缵曾《奉和秦望山庄耆年谶集诗原韵十首》第六首《总宪邀游宜园》中有句"路逢渔父还停棹，人似商山乐荷锄"，收入《宝纶堂集》时，改为"青鞋彳亍还宜杖，香草葳蕤不用锄"。王鸿绪《秋日邀盛诚斋侍御同游横云山六首》之第一首中"秋花晴日满江河"，收入《横云山人集》时改为"秋光晴日满江河"；"浊酒一樽聊共酌"改为"浊酒一樽藏已久"；第五首"当季宗伯欲焚鱼"改为"当年宗伯欲焚鱼"。这些改动均反映出作者对自己的诗句进行了不断的吟诵锤炼。此外，部分诗作的诗题在收入文集时亦有变动，如尤侗所作《奉柬耆年谶集诗二首》，收入文集时改为《云间王印周许鹤沙两先生举耆英会招予诗以辞之二首》。② 周金然《奉和许鹤沙先生秦望山庄耆年谶集六韵诗仿香山体》一诗，收入文集时改为《题耆年会图次鹤沙先生韵》。③

---

① 尤侗：《艮斋倦稿》文集卷十，《尤侗集》下，上海古籍出版社，2015年，第1268—1269页。
② 尤侗：《艮斋倦稿》诗集卷六，《尤侗集》下，第1514页。
③ 周金然：《南归草》，《周金然集》上，复旦大学出版社，2016年，第528页。

　　其三，《耆年谠集诗》中松江地方文人的唱和，一定程度上反映出清初以松江府为中心的上海地区文人交游网络。如其中收录张集的唱和诗《奉和耆年谠集原韵仿香山体》《秦望山庄耆年谠集奉和原韵十首》《宜园八咏次韵》，作者简介称：“张集，字慕庭，娄县人，吏部左侍郎。”① 查嘉庆年间所修《松江府志》可知，张集字殿英，号曼园，康熙十五年进士，授行人，擢御史，历官左金都御史、总督仓场户部左侍郎，转吏部左侍郎，谢病归乡。② 又如《耆年谠集诗》收有卢元昌《耆年谠集诗次韵十首》，卢元昌字文子，华亭人，明末与王鸿绪之父王广心齐名，入清之后因奏销案削籍，以著述老于乡。③ 此外还有张彦之《奉赠耆年谠集诗（并小序）》，张彦之字洮侯，布衣隐居于乡，著有《浴日楼诗稿》。经查顾景星《白茅堂集》可知，二人均为当时松江地方有名文人，顾景星与之多有唱和。④ 又如其中收录周洽《癸酉秋日鹤沙先生属写耆年雅集图并赋》，周洽字载熙，号竹冈，以画知名于时，靳辅治黄河时，曾延请周洽绘黄河图，逾年而成。⑤ 又如其中收录赵炎《奉和耆年谠集十咏原韵》，赵炎又名赵潜，字双白，福建漳浦人，寓居松江，吴伟业“尝访之僻巷”，“结欢而去。”⑥ 结合地方志资料，可以弄清楚《耆年谠集诗》所收诗文作者之间的相互关系，使得地方文献中孤零零的单个人物变得立体化，从而建立起清初松江文人之间的交游网络，有助于加深我们对清初上海地方社会的认识。

---

① 王日藻编：《耆年谠集诗》。
② 嘉庆《松江府志》卷五七，第340页。
③ 嘉庆《松江府志》卷五六，第327页。
④ 顾景星：《留别五子》，《白茅堂集》卷一四，《四库全书存目丛书》集部205册，齐鲁书社，1997年，第763—764页。
⑤ 乾隆《娄县志》卷二七，第295页。
⑥ 嘉庆《松江府志》卷六二，第477页。

余 论

本文围绕《耆年谦集诗》一书，考察了康熙三十二年王日藻、许缵曾在秦望山庄举办的耆年会，这次聚会与康熙中期的朝廷党争有密切关系。从表面上看，徐乾学借此机会消弭他与王鸿绪之间的矛盾，力图塑造自己优游林下、安度晚年的形象。从《耆年谦集诗》收录的诗文可以知道，这次耆年会效仿唐代白居易的香山九老会和宋代文彦博、司马光等人的洛社耆英会，反映出当时徐乾学、王日藻希望向清朝统治者展示自己作为江南文人对传统文化的继承与发扬，表明自己完全服从康熙帝严禁朋党的意见，以此举动证明双方彼此和解，从而消弭党争的不良影响。虽然徐乾学等人已经休致还乡，但康熙帝对朝廷中的朋党问题并不完全放心，就在康熙三十一年十二月初一日，康熙帝还通过满文秘折向两江总督傅拉塔了解江南官员及徐乾学、王鸿绪的情况，询问："江南官员内居官好者谁也？巡抚宋荦何如？姓徐、姓王者现在如何了？"[1]傅拉塔在秘折中回答称："自圣主训诫处治此等乡绅以来，徐氏、王氏人等以往凶暴之举有所收敛。"又称："今闻徐氏人游览江浙名胜、赋诗撰文，原监察御史徐树毂仍行胡言乱语，等语。奴才仅以所闻谨奏上闻。"[2]故这场耆年会某种意义上是表演给康熙帝看的。对康熙帝来说，他要稳定清王朝在江南地区的统治，必须借助汉族士大夫的力量，故对以徐乾学、王鸿绪为代表的江南士大夫既打又拉，一方面利用他们之间的矛盾分而治之，为防止其结党营私而在政治上进行敲打；另一方面

---

① 《两江总督傅拉塔奏为是否参劾施世纶等事折》康熙帝朱批，中国第一历史档案馆编：《康熙朝满文朱批奏折全译》，中国社会科学出版社，1996年，第35页。

② 《两江总督傅拉塔奏报地方官员操守折》，《康熙朝满文朱批奏折全译》，第37—38页。

又不赶尽杀绝，对其罪行予以宽免，需要的时候重新启用。这正是中国传统文化中帝王驾驭臣下的权术，康熙帝深受汉文化影响，他采用这种手段，既巩固了清王朝的统治，又使汉族士大夫感恩戴德，不敢胡作非为，在政治上取得了良好的效果。

《耆年谦集诗》收录的唱和诗作，一定程度上反映出清朝前期江南文人的社会生活状况，当时松江文人之间的交往互动从中可窥一斑。朝廷致仕的高级官员与地方官员，以及包括清初遗民在内的地方文人，他们之间的相互唱和，反映出清代前期的上海地域文化特色。此次耆年集会，是唐宋香山洛社之后产生重大社会影响的一次传统文化集会活动，对此进行考察，有助于弘扬中华优良传统文化的深厚底蕴。此外，《耆年谦集诗》歌咏的上海地区的风景名胜遗迹，如秦望山庄、横云山庄、宜园等清初著名园林，如今大多已经烟消云散，值得相关部门进行挖掘规划。

论民国二十五年的岱山盐户渔民暴动案[*]

尹玲玲

（上海师范大学人文与传播学院）

摘要：民国二十五年（1936）7月13日，浙江岱山的盐户渔民因反对食盐归堆，渔盐变色，联合三千余人，发生空前的暴动，伤亡上百人，盐场场长兼秤放局局长及税警员工等数人，被暴动渔民施以剖腹挖心、填石沉海之酷刑。此次暴动发生的时间和地点有其特殊意义。岱山岛为舟山群岛第二大岛，本具有优越的地理位置和丰富的渔盐资源。岱山产盐量在浙江全省仅次于余姚而居第二位，尤其是从渔、盐二种资源的配合情况来看，具有十分优越的地位。暴动案的发生，总的来看，原因有三。其一，源于该年渔盐资源配合的失衡，渔业资源极其丰厚，而盐业则因阴雨而大为减产。其二，在于渔盐税率管理上的失当。渔盐在岱山产盐总额中占据相当高的比例，占有十分重要的地位，暴动案前的渔盐管理则贸然采取了渔盐变色及严缉走私的从紧政策。其三，则源于盐场税警与盐民之间的矛盾积累与积怨。这次暴动事件折射出当时浙东滨海地区的渔业和盐业经济以及渔民与盐民社会的实

---

* ［基金项目］本文为国家哲学社会科学基金项目"浙东地区河湖水系的历史变迁研究"（19BZS109）阶段性研究成果。

况，反映其社会生态已处于官民严重对立的局面。

关键词：民国　浙东滨海　盐民　渔民　大暴动

民国二十五年（1936）7月13日，浙江岱山的盐户渔民因反对食盐归堆与渔盐变色，联合三千余人发生空前的暴动。这次暴动的规模无论是从参与人数、武力配置还是持续时间来看，都可以说是相当大的。岱山盐场场长、秤放局长被害，税警局员工被害者二十余人，伤者四十余人，而渔民盐户死者三十人，伤者百余人。秤放局长缪光及书记员钱甸和并遭暴动民众执行剖腹挖心，悬尸示众，甚至填石沉海之刑，情状极其惨烈。[①]对于这一暴动事件及其善后的问题，事后不久就有专题性研究论文在相关专业杂志发表或转载。[②]20世纪90年代后，陆续又有相关研究成果涉及这一问题，如马登潮1996年的《浙江省民国盐务档案述评》[③]，对于我们全面而充分地利用档案资料做进一步的深入研究很有帮助和启发。叶恒的《从岱山惨案看民国浙江地区的盐政》[④]，则是进行专题性的深入讨论的研究成果，有助于我们从盐政制度及其变革这一视角很好地认识此次暴动案。事实上，对于官民双方就暴动事件的经过、原因及其善后方面的不同立场和矛盾说辞，以及在此事件之后浙东滨海地区的渔盐生产和区域开发的经济和政治环境方面的深远影响，都还存在较大的讨论空间。本文希望在已有研究的基础上，追溯岱山盐场的建置沿革以及盐业生产之源流，从其渔盐资源的密切配合这一角度深

---

① 《时事公报》1936年7月16日；《岱山渔盐民大暴动》，《申报》1936年7月18日；《岱山渔民暴动真相》，《申报》1936年7月19日。
② 盐迷：《论岱山盐户渔民之暴动及其善后》，《盐政杂志》1936年第65期；《水产月刊》1936年第9期。
③ 马登潮：《浙江省民国盐务档案述评》，《浙江档案》1996年第1期。
④ 叶恒：《从岱山惨案看民国浙江地区的盐政》，《盐业史研究》2012年第4期。

入分析岱山渔业资源的开发利用，指出岱山惨案爆发的原因之一在于渔盐资源配合上的失衡，并进一步探讨渔盐税额的演变与渔盐用量在岱山产盐总额中所占之比例，以期增进对滨海地区的渔盐经济与渔盐社会的更深层次的认识，希望这些讨论可以为之后对民国时期该区域的经济史和社会史的深入研究打下一些基础。

一、岱山渔盐资源的配合与失衡

从渔、盐二种资源的配合情况来看，舟山群岛在全国的地位独一无二。民国时期，这里的渔业生产已相当繁盛。1920年左右，常年来舟山渔场生产的渔船达12 000艘。其中定海本县有5 000多艘，计大对船800艘，大捕船600艘，各种溜网船1 180艘，小对船1 000艘，张网船770艘，乌贼船1 100只。渔业劳动力占全县总劳动力的18%，年产量约6万吨。到1934年，暴动案发生前两年，浙江省出海船只25 809只，年产量达25万吨，其中舟山约占9万吨左右。[①]

舟山渔民习惯以舟山本岛为中心，南面的海域，统称为南洋，北面的海域，统称为北洋。在南洋，靠近大陆的有猫头洋、大目洋，是盛产大黄鱼的场所。外侧的洋安（东亭）渔场、将军帽渔场、鱼山渔场是春汛捕小黄鱼的主要作业区和冬汛后期带鱼的主要产区。在北洋，靠近大陆的金塘洋，是秋汛鮸鱼、毛常鱼的主要产区；岱巨洋、黄泽港、马迹洋、大戢洋渔场，是夏汛大黄鱼、鲳鱼、鳓鱼的主要作业区；外

---

① 《中国渔业经济》（1949—1983），内部发行资料，中国社会科学院农业经济研究所、农牧渔业部水产局、全国渔业经济研究会合编，1984年印行，第921页。

侧海区的中街山、浪岗、嵊山、花鸟、海礁等渔海，夏汛盛产乌贼、鳀鱼，冬汛盛产带鱼，春汛盛产小黄鱼。各个渔场互相衔接，没有明确的疆界。①

"岱山处定海县治之北，为浙省东南渔盐旺地，每当春夏两季，台、象、奉各帮渔船，麇集于此"②，"岱山一场为渔船麇集之区"③。渔业资源的丰富与否取决于每年洋面上的渔汛是否旺发，所谓"渔有汛，各自不同，因鱼之类别而异。至论舟山之鱼汛，则以夏历五、六、七月为最旺，往往渔船万艘，星罗棋布"。④约于1850年前后，近海作业有了较大的发展。由过去每天在近港内湾、早出晚归进行生产，发展到使用较大的渔船，带着较为齐备的工具和柴、米，离开自己居住的岛屿，到较远的渔场去赶渔汛。渔民称呼赶汛有自己的专门称谓，对应着不同的生产周期。如"一潮"，是指一天内的涨退潮；"一风"，指三到五天；一水，则是指七到八天。近海作业也从一潮一捕改为一风一来回，或是一水一来回。⑤

岱山海盐的生产历史久远，岱山制盐起于唐乾元年间，至今已有1 200多年的历史了。自宋朝以来，岱山就使用刮泥淋卤之法生产食盐。"岱山为舟山列岛之一，归定海县管辖。舟山列岛，计三十七，而产盐者二十八，以岱山为最多，仅亚于余姚。"⑥清代中前期，岱山盐民又采

---

① 《中国渔业经济》(1949—1983)，第923页。
② 《定海岱山渔盐民反抗税警大暴动·岱岛渔区盐务概况》，《时事公报》1936年7月16日。
③ 盐务总局所藏财政部盐务署档：第二科，场产股，两浙卷第146号，第1宗，岱山盐民渔民暴动卷，转引自《中国近代盐务史资料选辑》第二卷，南开大学出版社，1991年，第308—313页。
④ 盐迷：《论岱山盐户渔民之暴动及其善后》。
⑤ 《中国渔业经济》(1949—1983)，第920页。
⑥ 盐迷：《论岱山盐户渔民之暴动及其善后》。

用煎煮法制盐。到清嘉庆年间，岱山盐民王金邦首创木板晒盐法，在各地广为推广。到1936年，"全岛居民，约计六万另，盐民约居半数。统计该区所有盐板约二十五万另"。①盐民人口约占岛上居民人口的一半，可见比例之高。相比于两淮、长芦盐业等而言，浙东沿海的产盐量在全国虽然并不占据十分重要的地位，但岱山产盐量在浙江全省则仅次于余姚而居第二位。

岱山至民国元年才设场，从前不过是以商仓所认定的官板数量来计算产额。每年每块盐板丰年可产盐三百来斤，歉岁也在二百斤以上，而商仓每板只收一百五十斤，因此官书记载不过年产三十万担，也就是20万块板乘以每板150斤的得数，但实际产量可能在三倍以上。正如盐迷所云，要想估算岱山每年产盐的总量，统计上不能仅限于官板，也不能仅限于岱山一岛，必须包括舟山群岛的产量，才能得其总数。单就岱山一岛来说，每年就不下六十万担。而岱山以外二十七岛的产额相加，也与岱山岛所产相差无几。舟山列岛的产盐总额，实际可依据民国三年浙江场产调查报告所做实地调查得到较为详细确凿的数据。据其报告，定海所属各岛的总产额，为司马秤九十五万余担。岱山为五十六万余担，舟山为十一万余担，舟山南岸的十个小岛为九万余担，大瞿山为八万余担。其余满万担的，有六横、佛肚、长涂、金塘、大榭、册子等六岛。其他四岛，不过数千百担而已。论者以为，民国三年的调查报告距暴动事发虽还有二十来年，然而产额当无多大变更，即使增加，总额也不会超过百万担。如是这个数据，岱山应占六十万担，其他四十万担。②

---

① 《定海岱山渔盐民反抗税警大暴动·岱岛渔区盐务概况》。
② 盐迷：《论岱山盐户渔民之暴动及其善后》。

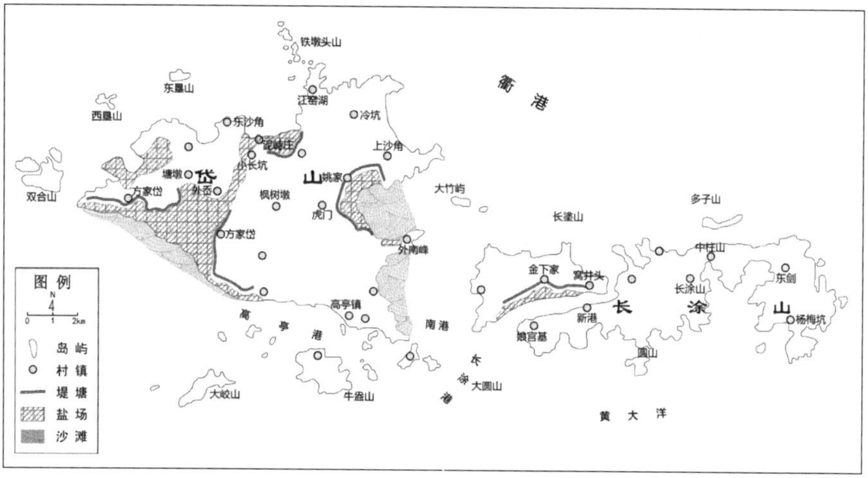

图1　岱山岛盐场分布图

说明：以美国得克萨斯大学图书馆网站在线收藏的中国1∶25万军用地图为底图，参照浙江省陆地测量局1937年版《浙江省全图》（1∶40万）及日版1942年《〈浙东並に浙赣鐵道沿线地区经济资源並に物资流动概况图〉提出（送付）の件》（1∶50万）两图局部改绘。

　　以上数据是当时论者根据民国三年的调查数据所作的估算和推断，应该说，这一论断是基本恰当的，与岱山当时盐业生产的事实大体相符。这一论断，有史料依据作为支撑，我们可以从一幅保存至今的1942年的日本陆军参谋部调查和制作的地图《浙东并浙赣铁道沿线地区经济资源并物资流动概况图》①得到印证。现将图上资料与数据统计如下表：

表1　1942年浙江全省各盐场盐产数量分布

盐场名	产盐额（担）	占全省比例（%）	辖域备注
余姚场	1 907 000	50.1	
岱山场	780 000	20.9	包括岱山、瞿山二岛

① ［日］唐川安夫：《浙东並に浙赣鐵道沿线地区经济资源並に物资流动概况图》，昭和十七年（1942）。

（续表）

盐场名	产盐额（担）	占全省比例（%）	辖域备注
钱清场	268 000	7.2	
玉泉场	171 000	4.6	
定海场	157 000	4.2	
北监场	110 000	3.0	
三江场	100 000	2.7	
双穗等六场	238 000	6.4	包括双穗场、黄岩场、长林场、清泉场、南监场、长亭六场
合　计	3 731 000		

资料来源：据日昭和十七年（1942）陆军省第十三军参谋长唐川安夫绘《浙東並に浙贛鐵道沿線地区経済資源並に物資流動概況図》统计。

说明：低于10万担以下的六场合在一起统计，以便说明问题。其中双穗场9.4万担，黄岩场5.3万担，长林场4.6万担，清泉场2.6万担，南监场1.2万担，长亭场0.7万担。

这幅地图比例尺为1：50万，地域范围广涉浙东及整个浙赣铁路沿线。后因图幅太大，按五横四纵的分割方法分制成为20幅小图，以便收藏。图首并标注云“一三军参情发第八十三号”，“《〈浙東並に浙贛鐵道沿線地区経済資源並に物資流動概況図〉提出（送付）の件》”，可知即为陆军第十三军参谋部所发的第83号军事情报地图。图首标注有制图主体，署名为“陆军省第十三军参谋长唐川安夫”。在图首，时间标注为“昭和十七年五月九日”，在图幅中，则标为“昭和十七年五月一日登集团参谋部”，前后相差无几。昭和十七年即为1942年，这一时间上距暴动案的1936年时隔仅6年，考虑到地图调查与制作的数据截止时间，间隔年限当更短，也就是说，图上数据所反映的时间当与1936年比较接近。图首及图内均标注有“极秘”字样，考虑到日军侵华狼子野心，其经济调查严格遵循赤裸裸地服务于军事实战的目的，其调查数据当与事实基本相符，也即图上数据大体反映了浙东地区当时的产盐实况。

暴动案发生前的当年3月，因为春汛欠收，岱山岛上高亭镇蒲舍170户渔民"生计难以维持，春前无宿粮，几已十室九空。山穷水尽，满目苍凉。老弱妇孺，嗷嗷待哺。壮者强者，徒呼负负。饥饿所迫，群吃大户"。①好在6月时，情况明显好转，渔汛旺发，且看见诸报端的暴动案发生之前的6月上旬的一条报道：

> 定海岱山今年渔汛旺发，各帮渔船均庆满载，尤以东门帮红头对为最佳。自起水至现在，各帮渔船，不但够本，而且获利累累，所以渔民个个喜形于色。如岱山高亭之鲣鱼大发，更为十数年来所未有。现在岱山最大之问题，即为缺盐。因今年雨水太多，产量不丰，致影响鱼价不少。现各厂家正设法向五属公廒商借。榷廒方尚须向上峰请示。又讯，连日霪霖绵绵，岱山浙产之白盐，产量为此大受打击。而盐随之惊人暴涨。阴历二月间，每担最高不过八角，尚无销路。现被天雨，不得盐出。且值鱼汛鱼盐畅销之际，遂骤涨至二元四角。该地鱼厂，固视盐为唯一生命线，非盐则不能收鲜鱼制鲞。渔船非鱼厂收买，则鲜鱼臭腐，而不能再捕。是故鱼渔两业互有束手待毙之势，生计影响至大。鱼厂业同业公会会长汤说倩，特向就地五属公廒主任姚稚梅磋商，拟购买廒盐二千五百担，以事补救。廒商业已赞允，价定每担（百公斤）二元，不日即可成交。②

---

① 《中国渔业经济》（1949—1983），第943页。
② 《岱山渔汛旺盛·缺乏渔盐之救济》，《时事公报》1936年6月9日。

由此可知，当年虽然春汛欠收，但6月时夏汛渔汛旺发，渔船"获利累累"，渔民们"喜形于色"，然而情况不妙的是"缺盐"。公历7月，本为一年当中最佳的晒盐旺季，当年却因多雨而大大减产。"今岁夏季雨水过多，盐产减少，价格飞腾，每担售价自一元涨至三四元之间，渔民经济方面影响甚巨。"[①]与盐业生产的情况相反，当年的渔业资源因渔汛旺发而相当丰富，因此对渔盐的需求十分旺盛。两相对冲，盐产供需关系就显得极为紧张。盐价从2月的最高不过八角猛涨到二元四角，是原价的三倍。即便是这样，为了有盐腌鱼，鱼厂同业公会还是同统购岱山盐产的五属商廒积极磋商并达成一致意见，以二元的价格购置2 500担盐。这里不妨通过1936年前后舟山地区多个不同年份的水产品产量统计来认识这一问题。

表2　1936年前后舟山地区多年份的水产品产量统计

年　份	1920	1936	1947	1949	1950	1951	1952	1953
水产品产量（吨）	60 000	92 500	35 000	12 500	25 000	56 500	82 500	113 500
倍数 *100	69	100	38	14	27	61	89	123

资料来源：《中国渔业经济》(1949—1983)。据第950页改制。
说明：原书中1936年前，只有1920年的数据，1936年后，也有一些年份的数据缺失，仅据已有数据制表。

据表2可知，1936年之前的1920年，全舟山地区渔获的水产品产量共60 000吨，与1936年年产量相比，只占其70%不到。1936年后，抗战全面爆发，数据基本缺失，抗战胜利后，才又恢复。1947年的水产品产量相较暴动案发的1936年低出很多，只占其40%不到，说明抗战期间遭受的损失非常巨大。之后的数年大体呈现逐步上升的态势，

---

① 《岱山渔盐民大暴动》，《申报》1936年7月18日。

但直到1953年才明显超越1936年的数据。总的来说，排除其他干扰因素，即使在自然状态下，渔汛旺否的年际变异率也是比较大的。不仅如此，在年内的不同渔汛期，变异率也可能比较大。

表3　1936年海洋主要产品产量统计

所占比例*100	鱼　类					虾蟹	贝类	其他	合计
	产量（吨）	其　中							
		大黄鱼	小黄鱼	带鱼	墨鱼				
	83 500	15 500	10 000	10 500	10 000	2 000	4 000	3 000	92 500
	90.3	16.7	10.8	11.4	10.8	2.2	4.3	3.2	100

资料来源：《中国渔业经济》（1949—1983）。据第951页改制。

据表3可知，1936年舟山地区渔获的产品中，仍以鱼类为最大宗，占总量的90%出头，这其中又以大黄鱼、小黄鱼、带鱼和墨鱼四大类为最多。虾蟹、贝类和其他产品各占一小部分比例，分别在二到四千吨。如所周知，历史上相当长时期以来，官方对于食盐都是采取高额税收的政策以支撑财政。如此巨大的渔获量当然需要大量的盐进行防腐加工，如果渔盐征税与食盐税率一样的话，渔业生产是难以为继的，故而历史上一直以来对渔盐采取的是轻税的政策。以下即专门阐述岱山渔盐的税率及其管理。

二、岱山的渔盐税率及其管理

岱山设盐场，始自宋端拱二年（989）。昌国场、东江场、芦花场，都设在舟山岛，岱山场和高南亭场则都在岱山岛。元大德中改岱山场为司，延祐中仍复改为场。明正统二年（1437），裁革盐场，盐课归并于大嵩场，属镇海，各场遂废。民国元年（1912），始在岱山设场，这时距明正统二年裁废而复设，已经隔了三朝。民国三年盐务署命令，限五年内，煎盐一律停止，改运晒盐。余姚、岱山两场成了著名产区。①

岱山"岛民有盐板二十五万块，产盐数额，年计六十万担，为本省第二大盐场。渔汛时期，台、象、奉各帮渔民，多来岱山配用渔盐，故渔盐之盛，甲于全省。盐税所入，数亦可观"。②设在岱山的盐务机关，"有岱山场，秤放局，五属公廒，税警第五区第三十四队等。秤放局长司管理食盐渔盐事项，五属公廒专管收放，缉私则全由税警队担任"。③

岱山渔业之盛，居于全国之冠，都以岱山为渔盐供给地。渔盐用户，可分船用与厂用两种。渔船小者，每季（即一渔汛）用盐三四千斤，大者七八千斤，最大者在万斤以上，因获渔之多少而异。厂用者系各岛专做腌鲞之厂家所用，其用盐之多寡，以渔汛之衰旺为断。亦有做淡鲞不用盐者，如台州之松门、楚门。著名之台鲞，即淡鲞也。而舟山各岛，则做淡鲞者少。论渔盐之用别，则有鱼盐、蜇（水母）盐、蟹虾盐等之别。鱼盐以黄鱼、乌贼为最多，而海蜇用盐比鱼更费。④

关于渔盐税率问题，1918年3月2日盐务署颁发《修正盐税条例文》，第二条"每盐百斤税3元，但工业、渔业用盐不在此限"。⑤"食盐税率之种数，当民国三年仅食盐一项，税率已共约有305种，历经稽核所裁并"，至1934年止，"已减至90种，最低自陕西每市担4角，两浙每市担8角，至最高者为扬子四岸，每市担连同附税共计10元

① 盐迷：《论岱山盐户渔民之暴动及其善后》。
② 《鄞区赵专员查报岱案详情并设法善后》，《时事公报》1936年7月29日。
③ 《定海岱山渔盐民反抗税警大暴动·岱岛渔区盐务概况》。
④ 盐迷：《论岱山盐户渔民之暴动及其善后》。
⑤ 《中国近代盐务史资料选辑》第一卷，南开大学出版社，1985年，第332页。

4角"。据录自盐务总局所载民国二十三年盐务稽核所年报可知,1934年"食盐平均税率每市担为5元5角2分,渔盐、工业用盐本年税率仍为3角"。[①]1935年国内食盐平均税率每市担约为5.54元,与上年相差无几,渔盐税率每市担最低仍为3角,最高则升至1.05元,工业用盐的税率较之渔盐则大大下降,每市担仅3分。1935年国内放盐总数3 899万市担,其中免税盐、工盐、副产品等298.8万市担,渔盐未计入298.8万之内。各地税率中,最低者为陕西富平等八县,每市担4角,及两浙芦沥、定海,每市担8角。最高为扬子四岸,每市担共计10元4角。[②]

表4　1934—1936年放盐总数、食盐平均税率及
渔业、工业用盐税率

年　份	1934	1935	1936
放盐总数（万市担）	3 676.5	3 899	4 460.2
免税盐、工盐等（万市担）		298.8	690.3
食盐平均税率（元）	5.52	5.54	
渔业工业用盐税率（元）	0.3	0.3—1.05	0.3—1.2
工业用盐税率（元）	0.3	0.03	0—0.03
轻税或免税盐所占比例（%）		7.66	15.47

说明：本表据《中国近代盐务史资料选辑》第二卷第255—261页的资料进行统计改制。

1936年国内食盐平均税率每市担仍约为5.5元,渔盐税率每市担最低降为2角,最高仍为1.05及1.2元,工业用盐则免税者占92%,其余每市担税率仍仅为3分。全年国内放盐总数4 460.2万市担,其中食盐

---

① 《1934年盐税率及各种税率占销盐总量之成数》,《中国近代盐务史资料选辑》第二卷,第255页。
② 《1935年盐税率及各种税率占销盐总量之成数》,《中国近代盐务史资料选辑》第二卷,第257—258页。

一项共计3 772.4万市担，免税盐、工盐、副产品、出口盐、渔盐共计690.3万市担。渔盐已被计入这一轻税或免税税率范围内。[①]

表5 1934—1936年各种税率放盐数量所占百分比

税　率	百分比%		
	1934	1935	1936
1.0元及以下	0.2	6.4	0.79
1.1—2.0元	11.5	12.5	11.07
2.1—4.0元	30.3	23.1	26.14
4.1—6.0元	13.4	15.5	17.92
6.1—8.0元	13.8	17.2	18.64
8.1—10.0元	14.3	12.1	14.08
10元以上	16.5	13.2	11.36

说明：本表据《中国近代盐务史资料选辑》第二卷第255—261页的资料进行统计改制。

上述食盐平均税率约为5.5元，据表5可知，实际上有些食盐税率尚远在这一平均数之上，自1934年至1936年的三年当中，食盐税高达6—8元、8—10元，甚至10元以上三个档次的也都在15%左右。与表4中数据对比可知，渔盐税0.3元的税率相较食盐税率轻上数十上百倍。清光绪初年，虽设有商仓收盐，每年所收者，不过岱山所产盐之半数，其余皆为渔盐。每逢渔汛旺时，商仓甚且停止收盐，专供渔户购买，否则就可能发生聚众闹盐之风潮。可见岱山以渔盐为主体，已不是一朝一夕的事。渔盐税，按清代制度，由宁波提中营发给，每引可配给盐八百斤，课税甚微。舟山群岛因捕鱼腌鲞晒盐，同在一处，一般就近多用岱

[①] 转录自盐务总局所藏民国二十五年盐务稽核总所年报，1936年盐税率，《中国近代盐务史资料选辑》第二卷，第259—261页。两数相加，与总数不符，原文如此。

山所产的盐。民国三年，盐务稽核所规定两浙渔盐税率为每担二角，相比其他各省，又大为减轻，而渔民仍然反对。结果每担名为课税二角，而实际上有三四百斤盐，如此则每石不过五分钱。暴动案发生的1936年，规定每市担盐要严格按照三角钱课税，如此则渔盐税率较之前骤然增长六倍，渔民如何能忍受？因此，渔盐税率的陡然增加实为渔民反抗并发生暴动的主因，于是空前之惨剧，遂由此引起。①

三、草蛇灰线：盐民与税警间的矛盾与积怨

正如当时报刊载述所揭，税警与盐民渔民等在渔业、盐业生产方面所站的立场不同，甚至完全对立，所谓"在办理盐务者只求严杜走私、涓滴归公。盐民渔民，则因本身生计所关，设有苛扰，易起怨恶"。这两种对立的立场导致官民双方的矛盾日益积累，乃至走向激化。事实上，早在"民国八年间，奉帮渔民，因岱山场为处理渔盐案件，未能融洽，亦曾激成暴动。场长遇难，房屋被毁。与今日情形，如出一辙"。而民国二十五年的这次盐运署意欲办理盐场归堆，恐怕盐民未能了解，酿成风潮，"曾令驻定税警五区区长吕梓荫，和平办理，并饬定海岱山各场长广事劝导，以免误会"，但矛盾并未得到化解，而是愈演愈烈，最终酿成惨案。②

事实上，在暴动案发生前的数月，就已有一系列诱因与先兆。先是岱山盐民呈请分摊借配台州所属玉泉各场所产之盐，但却未能如愿。《时事公报》2月29日刊文云："定海岱山盐民，闻台属玉泉各廒，呈请

---

① 盐迷：《论岱山盐户渔民之暴动及其善后》。
②《定海岱山渔盐民反抗税警大暴动·岱岛渔区盐务概况》。

借配余、岱食盐。五属厂有即日补收去年未收之四成额盐之说。群相惊喜。近悉该项借盐，两浙盐运使方面，令饬统向余姚借配。岱山盐民，于是大失所望，咸谋挽救之策。……现各板户纷纷请求转恳钧长，一视同仁，毋分彼此，以免岱民向隅，缘同一补收去年未收之四成。应请收回成命，仍照原票余、岱两场分借。准予电饬岱局照放，庶昭公允，迫切代陈，不胜待命之至。"①由此可知，岱山盐民在数月之前已因借配不公等问题向上呈控，与官方之间已有矛盾积累。

据《时事公报》3月25日讯，定海岱山场的五属盐厂，前一年因经济发生困难，无力收盐，经召集盐民、盐董暨厂、场两方，商定了较原价为低的临时价格，约定以旧历年底为止，但一直到3月尚未恢复原价，盐民因损失巨大，于月前派"周凤仙、冯天宝、王孝章、刘光栋四人为代表，莅县请愿，县府当局以其请求正当，即予据情呈请省政府转函饬厂恢复原有价额收买，以维盐民生计"，但官方也仅表示"县府昨日奉到指令，已由盐运署令岱山场公署查报核议"。②至于后来具体到底落实如何，则不得而知。

与上文相对照的是，《时事公报》的同日同版同张还刊登有《鄞江等十三乡镇举发盐务税警队苛索扰民》一文，题头并称"迳在该乡查缉私盐，勒索罚金，人证确凿"。文中综括为"鄞县第七区鄞江桥它山庙盐警队班长程凤岐，检查张祖日等，开枪恫吓及逮捕乡长一案"。可见，税警队不仅与普通民众之间有矛盾积累，且与基层行政管理人员也已积怨甚深，乃至直接开枪恫吓并逮捕乡长。此事激起"该地士绅刘祁尚等电告税警第八区"，税警方面"经派第一分区区长邓赞枢，下乡查勘"，在第七区保甲督导办事处接见各乡镇长官及副官，邓当面允诺

① 《岱山盐民请分摊借配玉泉各厂额盐》，《时事公报》1936年2月29日。
② 《运署饬岱山场查覆收盐价额》，《时事公报》1936年3月25日。

说将"报告上峰，严予惩办，请静候以待"，不料邓去后，却"毫无动情"，故而"该区全区十三乡镇长，遂联名呈请鄞县政府法办"。①为方便讨论，不妨详列该联名呈控信的具体内容如下：

> 窃查属区鄞江桥它山庙盐务税警队班长程凤岐、检查主任张祖日等，专借缉私放私为手段，图达敛财中饱之目的，试观驻扎以来，迄今三月，专扰民间，未缉私贩，即可知其用心之所在。元琮等忝列乡镇长，目击彼辈苛索扰民，地方鸡犬不宁，心所谓危，难安缄默。虽自愧菲材，力未能为地方造幸福，亦当为民众除痛苦。爰特列举罪状，胪陈如左：一、该盐警队搜查民间私盐，事前既不依法会同就地军警机关及乡镇长办理，事后又强欲乡镇长出具证明盐在某家搜获。民正乡乡副不从，该盐警队即开枪恫吓。杖锡乡乡长不从，即带队拘留。二、该盐警搜查民间私盐，不据报告，不着制服，挨村滥行搜查。民主有不在家中者，即破扉而入，迫入家内，闭门拒入，翻箱倒箧，肆无忌惮。有民正乡王德镛王德生王朱氏等家，可资证明。三、该盐警等，在杖锡乡搜查私盐，黑夜破扉而入，乡民疑为盗匪，相率逃避。事后与之理论，该盐警等不但出言不逊，反敢动手就打。被伤者呼口无门，只好忍痛悔气。并闻该盐警等在某甲长家，曾发生开枪示威，弹穿楼板情事。四、查盐警队照章无处罚之权，乃该班长等，三月以来，在民间搜获之私盐，擅自处罚，不给收据，中饱私囊，侵蚀国课。②

①《鄞江等十三乡镇举发盐务税警队苛索扰民》，《时事公报》1936年3月25日。
②《鄞江等十三乡镇举发盐务税警队苛索扰民》。

全区十三乡镇长联名控告，要求将该税警队犯案人员法办。文中罗列了税警队班长和检查主任等借缉私之名，对盐民行敲诈勒索之实，一一胪列他们的四大罪状。盐警队并没有处罚权，却违规向盐民收取多宗罚款，可具体落实的就有六起，且将具体时间、地点、人物与罚款数额一一列出，可谓证据确凿。十三乡镇长认为，该盐警等营私舞弊，骚扰乡里，造成民怨沸腾，已属恶贯满盈，其他还有像"勒索供应，擅收民家食米，及宰杀鸡羊，不给代价，以享口福"等情事，更是"目无法纪，形同土匪"，故而大声疾呼，问说："若不严予惩办，何以儆不法而裕国课？"况且各乡镇正副长官，均为义务公职，却被该盐警等如此非法逮捕，开枪恫吓，莫不人人自危、惴惴不已，联名呈控信恳请务必迅即转呈两浙盐务税警第八区以及宁波所属盐引公所，将涉案人员撤职查办，"以伸国法，而安地方"。①

慘案之后的十来天，《时事公报》1936年7月24日第二版第二张刊出《定秤放局悬赏找寻马鞍被绑员工》一文，题头称"获救生还者，每人给赏百元"。具体内容如下："定海马鞍秤放分局，于本月十一日傍晚被匪抢劫，并将任龙文、吴汝芳两司秤员及公役姜少安绑架以去。逾未数日，公役姜少安尸体已于王家墩海面捞获。尸首支离，头遭戮杀而死。业经法院派员验明。其情历志前报。顷定海秤放总局悬赏布告找寻任吴两员，如有确知任吴两员下落来局报告，因而救获生还者，每员给赏一百；有寻得该两员遗尸，认经明确系正身无讹者，每具给赏二十元。"由此可见，民众与盐场秤放局之间，亦即当地官民之间的矛盾积累已久，积怨已深，民众乃至采取极端方式，以海上劫匪的身份绑架官方人士，并以极为残忍的手段杀人分尸。综合以上多宗事实，可知惨案

---

① 《鄞江等十三乡镇举发盐务税警队苛索扰民》。

爆发之前，已然露出草蛇灰线，伏笔埋藏已久，既有发生于民国八年的前案的远线，又有数月前的一系列近踪，可谓诱因与前兆尽显。定海秤放局估计是因为惨案爆发，惊惧之余，疲于应付，更无暇应对，故而在事发之后的十来天才登报悬赏搜寻。

综上所述，民国二十五年（1936）7月13日，浙江岱山的盐户渔民，因反对食盐归堆，渔盐变色，联合三千余人，发生空前的暴动，伤亡上百人，盐场场长兼秤放局局长及税警员工等数人，被暴动渔民施以剖腹挖心、填石沉海之酷刑。此次暴动发生的时间和地点有其特殊意义。岱山岛为舟山群岛第二大岛，具有优越的地理位置和丰富的渔盐资源。相比于两淮、长芦盐业等而言，浙东沿海的产盐量在全国虽然并不占据十分重要的地位，但岱山产盐量在浙江全省仅次于余姚而居第二位。尤其是从渔、盐二种资源的配合情况来说，舟山群岛在全国的地位可谓独一无二。暴动案的发生，总的来看，原因有三。其一，源于该年渔盐资源配合的失衡，渔业资源极其丰厚，而盐业则因阴雨大为减产。当渔汛期渔获丰产时，渔盐需求量大大上升，而渔盐供给却因长时间阴雨导致盐产量大为下降，渔盐的供给和需求出现严重不匹配的失衡局面。其二，在于渔盐税率管理上的失当。为有利于渔业发展，渔盐税率历来采取轻税政策，较之食盐税率低十倍、数十倍以上，岱山渔盐也同样如此，渔盐在岱山产盐总额中占据相当高的比例，占有十分重要的地位，暴动案前的渔盐管理则贸然采取了渔盐变色及严缉走私的从紧政策，盐业政策的变动和改革全然不顾实际情况而强行推动。其三，则源于盐场税警与盐民之间的矛盾积累与积怨。盐政部门的人员不仅尸位素餐、高高在上，端着置盐户、渔民生死于不顾的官僚作风，更借缉私之名行敲诈勒索之实，颐指气使，违规罚款，行同土匪。以上因素的叠加导致了这一暴动案的爆发。这些因素既有出于自然的，也有人为的，可谓既是天灾，也是人祸。官民双方不仅事前未能较好沟通，案发后就暴动经过的调查及善后办法，各自说辞也完全不同。这次暴动事件折射出当时浙东滨海地区的渔业经济与盐业经济、渔民社会与盐民社会的实况，反映出其社会生态处于官民严重对立的局面。

"其板不许资与外人刷印"

——晚清闽西四保的书板流通与社会关系*

刘永华

（复旦大学历史学系）

摘要：在明清社会经济史研究中，商品经济是学者较为关注的一个议题。商品经济的发展，被视为明清时代社会经济变动的一个重要时代特征。不过以往较为关注的是商业化而非商品化。本文讨论的对象是一种较为特殊的物品：书板，即用于刷印书籍的雕版。从理论上说，针对书坊发展产生的需求，围绕书板的流通，理应形成一个市场，在此过程中，书板从家产转变为商品，以典、卖等方式，进入流通领域。然而事实上，书板的商品化受到社会关系的制约，多数书板仅限于在由二、三代共祖的近亲和关系密切的姻亲构成的社会圈子之内进行流通，书板只出现了"低度"商品化，并未成为可以自由交换的商品。这个个案显示，明清时

* 除非特别注明，笔者持有本文所用史料的电子版，脚注中不再说明这些史料的来源。本文所用书板契约由邹群先生提供，特此致谢。本文初稿曾提交"契约文书的整理与研究"学术研讨会（2019年8月10—11日，广州），感谢与会学者的评论。笔者还与郑振满老师讨论过本文内容，感谢他的修改建议。

期不同类型的对象，在商品化过程中可能经历了不同的"轨迹"，流通的社会圈子可能也不尽相同，或者说，流通方式与社会关系互动的方式也不尽相同，因而商品化的程度也就不尽相同。

关键词： 商品经济　商品化　社会关系　书板

在明清社会经济史研究中，商品经济是以往学者较为关注的一个议题。商品经济的发展，被视为明清时代社会经济变动的一个重要时代特征。这一发展一方面意味着人与市场的关系变得日益密切，另一方面也意味着越来越多的人、物转变为商品。借用美国学者孔迈隆（Myron Cohen）所作的区分，前者是商业化（commercialization），后者是商品化（commoditization）；前者指乡民生产、消费与市场之间关系的变动，后者则主要指经济文化（economic culture）本身，牵涉到货币交易在社会生活中所占地位的变动。[1]透过对被商品化的对象的考察，不仅有可能了解明清时代市场经济的扩展，还有助于探测这一时期商品、社会关系与经济伦理之间的关系，为理解明清社会经济变动提供一个便利的视角。

本文讨论的对象是一种较为特殊的物品：书板，即用于刷印书籍的雕版。对于传统书坊而言，这是最为重要的一项财产，是书坊活动的中心，也是制约书坊发展的一个重要因素。我们知道，明清书坊发展面临的一个基本问题，是书坊的规模受到分家制度的周期性制约。诸子均分制分割书坊的规模，分家后书坊的实力，无论就书板数量、流动资金

---

[1] Myron Cohen, "Commodity Creation in Late Imperial China : Corporations, Shares, and Contrasts in One Rural Community", in David Nugent, ed., *Locating Capitalism in Time and Space: Global Restructurings, Polities, and Identity*, Stanford : Stanford University Press, 2002, p.80.

还是人力资源而言，都大幅减弱。特别是书板，必因分家而大幅减少。如何应对这一状况，是新书坊必须妥善处理的问题。此外，对于无意从事出版业的书板持有者而言，如何处理这些书板也是需要面对的问题。因此，从理论上说，针对书坊发展产生的需求，围绕书板的流通，理应形成一个市场：在此过程中，书板从家产转变为商品，以典、卖等方式，进入流通领域，此即书板的商品化过程。本文考察的核心问题，是书板如何进入流通领域，其流通的社会范围（或曰社会圈子）有何特点。对这些问题的讨论，有助于理解明清时期物品流通与社会结构的关系。

本文在解读账簿、契约、分关、族谱等文献史料的基础上，以清代闽西四保地区的书板流通为个案，论述当地书板流通的几种方式，探究书板流通与社会结构之间的关系。文章共分为四节。第一节介绍本文利用的主要史料和相关史实。第二节考察书板流通的几种方式。第三节透过建构书板流通双方的社会关系，探讨社会关系对书板流通的影响。最后一节为结语。尽管本文侧重讨论的是社会经济史问题，但第二节对书板流通方式的讨论，也为了解明清书坊运作提供了若干翔实的史料，因而在引述原始资料时不厌其烦，尚祈读者见谅。

一、主要史料及相关史事

在开始讨论前，先对本文利用史料与相关背景稍作交代。本文所谈的闽西四保，清代属汀州府长汀县四保里，为清代南中国重要出版中心之一。当地的雾阁、马屋等村，历史上曾出现过数十家书坊，当地印行的书籍，销往福建、江西、广东、广西等省，一些书坊一直经营至民国时期乃至合作化前夕。①由于出版业衰弱年代较为晚近，当地保存了不少相关账簿、契约、分关等史料与实物，当地的族谱对出版业也多有记载。本文利用的账簿、文书就是其中的一部分。

2004年1月，笔者在闽西四保考察期间，获见晚清书板典契、卖契数纸及盟书一纸，对当地书板的流通渠道有了初步了解。最近翻阅新刊《客家珍稀文书丛刊》第一辑影印的晚清民国四保账簿②，又了解到书板租用的一些细节，对书板的流通方式获得了进一步的认识。凑巧的是，这些史料如今虽分属不同的收藏者，但它们基本来自同一家书坊。晚清的几张书板典契、卖契和盟书，基本上跟书商邹序苑经营的书坊有关；而《客家珍稀文书丛刊》影印的账簿，亦多为邹序苑及其后人所记。

具体而言，《客家珍稀文书丛刊》第一辑卷八十四影印了篇幅不一的账簿近十种，这些账簿基本上均与出版业有关，其中六种与邹序苑有关。③它们透露了晚清民初四保出版业的丰富信息，如印刷材料价格、印刷成本、书板流通、售书行程、出行费用、合股经营等，为了解清代四保出版业的运作提供了诸多细节。与本文主题最为相关的，是其中的《咸丰元年至同治四年邹氏账簿》和《咸丰八年至同治三年邹氏银钱往来账簿》。综合这两本账簿和笔者此前获见的书板典、卖契，可大致重

---

① 包筠雅（Cynthia J. Brokaw）著，刘永华、饶佳荣等译：《文化贸易：清代至民国时期四堡的书籍交易》，北京大学出版社，2015年。雾阁、马屋两村，清代属长汀县四保里，今属连城县四堡镇，本文沿用清代地名。

② 曹树基、陈支平主编：《客家珍稀文书丛刊》第一辑卷八十四，广东人民出版社，2019年。

③ 现据编者所列先后顺序，将相关史料依次编号列下：（一）《咸丰元年至同治四年邹氏账簿》；（二）《咸丰八年至同治三年邹氏银钱往来账簿》；（三）《同治四年邹氏银钱往来账簿》；（四）《民国二年至民国三年邹氏银钱往来账簿》；（五）《民国十年邹氏银钱往来及家庭开支账簿》；（六）账簿散页。上述第四、五种账簿，编者断为民国初年所记有误。第一本账簿中称呼序字辈族人时，使用的称谓是"哥"，证明该账簿出自邹元龙子侄辈之手。笔者推断，这本账簿应为邹序苑所记，主要理由是：书板典卖契中邹序苑是买主，而其典卖信息与账簿所记相合。

构晚清四保书板流通的主要方式，而这些文本中出现的书板流通相关当事人的姓名，又为重构流通双方的社会关系提供了线索。

这些账簿多记于咸丰、同治年间（1851—1874），记账者为邹序苑或其家人。邹序苑（1816—1865），名倬学，号善也，又号杏园、翰堂，来自雾阁一个出版世家（参见图1）。序苑的六代祖邹兆熊（1626—1673），据说已开始涉足出版业，兆熊的后裔是四保最重要的印刷世家之一。序苑的五代祖邹抚南（1650—1738），"多镌经史、秦汉诸书，广而布之"。① 从这一代开始至民国时期，邹抚南的后裔历代都有涉足出版业者，四保出版史上的重要人物、《幼学故事琼林》的增补者邹圣脉（1692—1762），就是抚南的儿子。②

邹序苑的父亲邹元龙（字传仕，号义庭、吉甫，1768—1851）也从事出版业。元龙生十一子，其中长大成人的有五人，序苑是第十一子。③ 序苑的传文提到，序苑"承父义庭公意旨，蹈前故辙，计赢余，权子母，仍续刊梨枣，复售书于楚庐阳等处"，"后迁徙于羊城之惠州，所谋如意，亿则屡中"。五十岁卒于惠州归善县。序苑去世后，其子"惟〔肇〕璕与〔肇〕璇仍贸书于惠州之地"。④ 本文涉及的少数史料可能就跟邹肇璕、肇璇（即图1的伯安、伯培）有关。

序苑开始涉足出版业的时代，四保出版业尚如日中天。但随后的太平天国运动，对南中国社会经济带来严重的破坏，出版业自然难以幸免（当然，其影响更多是间接的）。序苑经营的书坊，在此期间肯定是

---

① 《范阳邹氏族谱》卷九，清宣统三年新奕堂木活字本，第7b页—第8a页。
② 邹抚南一脉的世系及其从事出版业的情况，参见包筠雅：《文化贸易：清代至民国时期四堡的书籍交易》第3章《邹兆熊支系图书出版——销售商简明谱系》，第417—421页。
③ 《范阳邹氏族谱》卷九，第36b页—第38b页。
④ 邹步蟾：《翰堂公传》，《范阳邹氏族谱》卷二十，第99a页—第99b页。

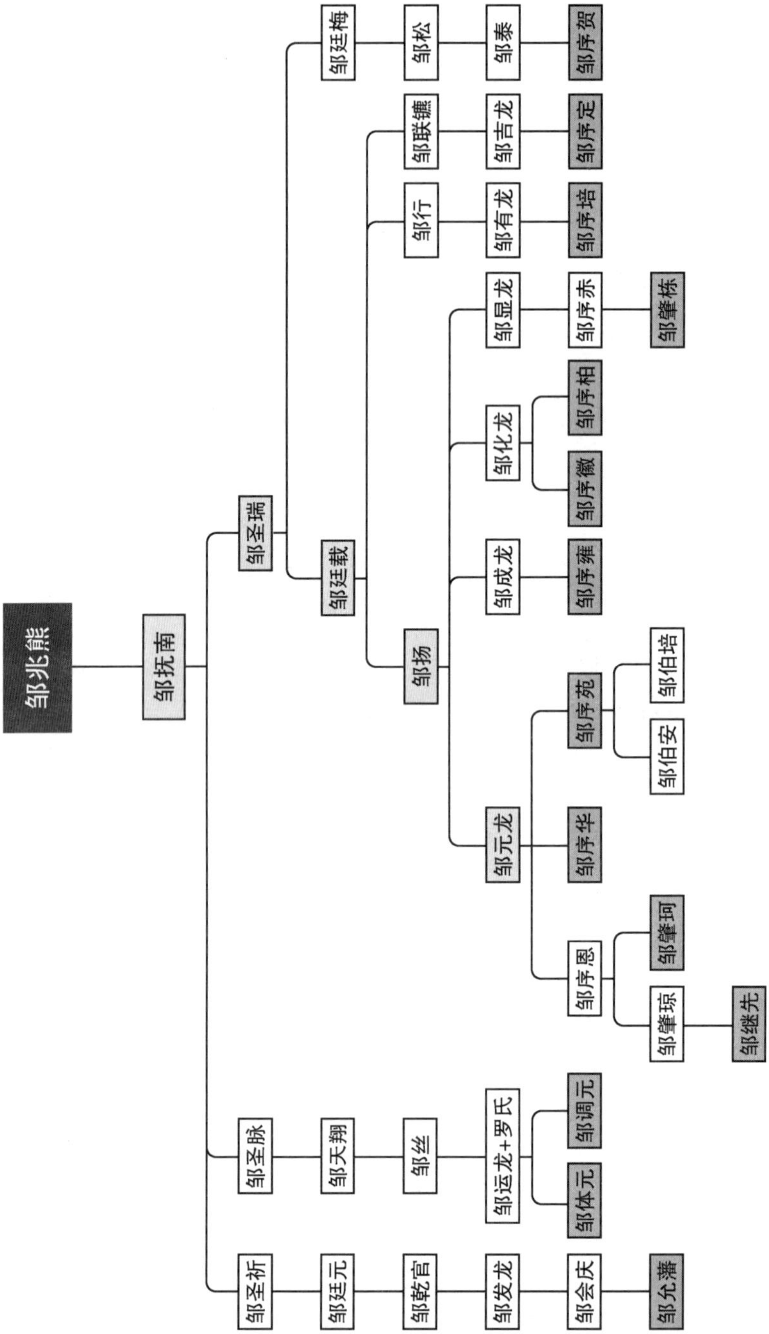

邹兆熊

邹抚南

邹圣祈 — 邹廷元 — 邹乾官 — 邹发龙 — 邹会庆 — 邹允潘

邹圣脉 — 邹天翔 — 邹丝 — 邹运龙 + 罗氏 — 邹体元 / 邹调元

邹圣瑞

邹廷载

邹序恩 — 邹肇琼 / 邹继先
邹序恩 — 邹肇珂

邹元龙 — 邹序华 — 邹序苑 — 邹伯安 / 邹伯培

邹扬

邹成龙 — 邹序雍

邹化龙 — 邹序微 / 邹序柏

邹显龙 — 邹序赤 — 邹肇栋

邹行 — 邹有龙 — 邹序培

邹联穗 — 邹吉龙 — 邹序定

邹廷梅 — 邹松 — 邹秦 — 邹序贺

图 1　邹抚南家族世系略图（根据新喜堂《范阳邹氏族谱》绘制）

举步维艰。但从其传记看，他的书坊并未被战乱击垮，他自身看到了太平天国的覆亡，去世后，两个儿子也继承了他的事业。

为理解分家给书坊带来的影响，最后对四保书坊的分家习俗稍作介绍。清代中叶汀州文人杨澜在谈到四保出版业时称：

> 汀四堡乡，皆以书籍为业。家有藏板，岁一刷印，贩行远近。……城市有店，乡以肩担。不但便于艺林，抑且家为恒产，富坍多藏。食旧德，服先畴，莫大乎是，胜牵车服贾多矣。①

跟土地一样，书板在四保也被视为"恒产"。在分家时，书板的分割方式与土地相同。笔者接触到的近10份四保书坊分关显示，书坊分家时，大多数情况下都将书板分给各房，不分割书坊和书板的情形甚为少见。②

以道光年间云深处书坊分关和光绪二十三年（1897）邹氏分关为例。云深处的家产由五房分割，其中书板48套，分别分给五房，各房分别分得9、10、8、11、10套书板。③邹家在光绪分家前，有书板17套，分授给四房，各房分别分得3、5、3、6套。包筠雅还讨论了道光十九年（1839）马屋在兹堂的分关。分家之前，在兹堂有书板107套，分给六房，每房分得15—22套。④

---

① 杨澜：《临汀汇考》卷四《物产》，清刻本（部分为补抄本），第8a页。
② 有关书坊的分家习俗，参见包筠雅：《文化贸易：清代至民国时期四堡的书籍交易》，第114—124页。包筠雅认为，不实行均分制，仅将书板分给其中一房的做法属于"例外"，参见包筠雅：《文化贸易：清代至民国时期四堡的书籍交易》，第115—116页。
③ 包筠雅《文化贸易：清代至民国时期四堡的书籍交易》第四房的数据是9套，她没有计入重复的2套（即《钦定协纪》和《幼学锦囊》），参见包筠雅：《文化贸易：清代至民国时期四堡的书籍交易》，第115页。
④ 包筠雅：《文化贸易：清代至民国时期四堡的书籍交易》，第115页。

当然也有例外。个别书坊安排一位后裔继承书坊。[①]有的书坊提留部分书板不予分割。光绪二十三年（1897）雾阁聚贤堂书坊就是如此。根据这家书坊的分关，分家之前，聚贤堂有书板31副。分家时，参与分家的四房分别分得6、5、6、5套书板，另有9套书板没有分割，并注明："抽板玖副，作椿、（作）桦二人存众，打银贰百叁拾贰两正，以还佛山、潮城各款浮账。"换句话说，提留的9副书板是为了处理各种浮账。

总之，尽管存在一些例外，在分家制度的影响下，书坊被周期性地分割，分割后的书坊，规模变小，书板配置大不如前，资金和人力也较为紧缺，这些分家制度带来的后果，应如何应对呢？

二、书板流通的几种方式

为解决上述问题，书坊面临多种选择。通过合伙的方式，可以整合分割后若干书坊的资源，重新配置书坊的书板、资金和人力。同时，也可以透过书板的流通，在不改变书坊其他要素的情形下，调整书板种类的配置，对市场需求作出回应。从目前获见史料看，四保书板的流通，有租、典、卖、换印等几种方式。透过这几种方式，书板在书坊之间进行流通。

1. 合伙

要解决书坊书板、资金和人力方面的不足，合伙是一种应对之道。分家后邹序苑书坊的选择，正好提供了这一方面的例证。

---

① 包筠雅提到的唯一"例外"，是马屋出版史早期的一个个案。参见包筠雅：《文化贸易：清代至民国时期四堡的书籍交易》，第115—116页。

邹序苑之父邹元龙卒于咸丰元年（1851）七月，当时邹序苑三十五岁，此时他应已涉足出版业多年。元龙去世后（也可能是去世之前），其书坊的书板由五位儿子分割。根据当地的分家习俗，序苑应只继承了五分之一的书板，在书板、资金等方面都面临着挑战。为扩大经营规模，咸丰五年十二月，他和堂弟序贺（1818—？）合伙从事出版、销售业。笔者在2004年获见的文书中，就有两人的合伙盟书，现将盟书抄录于下：

一团和气财发万金

立合伙盟书人序苑贺窃思人资福主，事赖赞襄，原非独力能胜众任，只身能收众利也。序苑贺等志同道合，各出本银若干，同为书籍生涯，务宜均失断金之谊，共存贯日之心，竭力经营，无分尔我，殚精权度，罔隔形骸。所获余资清算，递年或分用以赡家，或公存以作本，则庶乎如丽水金生，昆冈玉积也。倘有私心横为，难逃天鉴，匿银乖数，神鬼共戮。恐涉无凭，经众面立盟书，各执壹纸，永远存照。

今将规额列明于左：

一舟途伙食使用并阳春店中使用物件书架夹板等项，皆是序贺己的，未入众。

一店中书脚货底，照依时价折实，归入本钱数内。又照。

一其生意本钱均出之外，长用钱者，行息加贰补还。又照。

一二家书板任凭刷印，多寡不得计租。又照。

一亲属子侄品行不端，不得携带顺情。又照。

一出入数目务要分明，不可糊涂大方等情。又照。

一请伙泮工俸至在照袖论功升赏，或初年新客，工俸另议。又照。

一或已用钱银两不得入众数。又照。

在见人序^{铎（花押）}^{培（花押）}

咸丰伍年十二月　吉日立合盟书人序^{苑（花押）}^{贺（花押）}

按，邹序贺，谱名家颂，号庆堂，比序苑小两岁，其曾祖父邹廷梅（1720—1803）是邹抚南之子邹圣瑞（1694—1753）的四子，而序苑也是邹圣瑞的后裔，因此他们是共四代祖的堂兄弟。盟书中的阳春，属广东肇庆府，可知立盟书时，序贺在肇庆贩书。

合伙关系建立后，"二家书板任凭刷印，多寡不得计租"，两家书坊实现了书板印刷的共享。这种关系的建立，应该有助于增强两家书商的竞争力。《客家珍稀文书丛刊》所收现存账簿，为了解合伙后这家书坊在惠州等地的经营情况提供了第一手材料，限于主题所限，笔者拟另文对此进行讨论。

2. 租、换印

翻阅《客家珍稀文书丛刊》可知，晚清四保有一个书板出租圈子，书板租用业务时有进行。同时还有换印的方式，亦即两家书坊互换书板印刷，书板产权没有改变，而互换的书坊可获得自身需要的书籍。

《咸丰元年至同治四年邹氏账簿》列举了咸丰十一年（1861）、同治二年（1863）的书板换印、出租清单，值得注意。咸丰十一年七月，"允潘印去《青云诗》壹百部，印回《韵集成》六十部。仰篆哥借印《鹿洲集》六十部"。同治二年四月，"允潘借印《青云诗》七十部"；五月，"怀德叔借印《青云诗》六十部"；七月，"印去《鹿洲集》卅部"；六月，"马源崇姻翁租《鹿洲集》六十部，言定板租银六元"。①

① 《客家珍稀文书丛刊》第一辑卷八十四，第292页。

此处不仅涉及书板的出租及租金，还提到换印的情况。如咸丰十一年七月，记账人与邹允潘（亦作允璠）互换《青云诗》《诗韵集成》，前者印100部，后者60部，两者的租金应该是基本对等的。

《咸丰八年至同治三年邹氏银钱往来账簿》也记录了不少书板租用的信息。咸丰九年（1859）三月初五日记："诰哥嫂支去板租银五元，3.52两。"①四月初三日记："叙华哥支去板租银四元，2.635两。"②次年三月记："大嫂支去板租银乙元，6.95，补去钱五十五文。"③三月廿六日项下补记："旧冬借去银乙元，61，算入《留青》板内。"④同日又记："叙定支去板租银贰元，1.3两。"⑤五月十四日记："徽哥支《拨沙经》板租乙元，64。"⑥五月十六日记："肇栋支《路程》板租银乙元，675。"⑦五月廿六日记："《奕棋》板去钱三百五十文。"⑧咸丰十一年正月记："继先借去铜钱叁千壹百六十四文，申银2.4两。"后列《岳云诗》《雷峰塔》《左句解》《四弹子》《万宝》五部书籍⑨，可推知此次交易或为书板出租。咸丰十一年五月十八日账下记："《玉匣记》板租去钱贰百文。""《青云文》板租去钱贰百文。"⑩同治元年（1862）十二月记："《留青》板，序徽、序柏共支去银十元零二合，重6.732两。"⑪同治二年八月十六日记："《雷峰塔》板去钱五千文，申银3.45两。"⑫

① 《客家珍稀文书丛刊》第一辑卷八十四，第311页。
② 《客家珍稀文书丛刊》第一辑卷八十四，第312页。
③ 《客家珍稀文书丛刊》第一辑卷八十四，第314页。
④ 《客家珍稀文书丛刊》第一辑卷八十四，第315页。
⑤ 《客家珍稀文书丛刊》第一辑卷八十四，第316页。
⑥ 《客家珍稀文书丛刊》第一辑卷八十四，第320页。
⑦ 《客家珍稀文书丛刊》第一辑卷八十四，第321页。
⑧ 《客家珍稀文书丛刊》第一辑卷八十四，第322页。
⑨ 《客家珍稀文书丛刊》第一辑卷八十四，第329页。
⑩ 《客家珍稀文书丛刊》第一辑卷八十四，第332页。
⑪ 《客家珍稀文书丛刊》第一辑卷八十四，第340页。
⑫ 《客家珍稀文书丛刊》第一辑卷八十四，第342页。

有关书板的租金，某些分关也有所交待。前述聚贤堂分关就罗列了9副抽众书板的板租：

《三经精华》每百部板资陆员正。《诗经》2.6元。《书经》1.7元。《易经》1.7元。

《五经句解》每百部板资叁员正。

《课孙草》每百部板资壹合五正。

《养正草》每百部板资壹合五正。

《一贯堪舆》每百部板资贰员正。

《吏治悬镜》每百部板资贰员正。

《正音撮要》每百部板资陆合正。

《韵对屑玉》每百部板资陆合正。

《词学全书》每百部板资叁员正。

上述板租以百部计算，租金从银元0.15元至6元不等，其依据应该是全副书板的数量，也许还参照了书籍的销售状况。《三经精华》还分别标出了《诗经》《书经》《易经》每副书板的租金。

3. 典

从2004年获见文书可知，书板典契多书"其银无息，书板无租""其银不算利，其板任凭银主刷印"等字样（详下），可见典的性质与租颇为相近（当然在典与卖之间，界限也是很模糊的）。

《咸丰元年至同治四年邹氏账簿》就记录了不少书板典、赎的信息。咸丰十一年（1861）六月初一日允璠条下记："赎《鹿洲对联》板，去银十五元，重10.515两，另多银水8分5厘。"[1]同年六月廿九日记：

①《客家珍稀文书丛刊》第一辑卷八十四，第244页。

"兑马兰周［旧］（舅）家赎回《鹿洲集》板。"①同治二年（1863）二月十五日记："序徽典《留青》板去银八元二合，扣重5.42（？）两。"同日又记："《留青》板序柏支去钱壹千壹百文，又支去钱100，雍手。廿日支去钱三百文。廿八支去钱三百八十文。"又记："肇珂《左传句》《雷峰塔》去银四元，2.76两，又乙厘（？）69。"②第一笔明显与出典有关。第二笔虽未言明交易类型，但从交易额判断，也似属书板出典。第三笔也应是书板出典（举证详下）。同治四年四月十三日项下补记："五年七月，经序雍伯断将《青云诗》板全副，又去银1元6.7钱，又去钱674（文）。"③此处恐是断卖之找价。

凑巧的是，笔者2004年获见文书中，就有上述账簿所记同治二年（1863）《雷峰塔》书板的处理情况。兹将文书抄录于下：

> 立典字人肇珂今因无钱赎《雷峰塔》《左传解》书板，将《雷峰塔》全副典与本家苑叔身边，典出铜钱伍仟文正。其钱不算利，板不算租。今欲有凭，立典字为照。
>
> 中人肇杞
> 同治贰年三月　立典字人肇珂（花押）
> 自署

有关此笔交易，《咸丰元年至同治四年邹氏账簿》的记载与《咸丰八年至同治三年邹氏银钱往来账簿》所记有不同之处。前者记于同治二年（1863）二月十五日，称"肇珂《左传句》《雷峰塔》去银四元，2.76两，又乙厘（？）69"；而后者记于同治二年八月十六日，称"《雷

---

① 《客家珍稀文书丛刊》第一辑卷八十四，第247页。
② 《客家珍稀文书丛刊》第一辑卷八十四，第262页。
③ 《客家珍稀文书丛刊》第一辑卷八十四，第289页。

峰塔》板去钱五千文，申银3.45两"，八月或是追记，实际交易发生于八月之前。两者均未记录交易的属性，从交易金额判断，后者所记与典契相合。而且二月交易涉及《雷峰塔》《左传句解》两书，而三月典契仅涉及《雷峰塔》。那么，是否二月交易仅仅是出租，三月由于肇珂家急用，遂将其中的《雷峰塔》全副典出？

2004年所见文书中，还有两件典契，均立于道光二十六年（1846），分别涉及的是《张晓楼稿》与《英雄谱》《四书串珠》等书板的出典，典入书板者也是邹序苑（其中一份典契写作序院）：

（一）

立典字调元为因吉用，自愿将祖父分授己名下《张晓楼稿》书板壹副，典与本家序_院兄弟边，典到佛番壹拾叁员正。当日二面言定，递年其银不算利，其板任凭银主刷印。日后二家不得异说等情。今欲有凭，立典字为照。

一批其佛番每员府平六钱六分兑，任凭借主来正早晚照依典字内佛番办回取赎。又照。

（咸丰二年二月廿六日借去钱五百文）

道光贰拾陆年三月　日立典字调元（花押）

奎垣笔

（二）

立典《英雄谱》《四书串珠》书板字人序华今来典到序苑身边，典出花银本贰拾员正。当日三面言定，其银无息，其板无租。今欲有凭，立典字为据。

一批其银每员六钱六分府平兑。

一批照依典内原价交还，任凭早晚取赎是实。

一批借约在传祥叔身边执。

在场^{传贵元}（花押）

道光贰拾陆年捌月初八日立典书板字人序华（花押）

自书

典契除说明"递年其银不算利，其板任凭银主刷印"或是"其银无息，其板无租"外，还言明"照依典内原价交还，任凭早晚取赎"，交代了回赎的条件。

前引《咸丰元年至同治四年邹氏账簿》提到咸丰十一年（1861）六月初一赎回《鹿洲对联》板与六月廿九日赎回《鹿洲集》板两笔交易。《咸丰八年至同治三年邹氏银钱往来账簿》记录了围绕《鹿洲对联》《鹿洲集》书板的更为详尽的信息：

> 赎《鹿洲对联》板去银五十元，33.2两。
>
> 赎《鹿洲》伯纯手去银六元，4.2两。
>
> 赎《对联》板十块，去银乙元，668银，交继先。
>
> 《鹿洲对联》板众典去银五十三两贰钱五分。肇珂叔侄来立典字。
>
> 另《鹿洲》板五十块，继先在肇璈名下当花银五元，3.52两，未存入众数。
>
> （咸丰）十年、十一年支去银40.505（？）两。
>
> （同治）元年冬，继先对贺赎回《鹿洲》板一半，去银廿三两二钱一分，仍欠银4.05两，该苑入。①

①《客家珍稀文书丛刊》第一辑卷八十四，第326页。

"典"与"赎"应是相对的概念，出典者典出书板，获得银两；而典入者获得书板，支付银两（引文中"赎"应指交易对象而言）。上文的《鹿洲对联》《鹿洲集》两副书板，分别由邹肇珂、邹继先典与记账人[①]，而记账人支付相关的典租。

这条史料还有一个有趣之处。书板不仅可以全副出典，还可部分出典，如《鹿洲对联》仅出典10块板片，而《鹿洲集》分别出典50块和半副。另外，上文的"众""众数"，应指序苑、序贺合股成立的商号而言。上文提到，合股时间是咸丰五年（1855），而上述文字的记录时间是咸丰十年至同治元年（1862），这正是合股之后发生的收支。

4. 卖、找

《咸丰八年至同治三年邹氏银钱往来账簿》也记录了若干书板出售的信息。咸丰九年（1859）就记录了如下一笔交易：

> 咸丰九年众在
>
> 序培兄手买来
>
> 车一架，158（文）；书架一扇，钱500（文）；板架二扇，钱500（文）；
>
> 纸床一张，250（文）；棹子一张，60（文），对序贺名下已买；
>
> 印书座位板二块；
>
> 《四大铜人》板一副，众置；
>
> 《青云诗》板一副；

---

① 邹继先似有吸食鸦片的嗜好。如咸丰九年（1859）正月初七日记："继先支去烟1.7两，扣银乙元，68。……三月初九日……又支烟5钱；十七日，支烟4钱。"三十日，"继先支去洋烟1.3两，即收银乙元，6钱"。其他相关记载还有几条，恕不一一列举。详见《客家珍稀文书丛刊》第一辑卷八十四，第214、218、261、284页等。这一嗜好很可能是他出典书板的重要原因。

《入地眼》板一副；

《留青集》板一副。①

此次交易是在邹序培和合伙商号之间进行的。序培大概是不想继续经营书坊生意，遂将《四大铜人》等四副书板转让给商号，同时转让的还有车、书架、板架等书坊用具。这是几本账簿中见到的唯一出售书板及相关工具的记录。因此可以说，作为摇钱树，书板是很少被直接出售的。

当然事实上，由于种种原因，仍有一些书板最终被出售。以下两件契约显示了书板由典而卖、找的过程。

（一）

立典字人传贤叔姆今问到序苑贤侄身边，典出花银陆两八钱八分正。其银无息，书板无租。恐口无凭，立典字为照。

一批将《万备全书》板全副为典。

在场男调元贵（花押）

道光廿九年正月立典字人传贤姆（花押）

（二）

立复找断书板字人邹罗氏仝男调元、体元、贵元今因无银吉用，自愿将先年《万备全书》典与本家　序苑为业，当日典价两明。今托传怡叔前来相劝，在序苑身边复找出铜钱叁仟文正。自找之后，再不得生端异说。恐口无凭，立复找断书板字为照。

_____

① 《客家珍稀文书丛刊》第一辑卷八十四，第350页。

一批即日领到价铜钱足讫，明白是实。

说合中人传怡（花押）

调元（花押）

咸丰叁年三月初一日立复找断字书板字人邹罗氏（花押）

仝男体元（花押）

贵元（花押）

依口代笔人序华

两件文书中的邹调元兄弟，也是上文引述典契中出典《张晓楼稿》《英雄谱》等书板的原主，道光二十九年（1849），调元、贵元兄弟将《万备全书》（或即《万宝全书》）典与邹序苑，得银6.88两。咸丰三年（1853），立复找断书板字，获得找价3 000文。从道光二十九至咸丰三年之间，双方是否还有过其他交易？笔者认为这个可能性较大。2004年获见契约中，有一件卖书板字，使用的表述是"卖书板字"：

立卖书板字人仲威为因无银调医急用，自愿将父遗下《诗经删补》板全副，今托中送与本家　碧书兄弟承买为用。当日凭中言定时价银壹拾肆两正。其银及板即日交付明白。自卖之后，任凭买主印刷。有卖者不得生端异说等情。恐口无凭，立卖书板字为据。

一批即日领到书板银足讫，明白是实。

一批其板限至来年冬成，准献威缴回字内本息银，方可取回。如有光绪拾年以后，不得异说等情。此炤。

一批取回板之日，照依乡规，行息加二伸算是实。

在场中人 允钟（花押）
序登（花押）

弟汉威

在场胞兄仁威（花押）

弟建威

光绪捌年拾壹月 日立卖书板字人仲威（花押）

依口代笔人鹤鸣（花押）

相比之下，前两契使用的表述是"典字"和"复找断书板字"（请注意表述中的"复"字，土地买卖通常是找两次）。如果笔者估计不错，除了上述两契外，很可能尚有卖字和找字各一纸，与上述两契构成一个完整的交易系列，只是此两契可能没有保存下来。此外，此契还可窥见典契与卖契的差别。卖契规定，"取回板之日，照依乡规，行息加二分伸算"，而典契无此规定。换句话说，卖契在赎回书板时应付二分息（年息20%），而典契无须付息。

顺带指出，找价的习俗，看来不仅与土地有关，也适用于书板，颇似一种普适性的习俗。当然，正如上文指出的，背后的主要考虑是，书板很可能被四保出版业从业者视为"恒产"，其价值类同于，乃至高于土地。

三、书板流通与社会关系

不管是账簿还是契约提供的信息，似乎都暗示一点：书板在四保地域似乎可以进行相对顺畅的流通。出于对利润的追求，书坊透过租、换、典、卖等各种渠道进行流通，在此基础上当地形成了某种书板市场。这是笔者接触反映书板流通的契约、账簿后形成的一个预设。不过事实上，清代书坊对书板的流通是有一定的规定的。

对于分授给各房的书板，一些分关作了具体规定。如上述聚贤堂分关，不仅规定了各副书板的板租，还限制书板出租的范围，要求"其板不许资与外人刷印"（四保话资、租同音）。此处所谓"外人"，应即参与分家的四房之外的旁人。云深处分关对书板作了更详尽的规定：

> 凡本经书板，汝兄弟可出租，不通全刷印，亦不得出售。如杂书板，听其愿与不愿。租印妨碍本人生意。至租印之板十部，抽租价一部。若外人并亲朋，俱不得租印。各宜遵家规。

分关将书板分为"经书"和"杂书"两类（大概前者较为紧俏，利润高）。分家之时，云深处的长辈规定，经书书板出租仅限于兄弟之间，而杂书书板则不作限定，分关将这条规定称作"家规"。

由于这种规定在分关中并不多见，笔者曾以为，相关规定在实践中的约束力并不强。不过为了谨慎起见，笔者还是仔细重建了书板租、换、典、卖双方的社会关系。其结果虽然不尽然是颠覆性的，但也发现，书板流通的圈子是比较小的。这就提醒我们对书板的流通市场应持更为审慎的态度，因为书板流通过程可能在很大程度上受到社会关系的制约。

笔者依据上述账簿、契约提供的信息，整理出一份相关当事人的清单。然后查阅族谱，梳理这些人之间的社会关系，其结果归纳为表1：

表1 四保书板流通对象之间的社会关系

年 代	流通类型	当事人1	当事人2	社会关系
咸丰五年	合伙	邹序苑	邹序贺	共四代祖
咸丰九年	出租	邹序苑	邹鸿诰（？）	共十代祖

（续表）

年　　代	流通类型	当事人1	当事人2	社会关系
咸丰九年	出租	邹序苑	邹序华	兄弟
咸丰十年	出租	邹序苑	邹序定	共三代祖
咸丰十年	出租	邹序苑	邹序徽	共二代祖
咸丰十年	出租	邹序苑	邹肇栋	共三代祖
咸丰十一年	出租	邹序苑	邹继先	共三代祖
同治元年	出租？	邹序苑	邹序柏	共二代祖
同治二年	出租	邹序苑	马源崇	亲家
咸丰十一年	换印	邹序苑	邹允潘	共六代祖
同治二年	换印	邹序苑	邹怀德	不详
道光二十六年	典与赎	邹序苑兄弟	邹调元	共五代祖
道光二十六年	典与赎	邹序苑	邹序华	共五代祖
道光二十九年	典与赎	邹序苑	邹传贤妻	共五代祖
咸丰十一年	典与赎	邹序苑	邹允潘	共五代祖
咸丰十一年	典与赎	邹序苑	马兰周	甥舅
同治二年	典与赎	邹序苑	邹序徽	甥舅
同治二年	典与赎	邹序苑	邹序柏	甥舅
同治二年	典与赎	邹序苑	邹肇珂	共二代祖
咸丰三年	卖	邹序苑	邹调元兄弟	共二代祖
咸丰九年	卖	邹序苑	邹序培	共三代祖
同治五年	卖	邹肇璈兄弟	邹序雍	共二代祖

备注与文献出处：

（一）邹序贺（名家颂，1818—？），共四代祖（邹圣瑞），《范阳邹氏族谱》卷九下，第7a—b页；

（二）账簿中的"诰哥"，疑即邹鸿诰（名宝威，1839—？），共十代祖（邹国铭，14世），《范阳邹氏族谱》卷七，第112b页；

（三）账簿中邹叙华，应即邹序华（名倬文，1803—1878），邹序苑兄，《范阳邹氏族谱》卷九上，第44a页；

（四）账簿中邹叙定，应即邹序定（名倬靖，1816—1870），共三代祖（邹廷载，20世），《范阳邹氏族谱》卷九上，第94a页；

（五）邹序徽（名家政，1798—1864），共二代祖（邹扬，22世），《范阳邹氏族谱》卷九上，第59b页；

（六）邹肇栋（名云苏，1828—1902），堂侄，共三代祖（邹扬），《范阳邹氏族谱》卷九上，第67b页；

（七）邹继先（名尚创，1836—1869），堂侄孙，共三代祖（邹元龙），《范阳邹氏族谱》卷十五下，第20b页；

（八）邹序柏（1824—？），共两代祖（邹扬），《范阳邹氏族谱》卷九上，第64a—b页；

（九）邹允潘（名翼廷，1818—1879，25世），即聚贤堂主人，堂侄，共六代祖（邹抚南），《范阳邹氏族谱》卷八上，第27b—28a页；

（十）邹调元（1800—？），序苑堂兄弟，共五代祖（邹抚南），《范阳邹氏族谱》卷八下，第176a页；

（十一）邹传贤妻（1774—1841），即邹罗氏、罗瑞秀，邹传贤为序苑堂叔，共五代祖（邹抚南），《范阳邹氏族谱》卷八下，第175a—b页；

（十二）邹肇珂（名伯玉，1823—1890），堂侄，共二代祖（邹元龙），《范阳邹氏族谱》卷九上，第39a—b页；

（十三）邹序培（名家政，1815—1870，不同于序徽），共三代祖（邹廷载），《范阳邹氏族谱》卷九上，第87b—88a页；

（十四）邹序雍（名倬璧，1810—1879），共二代祖（邹扬），《范阳邹氏族谱》卷九上，第57a页。

如果将表1的信息简化，那么在社会身份信息完整的15位当事人中，与邹序苑父子有书板流通的当事人，可分为兄弟及从二代至十代的共祖关系和姻亲关系两大类型，其中共祖关系13例，姻亲关系2例。依照共祖数量的多寡，从多到少依次为二代（4）、三代（4）、五代（2）、四代（1）、六代（1）和十代（1）（参见图1）。换句话说，除了邹鸿诰外，其余介入书板流通的当事人，均为邹抚南之后裔，而且属于三代以内共祖关系（邹元龙后裔）的当事人占8位，为总数的近三分之二。两例涉及异姓的书板流通事例中，当事人之间有密切的姻亲关系。①

---

① 查《范阳邹氏族谱》，邹元龙原配为马氏，表1马兰周应为马氏之兄弟；邹序苑长子邹伯珊、次子邹伯安的妻子均为马姓，表1马源崇应为其中一人之岳父。参见《范阳邹氏族谱》卷九上，第36b—37b，49a—50b页。

我们知道，在晚清的四保地域，马屋马氏、雾阁上祠房和下祠房都有为数可观的书商，特别是雾阁上祠，邹殿谟家族和邹辅国家族都是出版世家，但属于下祠房的邹兆熊家族（亦即邹序苑所在家族），在史料中却观察不到与他们有过书板流通关系。这一书板流通的社会区隔，和上面提到的流通范围的集中程度，都颇值得注意。这种书板流通的社会格局从侧面说明，尽管书板流通很难限制在兄弟之间，但社会关系的介入，还是足以将大多数流通限制在三代的共祖关系和部分姻亲关系之内，其结果是，多数书板仅在近亲之间进行流通。

四、结　　语

在分家制度的干预下，清代四保书坊的发展规模，面临着周期性的调整。分家后的书坊，无论在书板配置、资金、人力方面，都难以跟分家前相提并论。如何应对这一挑战，是每家新书坊面临的基本问题。

我们看到，通过合伙，书坊可同时重新配置书板、资金、人力等几个方面的资源，特别是整合书板资源，优化图书配置，不失为一种可供选择的应对方式。而透过租、换印、典、买等方式，经营得法的书坊可以获取相关书板的使用权和所有权，从而在书籍配置方面获得某种优势，在市场竞争中站稳脚跟、谋求发展。借助上述方式，一些四保书坊至少部分克服了分家制度带来的负面影响，为满足市场需求、提升生存能力找到了某种有效的应对之道。

但同时也应注意到，作为一种颇具价值的"恒产"，书板的流通也受到若干地方俗例的限制。某些书坊规定，书板只能在兄弟之间租用，不得出租与外人，更不得出售。尽管在事实上，书板的流通难以限制在兄弟之间，不过在实践中仍可观察到，社会关系还是介入书板流通过程，干预书板流通的范围。其结果是，多数书板仅限于在由二、三代共祖的近亲和关系密切的姻亲构成的社会圈子之内进行流通，书板只出现了"低度"商品化，并未成为可以自由交换的商品。从这一意义上可以说，四保书板流通为理解明清商品流通与社会关系之间的互动提供了一个颇有趣味的个案。

四保书板流通的个案说明，明清时期不同类型的对象，在商品化过程中可能经历了不同的"轨迹"，流通的社会圈子也可能不尽相同，或者说，流通方式与社会关系互动的方式也不尽相同，因而商品化的程度也就不尽相同（不妨将书板与大米、食盐、土地乃至人口的流通方式作一比较）。因此，围绕明清时代的商品化本身，似有必要追问一系列问题：哪些对象可以成为商品？它们/她们在何种条件下成为商品？社会文化的理念与实践如何影响商品化过程，又如何应对此一过程？如何从商品化过程认知明清两代的时代性？在以往的商品经济讨论中，较少关注这些问题。对这些问题的讨论，相信不仅有助于理解明清商品经济发展本身，对推进明清经济与社会关系的讨论想必也不无裨益。

《近代日本编纂中国地志研究》概要

郭墨寒

（浙江工商大学马克思主义学院中国近现代史研究所）

一、研 究 背 景

中日两国一衣带水，两国之间的文化交流源远流长，地志文化是中日文化交流的重要方面。古代中国文化相对强盛，对近邻日本影响深远，中国地志编纂的理论和体例结构对日本产生重要影响。日本奈良时代风土记编纂的开始，就不断受到中国方志编纂影响，江户时期日本地志编纂呈现繁荣态势，中前期深受《大明一统志》的影响，后期逐步形成自己的特色。然而伴随着日本兰学解禁，西方地理学知识在日本传播，日本翻译、模仿和改编世界地志，地志文化在日本逐步发生变化。明治时期全面吸收西方地理学知识，根据自身需要编纂世界地志，成为世界知识互动的一部分。明治政府为了统治需要，专门组织机构和颁布条文，组织编纂新的日本地志，民间私修地志和教育地志在日本也蔚然成风。明治时期日本的大学体系逐步建立，日本地理学也在大学完善过程中逐步成长，地志学作为地理学重要分科也形成自己的理论，专业的地志学家及地志学理论著作不断涌现。然而随着日本军国主义的膨胀，日本地志学与"地政学"交融，导致日本地志学走过一段不光彩的历史，地志学者为法西斯主义提供理论支持和现实服务。

随着日本的近代化进程，日本地志编纂的实践和理论也不断向近代化转变。资料收集方法上，更加科学和系统，并形成周密的调查纲目；调查内容上，门类更加细化，更加贴近现实需求，数据更加精准化；摄影技术应用到地志图像资料的采集，地图绘制也不断更新技术和技法；编辑群体方面，从以前的官修和藩修地志，到了近代出现各色各样的团体组织和个人参与地志编纂，地志编纂不再只是国家和地方政府的事情。

编纂外国地志是日本地志编纂近代化过程中的重要组成部分。编纂中国地志，又是其编纂外国地志中数量最多、范围最广、程度最深的部分。日本的政府部门、军事机关、商业团体、研究机构等，纷纷组织人员在华展开实地踏查和情报收集，并利用调查资料编纂成地志供日本各机构相互参考。同时，日本的留学生、教习、僧人、记者、官员、军人、学者、商人等，也纷纷踏入中国土地，展开各色各样的调查，并编有大量中国地志。

近代日本编纂中国地志中，全国地理总志有《清国地志》《支那地志》《支那帝国地志》《中华民国地志》《新支那地志》《支那省别全志》《新修支那省别全志》等共40余种。地方而言，以日本占领的台湾、满洲地区为最，如日人所编台湾地志有《台湾志》《台湾地志》《台湾岛》《台湾新地志》《台湾事情》《台湾全志》等，日人所编东北地区的地志有《满洲通志》《满洲事情》《满洲要览》等。日人还编有其他诸多中国区域性地志，如《南支那》《西北支那》《北支那事情》等。另外中国大陆具体各省、市甚至村，也有不少日人编纂的地志，省一级有《湖南省综览》《四川省综览》《广西省事情》《福建省事情》等，城市地志有《北京志》《天津志》《汉口》《宜昌事情》《昆明》《青岛》等，村级地志有《李村要览》等。

日本所编中国地志内容十分丰富，包括地理、经济、军事、交通、社会、文化、都市、贸易、民族、人口、气候、物产、宗教、风俗等方面。这些地志编纂站在日本人的角度收集和汇编资料，并采用科学调查纲目和实地踏查等方法，因此这些地志的科学性和可靠性较高，有重要的参考价值，是中国地方志书的重要补充。

然而日本所编中国地志如此之多，国人却不是太清楚，从史料的角度来说，并没有得到学界足够的重视和利用。究其原因或为以下几点：首先这些地志都用日文记载，不方便阅读和使用；其次多数资料不在国内，即使国内有，也只在少数图书馆中；再者，或许过去受意识形态的影响，对近代日本涉华资料都带有反感。当然，更重要的是这些地志没有学者作系统的梳理和研究，无法查找目录并利用。

因此本文的研究，旨在对日本编中国地志资料进行目录的梳理，直接为利用和研究这些日文中国地志提供指南。再从方志编纂角度，研究近代日本编纂中国地志的背景、过程、内容、方法、体例等。另外，通过分析近代日本编纂中国地志的横向纵向层面，认知近代日本对中国实况研究的大体进程，窥视日本中国研究的路径和方法。

二、内 容 结 构

全文内容主要为九大部分，分为绪论、正文七章和附录"近代日本编中国地志目录"。

绪论部分对地志的含义展开深入研究，梳理"地志"在不同历史阶段的内涵，并分析了"地志"和"方志"之间的异同关系。另外简述地志资料收集情况并梳理相关藏书目录。

第一章是"近代日本地志编纂的源流与发展"，分为三节：第一节概述近代以前日本地志编纂源流，梳理奈良时代以来至江户早期中国方志编纂对日本地志编纂的影响，同时江户时代受西学东渐的影响，兰学者开启翻译和改编世界地志，并编纂了日本周边区域的地志；第二节梳理近代日本本土地志编纂情况，首先是明治维新以来日本官修地志的传统承载和变革，其次是私修地志在日本蔚然成风，再是近代地理教育推行下教育地志在日本出现并盛行；第三部分研究近代日本编纂外国地志，其中包括世界地志和各国地志，与此同时日本开始编纂中国地志。

第二章是"近代日本编纂中国地志发展概况"：首先梳理日本编纂中国地志的种类和数量，其次从"世界知识互动"和"殖民扩张驱动"两个角度分析其行为背后的背景形势，再梳理其编纂发展历程，主要分为明治前期对华探索阶段（1868—1895）、合作与冲突中对华调查阶段（1895—1931）和战时地政学影响下地志编纂阶段（1931—1945）。

第三章"编纂者认识"，将地志编纂者分为组织机构和个人两个方面，组织机构方面有政治机构、经济组织、军事机关、社会团体和民间组织，个人有学者、教习、官员、军人、商人、僧人和记者等，组织机构和个人之间相互依存和协作。

第四章"内容结构分析"，主要从地志编纂的资料来源、体例结构、内容类别三个方面展开分析。资料来源主要可以分为四个方面，以调查报告为主体，另外包括中国地志书籍、西方有关中国的记载、政府公报和新闻报刊；体例结构方面，这些地志是根据日本人自身需要编纂而成，因此在结构、体裁、章法方面和中国传统地志都呈现较大差异；

内容类别方面，分析主体内容包括历史沿革、地理、都邑城市、交通、通信、物产、工业、农业、商业、贸易、金融、度量衡等，再分析中国编的地志中所不关注的内容，包括外国人在中国各地的人口、职业、贸易情况、势力等，同时记载与日本紧密相关的内容，特别是日本急需了解的内容，比如日本人在中国各地的人口数量、职业、宗教渗入、商业竞争力等。

第五章"地志所见近代日本中国学新识"：第一节对以往日本中国学作批判认识，认为以往的研究局限于人文学科，政治、社会、经济等有很多方面还需要展开深入研究，而从日本人编纂中国地志角度研究近代日本中国学既能行且必要；第二节从日本编纂的中国地志管窥近代日本研究中国现势情况的路径，在华实地调查和情报收集是主要路径；第三节以日本人编纂的中国地理总志为资料，研究明治前期日本人对华疆域认知的变迁和影响。

第六章"组织和个人编纂地志的案例研究"，通过对上海日本商工会和神田正雄两个案例分析，对团体组织和个人编纂中国地志更加深入认识。两个案例研究凸显出一些共同的特点：近代日本编纂中国地志都带有明确重要的目的，有相应的经费支持，以实地调查和情报收集为主要资料来源，重视当时的实际情况，为日本政府等相关部门提供参考。

第七章"日本编中国地志评述"，首先是从五个方面论述其编纂动机，其次评论这些日文中国地志特征，再是分析它们对中国的影响，最后是评述其学术研究、志书编纂参考和资源挖掘等方面的价值。

附录"近代日编中国地志目录"，收录近代日本编纂中国的综合性地志434种，其中全国总志44种，区域地志101种，各地地志289种。后1895年日本占据中国台湾省，日治台湾时期编纂台湾地志数量较多，限于精力和时间，未收录其中。

三、主 要 论 点

西学东渐以来，日本地志编纂逐步摆脱中国的影响，走向日本本土独特的发展道路。从江户时代兰学者翻译和改编世界地志开始，日本对世界认知的渴望不断加强，幕末日本形成海外考察之风，对"外国地志"的需求越来越旺。明治维新后，为了让国民更加了解外国，"地志"成为学校的必修课，也是国民对外认知的重要文本。同时近代出版印刷技术在日本的传播，推动着日本本土私修地志的发展，作为地理学重要分支，日本地志学也取得突破发展，在资料收集、地志编纂和区域研究等方面有所建树，日本本土地志编纂的发展也推动日本对外国地志编纂的发展。

近代日本编纂如此之多的中国地志，一方面是加深对中国认识，但是其最主要目的是扩大在华利益。大多数地志编纂都是为了扩大在华政治、经济、军事等方面利益，不少地志由调查报告改编而成，其调查初始目的就是扩大在当地的利益。

因此日本编纂中国地志的几个发展阶段，都与日本对华政策及政治背景紧密相关。从明治初期对中国现况的初步试探和粗浅认识，1880年后逐步展开在华军事调查，至甲午海战前对中国军事要地的熟悉，日编中国地志达到一个小高潮。清末新政和民国初期，中日形成前所未有的合作，同时又如"同床异梦"地追求着各自利益，日本教习、教官、顾问等来华，为中国各项事业近代化作出贡献，同时日本也渗入中国内地及各机关要位。一战结束，日本逐步派兵入侵青岛，干涉中国内政，扩大在华利益，直至"九一八事变"发生，日本各色组织和人员深入中国内地，作了大量调查。"九一八事变"后，日本通过扶持傀儡政权，不断占领中国土地，并展开殖民掠夺。1937年"卢沟桥事变"后，全面展开侵华步骤，在法西斯理论"地政学"笼罩下，开展疯狂的调查和地志编纂，这是地政展开的初始步骤，紧接着利用这些地志展开疯狂的掠夺和社会统治，以贯彻其"以战养战"的政策，最终为日本所谓"圣战"服务。日本在华调查和地志编纂在1938—1941年期间达到顶峰，伴随着日本在太平洋战场的不断失利，日本对中国的情报调查人力不断减少，同时地志编纂也逐步减少，直至1945年二战结束，诸多的调查和研究戛然而止。二战结束后，日本人利用之前调查资料，结合新的情报资料，有少量中国地志编纂出版。

近代日本编纂中国地志，其实是日本研究和认识中国的一部分。通过研究近代日本编纂中国地志，也可以分析近代日本研究中国的进程，管窥不同阶段日本对中国研究的深度和广度，观察日本研究中国的路径和方法。地志包含地理、政治、社会、经济、物产、人口、宗教、风俗等各方面信息，编纂中国地志就是对中国全方位的基础研究，因此也可以视为近代日本中国学的重要组成部分。

日本编的中国地志，是日本近代海外认知的一部分，也是中外文化交流互动的一部分。日本编纂中国地志，对中国也产生一定的影响，激发中国人编纂新式地志。日本在地志资料收集方法和理论上作示范，对中国地志编纂的理论方法和体例结构等也产生一定的影响。另一方面，中国翻译日本编的中国地志，有些翻译和引用的内容为我国方志编纂提供了资料。近代日本所编中国地志，采用相对科学的调查方法和周密的调查纲目，作者甚至经过严格的调查训练，因此资料收集相对严谨、可靠，而且地志包含丰富的内容，完全站在他者角度编写，是我国地方志书的补充，可为新修志书提供参考，为挖掘地方资源提供线索，为学术研究提供重要史料。

行业变革中的男伶群体与清代都市社会

——《戏曲行业的变革与边缘身份的演化：清代京沪男伶群体研究》简介

林秋云

（江西师范大学历史文化与旅游学院）

叶凯蒂曾在她的《上海·爱：名妓、知识分子与娱乐文化（1850—1910）》一书中，揭示了位于权力结构边缘的名妓群体所具有的现代性，分析了由她们塑造的娱乐文化所无意扮演的"社会变迁和现代化发动机的角色"。叶凯蒂在其书中已经触及，但并未深入探讨的，是另一个传统社会地位比妓女更为低下的群体，亦即从事梨园行的伶人。在晚清，他们是名妓青睐有加的情人，他们和名妓的关系，是叶凯蒂用来说明名妓如何创造现代性爱情的典例。同时，他们也是众多娱乐小报的报道主角。明星文化在清末民国的突起，不仅与名妓有关，更离不开伶人的参与。毕竟，相较于狭邪冶游，戏曲才是普通大众更为熟悉的娱乐方式。

伶人在晚清呈现的面貌，其实远远要比今人对这个群体的想象来得复杂。同治年间，随着通商口岸的开放，京戏被作为一种时尚引入租界。一批原先主要活跃在京津地区的北方伶人，也随之南下。他们成了最早脱离传统戏班组织的自由雇员，凭借自己的叫座能力与戏园签订演出合同，戏园则要按月支付薪工洋。如对待遇产生不满，演员会自动选择离职。具有近代意义的"跳槽"一词，最早即是用来形容上海梨园界的劳资纠纷。这种雇佣关系，已颇具有现代色彩。除此之外，伶人与文人的交往也发生了重要的变化。伶人不再需要靠"游走于公卿之间"，端赖文人的赏识才能成名；相反，报刊等新式传播媒体的出现，令原来只在文人圈中流行的伶人书写公共化，主观上表达"才子佳人"理想的"惜花"之作，客观上变成了捧角。民国时期的捧角文化，实则可以追溯至此。娱乐小报的出现更促进二者关系由"雅道"变"商道"。洋场才子甚至借助伶人的名气，请他们为自己的生意代言。这大概是"明星广告"最早的发端了。

伶人在晚清的公共领域亦表现得相当活跃。他们积极参与各类有关社会福祉的议题，诸如慈善救济、启蒙、振兴与繁荣地方市面等。与工、商、学等界相提并论的"伶界"一词的出现，生动地说明了他们在这些议题上所发挥的影响力。最令人印象深刻的是，伶人不再只是被动接受权力对他们的支配，而是运用各种"现代"的手段争取和维护自己的利益，诸如将自己与戏园的纠纷以告白的形式刊诸报刊，通过聘请洋律师而非寻求某位高官政治庇护的方式应对官府的诉讼等。如果说，近代新兴城市是移民的产物，那么，作为移民重要组成部分的伶人，在城市史的研究中亦不应缺位。他们以城市为表演的舞台，新兴城市为他们的发展提供了异于传统的空间，同时他们也参与了城市文化的建构。

论文《戏曲行业的变革与边缘身份的演化：清代京沪男伶群体研究》不只意在通过大量鲜活的细节重建伶人的历史形象，更重要的线索在于探讨伶人在晚清的这些新变究竟是如何发生的。虽然在明末清初，亦出现过"力能与士大夫抗"的名伶，但造成此种局面之缘由，乃在于"其为权贵之所狎"，诚如袁书菲（Sophie Volpp）指出的那样，本质上，他们和士大夫阶层中流通的书画等奢侈品并无二致。在清代，伶人更是与皂隶、奴仆等群体一样，被律法明确定义为与"凡人"有别的"贱民"，在科考、入学、婚姻等方面受到严格的限制。本文试图解决的核心问题，便是伶人如何由"物"，由法定贱民，成为近代意义上的"国民"，这种身份的现代转型，与社会变迁之间又存在何种关联，伶人在其中又进行了哪些参与，扮演了何种历史角色。

鉴于伶人是一种职业身份，经君健也曾指出，倡优为贱，与他们所从事的职业有关，故而讨论伶人的身份转型，必然还要关注戏曲行业在近代的发展变革。本文的另一线索即是围绕此点展开，在梳理和把握行业整体动态的基础上，重点分析行业内部变革对伶人的职业认知、身份建构、社会定位等方面所产生的影响。包括绪论在内，全文由六个部分组成。由于处理的是演化的问题，文章基本按照时间顺序进行谋篇布局，但同时又贯穿以不同专题，每一时段都有聚焦的具体问题。考虑到戏曲中心的转移，对清代前中期的讨论，以江南和北京为主要区域，在晚清则以上海为中心。此外，清代对活跃在公共舞台上的伶人有性别上的限制，女性的兴起要迟至清末民初，故而本文的讨论对象主要是男伶群体。

已有的优伶史通论性著作多以雍正年间除乐户籍作为近世伶人身份变动的起点，认为在此之前，优伶基本来源于乐户。但相关史料却说明，早在明中后期，民间便已经活跃着一批有别于乐户的伶人，他们并未隶于乐籍，亦不必应召具有义务性和强制性的官差。这一现象的出现，可能与南戏声腔的兴起与流行有关。随着北杂剧的衰落，承担实际戏曲演出任务的伶人与教坊乐工日渐分离，乐籍制度日益失去其原来的功能，直至雍正初年被彻底废除。除籍使得戏曲从依附官家的地位，成为平民赖以谋生之职业，但由于律法并未对出身不同的优伶进行区分，这反而导致伶人与乐户在时人认知层面上日渐趋同。雍正年间对戏曲行业及伶人身份产生影响的另一项举措则是禁止蓄养优伶令的颁发，不仅促使戏曲朝大众娱乐的方向发生转变，同时也为日后士优关系的变化埋下了伏笔。以上构成了第一章的主要内容，此章论及的戏馆茶园在都市中的出现、戏曲同业组织梨园公所的形成和发展，以及第二章重点分析的乾隆年间魏长生走红事件，都是这种影响的具体体现。

在戏曲史上，蜀伶魏长生的走红被屡次提及，它被视为开创了"花雅之争"的新局，促进了清代男旦艺术的发展。此事的意义不只限于此，它还标志着伶人成名方式的改变。与此前主要活跃在士大夫交际圈，很难为一般市井民众所识的名伶不同，魏长生是商业戏园中依靠大众对其演唱声腔和表演风格的喜爱而诞生的明星。不过，他的走红并没有改变伶人在舞台上唱戏，同时在舞台下陪人吃酒的传统，相反，却加剧了京师的狎伶风气，原本出于应酬的行为，逐渐变成伶人的一项经营活动。提供侑酒等服务的私寓在嘉道年间的出现，是戏曲行业形态的一种变异，也是戏曲被进一步娱乐化的结果。狎优、打茶围成为名士用以标榜身份的生活方式，并吸引了其他阶层的参与，男伶借此积累了丰厚的财富，但也因此被女性化、情色化。值得注意的是，道咸年间的"科班"与私寓性质差别并不大，对二者区别的强调，实际上与私寓在晚清被视为伶界陋习的观念有关。事实上，正是经营私寓的暴利，吸引了最早一批票友下海，使得业伶成为部分人的主动选择。

第三章则主要以上海为例，考察异于京师的戏园经营体制如何促进伶人在近代的职业化。与"班园分离"制下强调戏班作为受雇整体的情形不同，"班园合一"更注重作为个体的伶人为戏园所创造的商业价值。为此，戏园直接出资邀角，伶人无须通过戏班便能登台。伶人与戏班关系的松动，沪上尚新尚奇风气推动下的竞聘新角，导致伶人频繁地在戏园之间流动，梨园纠纷频发。梳理这些案例，可以窥见其中所体现的伶人将演出视为一种劳动、对劳动时间极为重视的观念，而这一点恰是"职业化"的题中应有之义。竞聘角色在引发纠纷之际，也提高了伶人的戏酬，这不仅赋予了戏曲表演作为技艺本身的价值，同时也使得部分借唱戏积累了一定经济资本的名伶尝试投资经营戏园，从而冲破了伶人不得参与戏园经营活动的禁令，传统班社的"脚色"制开始向近代的"角色"制发生转变。"职业化"的意涵还包括"专业化"，体现在戏曲行业，即伶人不再从事舞台下的侑酒等活动。这既得益于戏酬的增加，也与报刊上强调"艺"的观剧评论，以及对京津地区狎伶风气的批判有关。

第四章关注的是伶人在晚清的社会参与。由于伶人被剥夺了科举入仕的权利，很大程度上也失去了参与社会事务的资格及话语权。戏曲的大众娱乐转向为伶人带来的市场影响力，晚清中央权威衰落与地方权力格局的多元化等，为伶人的社会参与提供了基础，典型体现在慈善义演与戏曲改良。鹤鸣戏园在"丁戊奇荒"中的戏资助赈被视为义演开端。考察戏园主的身份与动机，发现伶人参与义演并非都是学者所认为的为了获得社会声誉或促进戏园营业。尽管如此，此举还是引发了效应，尤其当报刊广泛地参与报道，义演对于筹赈之重要性为社会所认识后，伶人开始有意识地以此作为获取社会资本的途径。夏月珊与潘月樵乃至由其共同经营的丹桂能够成为绅商开办的南市新舞台之合作对象，便同二人在义赈中的出色表现有关。与此相类的是汪笑侬成为戏曲改良先锋。出于互惠考虑接演的影射戊戌政变之新戏《党人碑》令其暴得大名，随着庚子以降各种改良小说戏曲以开民智舆论的出现，汪笑侬也被作为伶界榜样得到广泛宣传，这使得其在与具有革命倾向的报人展开合作的过程中，表现出更多以戏曲改良家自任的意愿，并影响了沪上排演改良新戏的风潮。"戏子"由此二途转变为社会认可的具有新思想的"国民"，也说明了纯粹以娱人为目的的商业戏曲始终缺少存在的合理性和正当性。

如果说，第三、四章中呈现了伶人与洋场才子、绅商等群体之间的互动与合作，最后一章则主要通过对晚清沪上频发的"淫伶"案之讨论，说明伶人与其他群体在社会转型过程中所产生的竞争与冲突。起初，"淫伶"不过是报刊上偶尔用以形容卷入拐逃绅妾案的伶人，随着类似案件的频发，以及对伶人败坏社会风气等讨论的出现，"淫伶"在媒体视野中出现的频率越来越高，乃至于逐渐成为一种用以诬蔑和贬低伶人地位的公共话语。晚清沪上的"淫伶"案，性质并不都是如"淫"字所暗示的伶人犯奸案，大部分案件仅凭控告人的一面之词，并无确凿之证据，甚至有如本章重点考察的"淫伶"李春来案所揭示的那样，出于事先构陷。表面上，"淫伶"案试图表达的是对婚姻伦理观念变动下伶人与其他女性公开交往的不满，实则反映了其他社会群体面对伶人作为一种新兴社会力量崛起时的焦虑心理。与其说，"淫伶"体现了时人对伶人根深蒂固的观念歧视，还不如说是社会各界对该职业群体的施污。"淫"作为伶人新的污名标签，正好也说明"贱民"的身份正在逐渐失去意义，伶人晚清实际的社会地位，已经与清代礼法体系中的安排有了较大的差距。

以往对清代伶人的研究，多局限于戏曲艺术史的框架，主要围绕名伶传记、名伶之舞台实践与艺术造诣、对戏曲发展史的贡献等方面展开。诚如有学者指出的那样，这样的研究路径，很有可能会使研究最终变成捧角与对名角的崇拜。本文是从社会史、文化史的视角对该群体进行考察的一种尝试，借由对该群体的讨论，也希冀对其他相关的历史议题，诸如有关明清社会高度开放与有效流动的观点、以绅商崛起为主要角度进行阐释的近代社会结构变动、性别史中的男性交往、男风等，能够有进一步的补充和理解。

上海博物馆"熠熠千年
——中国货币史中的白银"展简介

钟无末

（上海博物馆）

上海博物馆"熠熠千年——中国货币史中的白银"（Silver in the History of Chinese Currency）展[①]（2019年4月26日至7月28日）共计展陈文物130件，其中唐代至清代各式银铤、银锭46件，清代至民国中国和外国发行各类银元47件、兑换券性质文物26件，另有金、银、铜币各1件，印制纸钞的钞版和纸钞各2件，瓷器4件。[②]以下对此次展陈文物作择要介绍。

---

① 展览同名图录收有吴旦敏《中国货币史中的白银》、陈阳《白银货币化背后的财政推手——唐代至明代银锭中所见白银与财政的关系》、刘志岩《折戟沉沙银未销：江口沉银遗址发掘记》、叶道阳《"南海I号"出土的一批金属货币》等4篇论文和相关文物介绍，可供参考。上海博物馆编：《熠熠千年——中国货币史中的白银》，上海书画出版社，2019年。展陈文物清四川新津县捐输银锭，铭文为"三十年捐输"，展厅说明牌和图录第57页文字说明误作"三十三年捐输"；展陈文物清光绪二十三年北洋机器局一元，图录第116页对应介绍文物为"清光绪二十二年北洋一元"；展陈文物清咸丰四年户部官票银两票五十两，图录第138页误作"清咸丰五年"；展陈文物清光绪三十一年江南裕宁官银钱局银元票龙洋五元，展厅说明牌误作"光绪三十二年"。

② 钞版为金贞祐宝券五贯钞版、元至元通行宝钞二贯钞版；宝钞为元至元通行宝钞二贯、明大明通行宝钞一贯；金、银、铜币中金币和银币为江口古战场遗址出水，铜币为上海博物馆所藏，版式相同，大小相近，皆外圆内方，有铭文"西王赏功"；4件瓷器为南宋德化窑青白釉印花四系罐、德化窑青白釉八角印花粉盒、德化窑青白釉印花竖条纹执壶和南宋龙泉窑青釉划花荷花纹碗。以上11件展陈文物下文不再述及。

46件银铤（锭）中铸造时代最早的是唐五十两银铤，无铭文，从下部为板状、平头、两翼上伸的船形锭外观来看，大致应属晚唐时期，时代最晚的是清湖南官钱局银锭，为砝码锭，有铭文"湖南官钱局"。湖南官钱局设立于光绪二十九年（1903），于1912年改组为湖南省银行，该银锭熔铸当在这一时段。另有清湖南阜南官局一两银饼，铸造时间较前件官钱局银锭稍早，为圆槽锭，已属传统银锭向银元过渡的形态。

从形态上来看，起翘（两翼上伸）特征较为明显的有23件，其中船形银铤1件，即唐五十两银铤；弧首束腰的有明金花银银锭2件、明正德八年草价银五十两银锭、明江宁谷价银五十两银锭、明万历六年京班银银锭、明崇祯十一年茶陵州禄米银五十两锭、明三州茶税银锭、清光绪十八年牙厘总局银锭、清咸丰太谷县五十两银锭、清咸丰七年江海关银锭，以及四川彭山江口古战场遗址出水的大顺二年汉州军饷银五十两、大顺元年西朝眉州大粮银五十两、明天启五年河南府偃师县秋粮银五十两、明崇祯巴陵县轻赍银五十两、明崇祯四年武昌县庶人口粮银五十两、明崇祯十四年云南布政使司杂项银五十两、明赣州府十四年宗禄银五十两、明石门县辽饷银五十两、明四川地亩银五十两、明贺县赡租银五十两，合计20件；明崇祯二年永丰县五十两银锭两端微弧，整体略呈方形；清道光十二年玉山县五十两银锭横截面作方形，为方宝。

两端平整的板块状银铤有6件，计南宋霸东街南重二十五两银锭、南宋霸北街东重十二两半银锭、南宋聂秦家肥花银银锭、元至元十三年扬州五十两银锭、元丁巳年真定路银锭、明嘉靖甲辰银作局五两银锭。

作椭圆槽锭、圆槽锭的有5件，计清扶风地丁银锭、清巴县津贴银锭、清四川新津县捐输银锭、清厘金局银锭、清湖南阜南官局一两银饼。清芜湖关吴履泰十两银锭、清光绪十年粤海关银锭、清光绪十八年梧州府库银银锭、清湖南官钱局银锭为砝码锭，合计4件。另有1件清顺天兵饷银锭外形作长方体。

展陈的5件南宋时期沉船"南海Ⅰ号"出水银锭虽然都为锈蚀产物和海洋生物分泌物包裹，部分银锭多块粘连，但除其中1件附着凝结情况严重难以辨识外，其余4件都应属束腰扁平锭。此外展陈的明嘉靖十四年袁州府万载县五十两银锭和万历四十六年银锭两翼上伸虽不显著，但观察可见两头边缘似有断裂痕迹，可能原有向上起翼的形态。[①]

以上46件唐朝至清代银锭中，除唐五十两船形锭光素无文、5件"南海Ⅰ号"出水银锭外表为附着物包裹外，其余40件皆有铭文：其中21件明代银锭的铭文为錾刻而成；2件南宋银锭、1件元代银锭和14件

---

① 两端上伸呈起翼状是中国古代银铤（锭）的一种常见形制。行用于晚唐至北宋的船形银铤两头向上起翘、翼高且薄的特征尤其突出，由此带来不易携带存放的缺点也同样明显，目前所见古代船形银铤两端起翼多有被敲扁的现象即是明证。周卫荣等学者认为船形银铤上翘近乎夸张的起翼有利于一目了然地展示"银两本身没有任何机械夹杂和合金混杂"。那么为了运储储存的便利而将两翼敲平，是否会对此后银锭成色的鉴定，乃至使用造成影响？如果原有起翼被敲扁使人们无法便捷判断该银锭的纯度，那么被敲平起翼的银锭又如何行用？若敲平起翼与否对银锭行用并无明显影响，将白银熔铸为起翼状又动因何在？南宋以后银锭的纯度主要通过戳记、蜂窝、丝纹等特征来判别，起翘效果是否仍被视作判断成色的重要指标？周卫荣等研究认为，明清银锭的双翅外形，"双翅是在银液凝固前，来回倾倒铁范形成的"，其目的在通过银液的来回流动，尽可能排出其中气体，以减少蜂窝的出现。据其观点，则明清银锭的起翘应属工艺改进而带来的器型外观变化。在中国古代银锭铸造历史的不同时期，"起翘"形制的出现取决于工艺、效用、审美、模仿抑或其他何种因素？这些由观察实物而引发的思考和问题仍有待研究推进。关于中国古代银锭形制的梳理和研究，可参周卫荣、杨君、黄维、王小塔：《中国古代银锭铸造工艺研究》，《中国钱币》2013年第4期；周卫荣、杨君：《中国古代银锭形制演变刍议》，《中国钱币》2014年第4期；周卫荣、杨君、黄维：《中国古代银锭科学研究》，科学出版社，2017年；王雪农：《有关宋金官铸银铤（锭）形制特点和等级标准的几个问题》，《中国钱币》2000年第1期；彭信威：《中国货币史》，上海人民出版社，2007年，各章下有关金银的部分；达津：《船形银铤考》，《中国钱币》2008年第3期；金德平：《北宋银铤考》，《中国钱币》2008年第3期；金德平：《唐代笏形银铤考》，《中国钱币论文集》（第五辑），中国金融出版社，2010年。

清代银锭的铭文为戳印（清湖南阜南官局一两银饼的正面文字图案整体用模印以人工加压而成）；另有2件兼有戳印和錾刻铭文，南宋霸北街东重十二两半银锭正面有6组戳记并在中部纵向錾刻"广州经制银"，元至元十三年扬州银锭正面有9组戳记、背面錾刻"元宝"二字。

从技术角度而言，银锭戳印铭文整齐规范，且较之逐字錾刻更为高效，即意味着银匠在单位时间内可销铸更多的银锭。通过工艺的改进，匠人可以在更短时间内为更多银锭"注明身份"，这从侧面反映出社会对白银的使用需求在增大，同时社会上行用白银总量在增加。此次展出的21件明代银锭铭文悉为錾刻，从性质上来看，明嘉靖甲辰银作局五两银锭是内府衙门所铸，用于赏赐；铭文为金花银、草价银、禄米银、谷价银、铺行银、京班银、轻赍银、茶税银、军饷银、粮银、秋粮银、庶人口粮银、杂项银、辽饷银、地亩银、赡租银等20件银锭都属税课输纳，两者的主要职能并非作为商品交换的媒介。尤其是后者，其铭文的核心功用旨在清晰地记录展示输纳的名目、时间、地域和银锭的重量、制作者、经手人。这些铭文包含信息的丰富程度和铭文文字的多样程度，加之该银锭不以充作交换媒介为主要功用的性质，使得錾刻成为加工此类银锭铭文的有效方式。

晚清民国之际，外来银元对中国旧有货币体系造成的巨大冲击引发了货币领域的动荡变革，展陈中的47件银元和26件兑换券性质的票钞以其纷繁的面貌折射出这一时期历史的激荡。

随着地理大发现序幕的揭开，西班牙、荷兰等国海外势力的扩张推动其行用货币在世界范围内流通。17世纪中期到18世纪末，荷兰银元大量输入中国，流行于台湾和东南沿海地区。这一时期的荷兰银元正面为一执剑骑士像，俗称"大马剑"，此次展出的是1枚1754年荷兰盾。西班牙银元在中国被称作"本洋"，清乾隆后期在中国沿海广泛行用，在道光、咸丰年间成为流通的主要银元。展陈的4枚西班牙银元中，1763年菲利普五世8里亚尔银元正面图案为十字盾徽、背面为地球双柱，1777年卡洛斯三世4里亚尔、1803年卡洛斯四世8里亚尔和1810年斐迪南七世8里亚尔银元正面为国王头像、背面为地球双柱图样，都是墨西哥造币厂生产的机制币。19世纪初西属美洲殖民地陆续独立，在中国银元市场上，墨西哥银元逐渐替代了西班牙银元成为标准货币。展出的1878年墨西哥8里亚尔，正面为一只叼着蛇的鹰站立于仙人掌上，被称作"鹰洋"。

在18、19世纪的欧洲，泰勒银币、法国法郎、英国克朗是具有代表性的贸易银元。今次展出1759年奥地利泰勒、1806年法国拿破仑一世5法郎、1844年英国克朗、1893年英国克朗和1850年比利时奥波德一世5法郎各1枚。泰勒银币在欧洲使用广泛，18世纪时形成了北德普鲁士泰勒体系和南德巴伐利亚与奥地利协定泰勒体系两套标准，1759年奥地利泰勒即是其中后者的代表。1806年法国法郎正面为拿破仑一世头像。拿破仑·波拿巴推行币制改革，确立金银复本位制，以法郎为国家货币，并且在相当长的历史时期内法郎的金银含量比值保持稳定，得益于此，法郎成为欧洲最为坚挺的货币之一。2枚英国克朗都是维多利亚时代的产物，1844年克朗正面为青年维多利亚女皇头像，1893年克朗正面为老年维多利亚女皇像，背面为乔治骑马屠龙图样，因而俗称"英国马剑"。

展陈中1835年东印度公司1卢比、1866年香港贸易银元、1900年英国贸易银元和1898年法属印度支那银元在性质上有共同之处。东印度公司卢比由英属东印度公司在印度发行，并通行于不丹、尼泊尔、锡兰等印度周边国家和地区。香港贸易银元是英国于1866年在香港开设造币厂铸造发行。被称作"站洋"的英国贸易银元，因其正面为执三叉戟、盾的女神立像得名，由英国在印度孟买、加尔各答的造币厂于1896年至1935年间铸造。法属印度支那银元正面为手执束棒的自由女神坐像，俗称"坐洋"，是19世纪中期法国专门为远东贸易而铸造，大量行用于中国云南、两广、福建等地。四种银元都是英法两国为应对规模日益扩大的远东贸易而设计发行，其实质是两国对远东地区的经济渗透和控制手段，反映了19世纪英国和法国在远东地区的全面扩张。尤其是英国"站洋"，其由中国两广传入，逐渐行用于北方地区，成为京津区域流通的重要货币，进而通行于中国由南至北的大部分区域。

作为后起势力的美国为了抢夺远东贸易份额、排挤墨西哥银元在该区域货币市场的优势地位，铸造发行了含银量略高于墨西哥银元的美国贸易银元[①]，俗称"拿花"（银元正面图案为手握橄榄枝的自由女神坐像），成为清朝后期中国广泛流通的标准贸易银元之一。此次展出1枚1874年美国贸易银元。

紧邻中国的日本于明治三年（1870）开始铸行贸易银元，币面正面为日本飞龙戏珠图案，俗称"日本龙洋"，背面版式屡有改易，此次展出的明治八年日本贸易银元的背面为"贸易银"字样。日本自明治维新以后对朝鲜影响力日渐加深，展出的朝鲜开国五百一年五两就显露出明显的同时期日本贸易银元风格。

各国银元在世界范围内的流通，反映了全球各区域间联系的加强，通行范围的展缩、币值的波动、市场交易地位的升降则又是一段世界格局嬗变的缩影。

明末以来进入中国的外国标准化银元数量日增，其以形制统一、价

[①] 关于美国贸易银元与墨西哥银元两者含银量高低的问题，彭信威观点相反，认为"美国想用这种银币来抢夺鹰洋的地位，但成色低于鹰洋，所以终归失败"。彭信威：《中国货币史》，第580页。

值稳定、便于核算的优势很快受到市场的青睐，逐渐行通南北。在此背景下，中国在清朝中晚期出现了早期新式银元，此次展出的清寿星足纹银饼、清"谨慎"军饷银饼、清府库军饷如意银饼、清漳州军饷银饼即是具有代表性的几种。这4种银币铸造于福建漳州、台湾一带，铸造时代大约在乾隆晚期至道光、咸丰之际，其中寿星足纹银饼和府库军饷如意银饼正面有寿星老、如意图案，"谨慎"军饷银饼和漳州军饷银饼币面则无图案而有花押。另外寿星银饼和如意银饼表面可见多个戳记，应是流通过程中经手方验证成色后留下，反映出当时对这类本土银饼（银元）的认识和使用事实上延续着来自称量货币——传统银锭的经验习惯。

咸丰六年（1856），上海的几家商号发行了只有文字没有图案的银饼，正面作"咸丰六年上海县号商某足纹银饼"，背面作"朱源裕监倾曹平实重壹两银匠某造"，此次展出王永盛、郁森盛和经正记三家商号发行一两银饼各1枚，银饼用机器冲压钢模制成，形制规整美观，是本土早期银元一大突破。

清光绪朝，各地相继开始使用机器铸造银币，但各省银元局独立运行，铸币标准不一，光绪二十九年（1903）清廷在天津设立户部造币总厂，此后逐渐限制地方铸币，至宣统二年（1910），将各省铸币权收归中央，颁布《币值则例》，正式确立银本位制，以元为货币单位。另一方面，外国机构和中国中央政府、地方政府、商业机构发行的各色银票行用于市，而这些银票并非信用货币，其实质仍对应着金属货币的流通。

机器铸币的先声起于吉林，光绪八年（1882）曾有试铸，此次展出1枚光绪十年吉林机器局造厂平一两银元。光绪十三年，两广总督张之洞奏请自铸银元，因是筹建广东钱局。展陈中的5件广东省造光绪元宝银元系套币，币值分别为库平七钱三分、三钱六分五厘、一钱四分六厘、七分三厘和三分六厘五，是最早进入流通的本国机铸银元。此套银元由英国伯明翰喜敦造币厂铸模，正面中部是汉文、满文"光绪元宝"，外绕一圈英文注明省区和币重，背面为蟠龙图案、"广东省造"四字和银币重量信息，因其正面外圈的英文铭文，被称作"番版"，又讹称"反版"。当时通行的墨西哥银元每元合重七钱二分，库平七钱三分的光绪元宝较之重一分，用意在据以取代洋银。[①]光绪十五年，张之洞调补湖广总督，十九年，奏请于湖北铸行银元，版式一依广东龙洋，唯将"广东省造"改作"湖北省造"。[②]展陈的湖北省造"本省"库平七钱二分银元，背面蟠龙纹两侧有"本省"二字，似说明铸造之初原拟仅在湖北一地行用，后回收重铸无"本省"字样银元。继之，直隶于光绪二十三年在天津北洋机器局正式铸造银元，展陈的光绪二十三年北洋一元正面图样分为三层，中央直书"壹圆"二字，中间层为满文，外层为汉字"大清光绪某年北洋机器局造"，背面为蟠龙纹样，环绕英文铭文，版式风格独特，尤其是以圆为计值单位，打破了以"两、钱"计重标注币值的惯习。在京师，光绪二十五年设立北京银元局，次

---

① 据彭信威观点，"于（光绪）十四五年由广东银元局试铸银币……每枚重量是库平七钱三分，比当时通行的鹰洋重一分"，而熊昌锟认为"库平七钱三分的银元只是张之洞最初的设想，并未真正铸造。光绪十五年（1889）八月六日，张之洞在奏折中明确提到此事，'所有银元遵旨尚未开铸'。因此广东真正铸造银元的时间是在光绪十六年（1890）"。展陈的上海博物馆藏广东省造光绪元宝库平七钱三分银元及配套小银元为七三番版的铸行提供了实物证据。此外彭信威提到，"据张之洞的奏议，则七三龙洋似乎也没有发行过。然而遗留下来的实物却有打过戳子的，这证明确曾流通过"，不过此次展出的5枚广东省造光绪元宝银元未见戳记。彭信威：《中国货币史》，第587页；熊昌锟：《试论张之洞与晚清自铸银元》，《复旦学报》（社会科学版）2016年第1期。

② 广东省造库平七钱三分光绪元宝后来减重为七钱二分，且版式经户部调整，正面为汉文、满文"光绪元宝"和汉文"广东省造"四字以及币重信息，背面为蟠龙纹和英文铭文。张之洞在湖北铸行的光绪元宝比照的是调整后的广东龙洋版式。

年（庚子）委托英国伯明翰造币厂镌刻庚子光绪元宝模具，分五等面
值，此次展出的4枚清京局制造庚子光绪元宝银元币值分别为库平七钱
二分、库平三钱六分、库平一钱四分四厘、库平七分二厘。①在新疆，
光绪三十三年设迪化银元局，铸造"饷银"银币，此次展出清新疆饷银
一两1枚。

　　清政府面对外部国际货币市场波动、国际形势变易，内部币政不
一、各省各行其是的境况，意识到必须进行币制改革，其中一项举措
就是推行统一的国家银元。光绪二十九年（1903）在天津创立户部造
币总厂，铸造以库平一两为主币的新型国家银元即是一次尝试。②光绪
三十年，张之洞在湖北奏请铸行库平一两大清银币，并希望此湖北银元
能行用全国。③光绪三十三年，度支部以湖北省造库平一两大清银币与
旧有各省龙洋重量不一，提请铸造通用银元，旋由天津造币总厂铸造以
"一元"为主币的丁未大清银币，同年北洋造币厂试铸库平一两光绪元
宝，不过这两种分别以"元"和"两"为单位的新造银币因元两之争
未有定论而没有发行流通。内地开铸"大清银币"后，新疆喀什也仿
照铸行带有"喀什"字样的大清银币，但以湘平为计重标准。宣统二
年（1910），度支部颁布《币值则例》，统一币制，以"一圆"为本位

---

① 清光绪二十六年京局造光绪元宝另有库平三分六厘小银元，此次展陈的4枚中最小面
　值为库平七分二厘，展厅说明牌误作"库平三分六厘"。
② 展陈的清光绪二十九年户部库平一两铭文作"光绪元宝"。彭信威提到"户部在光绪
　二十九年就在天津造币厂试铸一两的大清银币，只是没有发行流通"，不过彭氏此处
　所说"大清银币"语义稍有模糊，不能肯定其所指银元的铭文即作"大清银币"。彭
　信威：《中国货币史》，第589页。
③ 张之洞的构想见其《奏为进呈湖北新铸银元筹拟行用办法恭折》，"所有沿江沿海各
　省通商口岸及内地商民，应均准其将湖北官局所铸大小银元与广东银元一体行用"，
　转引自熊昌锟：《试论张之洞与晚清自铸银元》。同时需注意到，光绪三十年湖北银
　元局铸造的库平一两银元铭文虽作"大清银币"，但有"湖北省造"字样，应该说其
　设计初衷未必是作为全国性的货币。

币，规定重库平七钱二分，成色百分之九十，名为大清银币，此举成为中国白银货币由秤量计算到计枚核值的重要转折点。[1]此次展出清光绪二十九年户部光绪元宝库平一两、光绪三十三年湖北省造大清银币库平一两、光绪年造丁未大清银币一元、光绪三十三年北洋光绪元宝库平一两、喀什大清银币湘平一两和清宣统三年大清银币一元各1枚。

清政府推行新的货币政策未几而辛亥革命爆发，民国初肇时局动荡，南京临时政府未能在铸行新币方面实施有力举措。至袁世凯执政，方由北洋政府在民国三年（1914）颁布《国币条例》，确立银本位的货币制度，规定国币种类，其中银元分四等面值，以一元银币为本位币，《国币条例施行细则》进一步赋予其无限法偿能力。天津造币总厂和南京分厂遂先后铸行袁世凯像银币。南京国民政府成立以后，袁世凯像银币不合时用，改铸孙中山像银元。此次展出民国三年袁世凯侧面像一元、民国十八年孙中山侧面像一元、民国二十一年孙中山侧面像金本位币一元（样币）各1枚。民国时期北洋政府和南京国民政府相继铸行新币，一方面规范了国家货币的形制，同时也意在通过版式变化宣示政权的更迭，以提高民众对新政权的认知和认同。[2]

清末民初，与白银货币行用南北同步，国内外机构发行的兑换票据并行于世。26件展出兑换券中，由非银行国家机构发行的有2件，计清咸丰四年户部官票银两票五十两和中华民国度支部兑换券一元；由地方性官营金融机构发行的有6件，计清光绪三十年广东银钱局银元票一大元、光绪三十年广西官银钱号一元、光绪三十一年江南裕宁官银钱局

① 关于银元取得国币地位的历史背景与成因，可参熊昌锟：《良币胜出：银元在近代中国市场上主币地位的确立》，《中国经济史研究》2018年第6期。
② 关于袁世凯像银元和孙中山像银元的铸行经过与意义，可参孟祥伟：《馆藏民国银元造币钢模考述》，《中国钱币》2018年第5期。

银元票龙洋五元、光绪丁未年安徽裕皖官钱局银元票五元、光绪湖北银元局银元票一大元、清宣统元年东三省官银钱号小银元票一百角；由国家银行发行的有5件，计清光绪三十四年大清户部银行十元（汉口）、光绪三十四年北京户部银行兑换银票京平足银三十两、清宣统二年云南大清银行兑换银票库平市银一百两、载沣像大清银行兑换券银元票百元①、民国元年中国银行兑换券十元（奉天）；由国内商业银行发行的有4件，计清光绪二十四年中国通商银行京平足银五两、光绪三十三年华商上海信成银行五元、光绪浙江兴业银行鹰洋支票、清宣统元年交通银行十元（上海）；由专门机构发行的有2件，计清光绪乙未年北洋铁轨官路总局英洋一元、光绪二十四年山海关内外铁路局洋银一元；由外国金融机构发行的有4件，计1873年香港上海汇理银行上海纹银一两、1907年德华银行五十元（北京）、1909年广东沙面万国宝通银行一元和印度新金山中国汇理银行上海规银十两。另有清光绪乙亥年总粮台饷银内一半票银一百两、光绪丁未广成银号银两票一千三百两和天地会钟灵堂银票五两（布质）各1件，前者为中国传统书章式票据，全以手书款项名目、金额、年月，加盖押款章和骑缝章，后两者分别由官商合办性质的广成银号和民间社团组织天地会发行。

观察上述兑换券的版式和形制，可以注意到：银两票往往注明兑换银两成色和计重标准，如咸丰户部官票准"二两平足色银"、光绪中国通商银行钞票兑付"京平足银"、印度新金山中国汇理银行当"上海九八规银"，银元票则多注明换取"汉口通用银元"（光绪大清户部银

---

① 展陈文物大清银行载沣像百元兑换券，展厅说明牌和图录第144页皆作"清光绪三十四年大清银行兑换券银元票百元"，据考，此兑换券于宣统二年（1910）年设计，三年印制。闫芳：《载沣像大清银行兑换券》，《中国社会科学报》2011年11月24日。

行票）又或"英洋"（光绪北洋铁轨官路总局票），甚至如光绪广东钱局银元票、安徽裕皖官钱局银元票、湖北银元局银元票直接在票面印制了清晰的承兑银元图样。这些票钞并非信用货币，而是代表金属货币进行流通，实际反映了当时中国货币市场上白银货币币种多样、币制不一、相互兑换复杂、行用范围有限的混乱局面。①

  130件文物以"中国货币史中的白银"为主题串联到一起，展览的呈现形态实际赋予了文物新的声音，展厅内新的空间关系既隐含着策展人学术思考的理路，另一方面其实也受到展陈条件的限制。观者由不同的视角去观察这些文物将会注意到文物不同侧面的特征，参观线路的不同乃至前后左右顺序的差异都会影响到观者对文物的解读，进而可能构拟出不同的文物间的联系。展览的侧重点乃在观察历史情景的实物遗存和将文物置于历史语境中去审视，激发不同的思考也正是展览的预期和意义所在。

---

① 大清银行载沣像百元兑换券和中华民国度支部一元兑换券票面标注"凭券即付银币佰圆/壹圆全国通用"，可以视作清政府和民国政府为推行统一货币作出的努力，但这两种兑换券都未能真正流通行用，展出的民国元年中国银行黄帝像兑换券即有加盖朱记"此券按照奉天市价兼汇上海规元"，说明受时局所限，全面推行统一的国家货币仍需一个长期过程。

"丹青宝筏——董其昌书画艺术大展"回顾 *

夏蓓蓓

（上海博物馆）

2018年12月7日至2019年3月10日，在上海博物馆举办了一场备受关注的中国古代书画展——"丹青宝筏——董其昌书画艺术大展"（以下简称"丹青宝筏"）。展览以上海博物馆的馆藏为主，又向海内外15家重要收藏机构商借，汇集了展品154件/组；展厅面积1 764平方米，展线长329米，展览期间，共接待观众562 912人次，观众平均参观时长超过2个小时。此外，为配合展览，上海博物馆开发了四个主题系列共计160余款文创产品，展期内全系列文创销售额超过1 300万元。至展览结束，关于展览的报道有1 379篇，参与报道媒体数量387家，央级媒体编发报道655条。可以说，展览受欢迎的程度大大超过了预期。

笔者因工作关系，有幸参与了展览筹办的若干环节，也得以近距离地观察到一些现象，由此产生了一个疑问并时不时地萦绕心头：为什么"丹青宝筏"会这么火？为什么这样一个学术气息极浓的展览能够吸引如此多的关注？

---

* 本文在成稿过程中，得到了上海博物馆书画研究部颜晓军老师的耐心指导与无私帮助，在此谨致诚挚感谢。

3个月的展期中，笔者在展厅里浏览过多次，也有缘聆听过若干位专家的导览，最近又集中阅读了一批材料，再回味、印证脑海中的展览，终于在董其昌和他的书画艺术、绘画理论及其对后世的影响、大众对其评价和理解的接受史等方面，初步建立了宏观的大体认识，也对"丹青宝筏"有了更切实的理解。

一、观众专业程度提升

此次"丹青宝筏"的大热中，有个很明显的现象是，与以往同类展览相比，观众的专业程度非常高，专注程度也有极大提升。此前，上海博物馆也举办过多次高级别、高质量的中国古代书画展，以观展热度而言，2002年底由上海博物馆、北京故宫博物院和辽宁省博物馆合作举办的"晋唐宋元书画国宝展"是最引人瞩目的。其火爆程度使得该展与沪上其他热门文化活动一起，作为"上海国际文化交流日趋繁盛"的成果之一，被写入当年度上海十大新闻。然而需要注意的是，尽管这一展览在业内引起极大轰动，并且激发了诸多热烈而精彩的学术研讨，但对普通观众而言，可能更大，甚至唯一的观展目的就是看一眼《清明上河图》。当年的一线工作人员不得不时常应对一些非专业的提问，比如其题材究竟是"清明上坟图"还是"明清和尚图"之类。而本次"丹青宝筏"展，观众的平均观展时间在2小时以上；更值得注意的是，很多观众不仅是多次观展，而且每一次重回展厅都带着不一样的问题，有的放矢地去观摩、研究。虽然由于调查数据的不完整，很遗憾没有办法形成对这一现象的量化分析，但在展厅现场的多次直观感受绝非错觉，"丹青宝筏"的热度是确确实实有质量、有内涵的。

作为中国书画史上一位声名显赫的巨匠，董其昌在理论与实践两个层面都有着令人仰之弥高的成就。"丹青宝筏"这样一个偏重学术的展览，不仅需要靠重量级的文物"明星"来吸引观众，更要对紧扣主题的相关文物进行合理编排，以阐明策展意图。对此，相应地也需要观众具备足够的人文素养才能够接受并深入理解。

从展览现场的实际效果来看，观众的专注程度还是很高的，这尤其体现在展线的第三部分"一代宗师——董其昌的艺术影响和作品辨伪"。该版块呈现的主要是董其昌画学思想影响下明末清初的画坛风貌，以及董其昌代笔问题与伪作鉴定，可以说专业学术含量非常足。

历来讲到董其昌，总有一个很难绕过去的词：滥董。由于董其昌盛名一时，在他生前就已经出现了不少伪本，同时他本人也会请人捉刀，比如明遗民顾复《平生壮观》中有记载："先君与思翁交二十年，未尝见其所画。案头绢、纸、竹簧堆积，则呼赵行之洞、叶君山有年代笔，翁则题诗、写款、用图章以与求者而已。……闻翁中岁，四方求者颇令赵文度左代作，文度殁而君山、行之继之，真赝混行矣。"[1]董其昌的好友陈继儒曾经给沈士充致信道："送去白纸一幅，润笔银三星，烦画山水大堂，明日即要，不必落款，要董思老出名也。"[2]

在中国这样的人情社会，文人应酬是相当普遍的社交需求，董其昌这样的名家更是难以回避。高居翰在《画家生涯：传统中国画家的生活与工作》中这样阐述此问题："……董其昌在时间允许的情况下会制作一些较次要的作品，他内心并没有考虑到受画者，而只是将一定数

---

[1] 转引自单国强：《晚明两大传统的融合趋势》，《朵云》编辑部编：《董其昌研究文集》，上海书画出版社，1998年，第864—865页。

[2] 程庭鹭：《箬庵画麈》卷上，陈浩星主编：《南宗北斗董其昌》下卷，澳门艺术博物馆，2005年，第504页。

量的这类作品存放在画室里；当有人来拜访时，来客也许是经人引荐
前来的，他就会展示给他们看，以示殷勤友好；要是来客对某件作品
表露欣赏之情并希望得到它，董其昌可能就将画送他，有时还会加上题
跋。不过，受画者自然理应作某些补偿，或者是觉得自己受惠于董，以
后总得还此人情。同时，董其昌将他的图画作为政治礼物送与其他官员
也是显而易见的。"①虽然阐述得比较功利，但如今看来，这一类的应酬
之作，很可能大部分就是上文顾复所说的"翁则题诗、写款、用图章以
与求者而已"。

代笔、仿作、造假，林林总总合在一起，导致的局面是挂着董其昌
名头的赝品伪作极多，以致到了泛滥的地步，于是有"滥董"之说。传
世董画中有不少的"双包"，如上海博物馆和台北"故宫博物院"所藏
的两卷《烟江叠嶂图》就是其中著名的公案，此次在上博召开的董其昌
学术研讨会上，美国学者李慧闻发表观点，认为根据高清晰度解析摄影
分析，两馆所藏都是伪作。展厅里还有两幅分别来自上博和北京故宫博
物院的《佘山游境图轴》，版块前面人头涌动，观众参与程度很高，纷
纷在现场分析起"双包"作品的真伪。通过这样近距离地观摩比对，感
受气息，人们对伪作有了直观的认识，进而对董作的神韵更增理解。

二、江南文化的品味与传播

看过"丹青宝筏"，给人最深的一个印象就是江南文化的雅韵。从
这点出发，有必要简单了解一下董其昌的生平。

---

① ［美］高居翰著，杨宗贤、马琳、邓伟权译：《画家生涯：传统中国画家的生活与工
作》，生活·读书·新知三联书店，2012年，第56页。

董其昌（1555—1636），字玄宰，号思白、香光居士，晚明松江人。万历十七年（1589）进士，为翰林院庶吉士，授编修，任皇长子朱常洛讲官。因与主事权臣意见不合，不多久就被调任湖广提学副使，虽然略有升任，却是远离了政治中心。他对这一任命不甚满意，于是以编修告病回乡，数年后方才赴任，之后因为不肯徇私接受当地势家的托请，竟被捣毁公署，于是愤而上书回乡。其后虽有福建副使之任，也是不到三个月便辞职。后有山东、河南之任，均不赴。直到1620年光宗朱常洛登基，召董其昌回朝。可惜光宗在位短短一月即驾崩，熹宗朱由校继位，改元天启。董其昌应诏以帝师身份重回中枢，授太常少卿，掌国子司业，修《神宗实录》成，擢礼部侍郎。天启五年（1625），董其昌升南京礼部尚书，由于阉党猖獗，政治生态恶化，不久又辞官退隐。直到崇祯即位，1632年董其昌以77岁高龄奉召回京，任南京礼部尚书兼翰林院学士掌詹事府事，两年后致仕。崇祯九年（1636），卒于松江家中。

纵观董其昌四十余年的仕宦生涯，大半时间是处于赋闲归隐状态，他最实际的工作是担任史官，编修了万历、泰昌、天启三朝实录。晚明社会物质文化繁盛，市场经济活跃，为董其昌的赋闲生活提供了优越的条件。他的退隐，一方面是因为当时朝局风云变幻、诡谲莫测，党争残酷而复杂，远离政治中心不失为一种明智的保身之道；另一方面，则与中国文人传承悠久的隐逸情怀相关，毕竟在有社会地位、无温饱之虞的前提下，寄情山水、悠游笔墨的生活是令人向往的。

就在这长期的退隐生活中，董其昌潜心书画创作与研究，广泛搜罗、寻访、观摩前人名迹，不仅在自身的书画创作实践上达到常人难以企及的精深造诣，更于山水画领域高举"南北宗论"大旗，通过对这一划时代理论的实践与倡导，一举揭开了中国文人画史的新篇章，并对其后数百年画坛持续发生着几近支配式的影响。他倡导的"南北宗论"实际上延续的是文人画的精髓,也是宋元以降江南文化雅致意蕴的典型代表。

所谓"南北宗论",是借鉴禅宗分南北二派,将中国山水画分为南、北两种风格,《画禅室随笔》卷二《画源》云:

> 禅家有南北二宗,唐时始分。画之南北二宗,亦唐时分也。但其人非南北耳。北宗则李思训父子,着色山水,流传而为宋之赵幹、赵伯驹、伯骕,以至马、夏辈。南宗则王摩诘,始用渲淡,一变钩斫之法,其传为张璪、荆、关、郭忠恕、董、巨、米家父子,以至元之四大家,亦如六祖之后有马驹、云门、临济儿孙之盛,而北宗微矣。要之,摩诘所谓"云峰石迹,迥出天机;笔意纵横,参乎造化"者。东坡赞吴道子、王维画壁,亦云"吾于维也无间然",知言哉。①

对于这段话,前人先贤已作过充分的研究与考证,包括:它究竟是莫是龙首创还是董其昌首创,此处之南北与地域之南北究竟如何关联或区分,王维是否适合被视作南宗之起始,"南—北"这一分际是否换作"渲淡—钩斫"或"水墨—青绿"或"写意—精工"或"文人画—画工画"会更贴切,文中提到的诸多画家哪些应归为北、哪些应归为南,等等。在如此众多的相关评述中,笔者对钱钟书《中国诗与中国画》一文印象最深,其中讲到画分南北时是这样说的:

---

① 董其昌著,叶子卿点校:《画禅室随笔》,浙江人民美术出版社,2016年,第62页。

　　从某一地域的专称引申而为某一属性的通称，是语言里的惯常现象。……杨万里《诚斋大全集》卷七九《江西宗派诗序》："诗江西也，非人皆江西也"，更是文艺流派里的好例子。拘泥着地图、郡县制，是说不通的。……把"南""北"两个地域和两种思想或学风联系，早已见于六朝，唐代禅宗区别南、北恰恰符合或沿承了六朝古说。……《隋书·儒林传》叙述经学，也说："大抵南人约简，得其英华；北学深芜，穷其枝叶"，简直像唐后对南、北禅宗的惯评了。看来，南、北"学问"的分歧也和宋、明儒家有关"博观"与"约取"、"多闻"与"一贯"、"道问学"与"尊德性"的争论，是同一类型的。这个分歧正由于康德指出的"理性"两种倾向：一种按照万殊的原则，喜欢繁多；另一种按照合并的原则，喜欢一贯。禅宗之有南、北，只是这个分歧的最极端、最尖锐的表现。……南宗画的理想也正是"简约"，以最省略的笔墨获取最深远的艺术效果，以减削迹象来增加意境……程氏（引者按：正揆）借禅宗的"话头"来说明画法。"弄一车兵器，不是杀人手段，我有寸铁，便可杀人。"……南宗禅提倡"单刀直入"而不搬弄十八般武器……那和"南人学问"的"清通简要""约简得英华"，一拍即合，只是程度有深浅。同一趋向表现在形象艺术里，就是绘画的笔墨"从简""用减"。"南宗画"的定名超出了画家的籍贯，揭出了画风的本质……①

　　董其昌系统地梳理了山水画史的风格脉络，对以往人们可能已经有所意识，但还没能够找到恰当语言来描述的现象作了归纳和提炼，并且

---

① 钱钟书：《中国诗与中国画》，张连、古原宏伸编：《文人画与南北宗论文汇编》，上海书画出版社，1989年，第497—500页。

借用了一对业已为人熟知的概念来对之定义，由此迅速而明晰地表达了其对山水画创作的理念及追求。

对于"南北宗论"在中国绘画史上的地位，何惠鉴与何晓嘉合作撰写的《董其昌对历史和艺术的超越》一文有着这样的高度评价："董独立地表明了中国画的特征，确立了它的未来发展方向，并且决定了其历史的叙述方式。通过构想一个系统的中国绘画史与理论并创立一个全新的图绘模式，董不仅仅赋于文人画传统以后来三百年的主导地位，而且确定了它在以往历史中不容置疑的权威。……董最卓越的功绩在于：他复兴了日趋萧条的复古传统，同时又创造了中国从未有过的最激进的表现主义的绘画。通过其理论和实践中都存在的这看似矛盾的两方面因素的相互作用和交融，他为创立一套新的美学体系的可能性打开了一条道路。"[1]

董其昌讲"画分南北"，固然是从哲学性的高度来提炼山水画的艺术特征，然与此同时，从引领路径的角度来说，他所提出的创作方法，对于"笔墨"的阐述，又有着极高的实践指导意义，这就使得后来者得以心追手摩，探幽索微。如清初王时敏、王鉴、王原祁、王翚，都沿袭了董对宋元笔法的推崇，讲究笔墨韵致，不仅取得当时画坛的正统地位，更引领了之后近三百年的山水画风气，正所谓"狮子一滴乳，散为诸名家"[2]。

---

[1] 何惠鉴、何晓嘉著，钱志坚、高世名、陆蕾平、洪再新等译：《董其昌对历史和艺术的超越》，《董其昌研究文集》，第271页。

[2] 语出陈继儒为沈士充《长江万里图卷》所作题跋。跋文图版见上海博物馆编：《丹青宝筏：董其昌书画艺术特集》第4册，上海书画出版社，2018年，第145页。释文见同册第136页，内容如下："画以士气为主，自吾乡董思翁拈提正印，文度、子居同时同参，始从文、沈两先生直溯元四大家，以及荆关、董巨，皆以李营丘为师，营丘以庐鸿乙为师，此士气派也。狮子一滴乳，散为诸名家。……陈继儒题于顽仙庐中。"

晚明江南经济空前发达，江南人的优越感和文化自信感都超乎以往。而同时期的北方，尤其是北京地区认可的仍然是院体画，山水画以戴进的浙派与吴伟的江夏派末流大为流行，其画风狂肆粗野，与江南吴门画派末流的甜俗萎靡一同为人所诟病。董其昌一旦在艺坛振臂，当时各个地区的画家无不欣从，受其影响的朋友与后学都是太湖流域的江南精英人物。所以，董其昌的艺术追求及其成功，标志着江南文化雅韵的重生，也是中国古代文化雅正之音的振作。

三、董其昌的书画史地位

从"承上启下""集大成者"的角度出发，"丹青宝筏"的策展思路就很好理解了。董其昌书画艺术的高超造诣及其在书画史上的重要地位，在展览的前两个版块有着充分体现。

第一部分"以古为师——董其昌和他的时代"，展品出于书法自王羲之以来、绘画自董源以来的前代名家，包括赵佶、郭熙、苏轼、赵孟頫、倪瓒、黄公望、王蒙、戴进、仇英等，这些作品都经过董其昌本人或其师友的鉴藏，对董的艺术创作在实践与理论两个层面产生过重要的影响，观众亦可从中体会董其昌是如何从前人创作中汲取养分以滋养自己的。这一部分还同时展示了与董其昌差不多同时代的师长或友朋如詹景凤、莫是龙、项元汴、莫如忠、顾正谊、许国、李贽等人的作品，他们与董其昌或是常年挚友，或交往不多却意气相投，对艺术的看法有着相近的态度，他们的日常交游、酬唱往还对于董其昌构建其创作理论无疑也起到了积极的促动作用。

第二部分"宇宙在手——董其昌的艺术成就与超越"，汇集了董其昌创作生涯早、中、盛、晚各个时期的代表作品，意在向观众全面呈现董的艺术求索之路。所谓"宇宙在手"，《画源》在一一评述前代名家由董巨到元季四家之后这样说道："画之道，所谓宇宙在乎手者，眼前无非生机，故其人往往多寿。至如刻画细谨，为造物役者，乃能损寿，盖无生机也。黄子久、沈石田、文徵仲皆大耋；仇英短命，赵吴兴止六十余。仇与赵虽品格不同，皆习者之流，非以画为寄、以画为乐者也。"①将画风与寿数相关联，妥切与否姑且不论，但很明显，在董其昌的理论体系中，"生机"是非常关键的概念。生机从何而来？师法自然，气韵超脱。《画禅室随笔·画诀》说："气韵不可学，此生而知之，自有天授。然亦有学得处，读万卷书，行万里路，胸中脱去尘浊，自然丘壑内营，立成鄄鄂，随手写出，皆为山水传神矣。"②强调"画有六法，若其气韵，必在生知，转工转远"③。

　　画之道如是，那么书之道呢？董其昌在《画禅室随笔·评法书》中记述了自己的学书历程："吾学书在十七岁时。先是，吾家仲子伯长名传绪，与余同试于郡，郡守江西衷洪溪以余书拙，置第二，自是始发愤临池矣。初师颜平原《多宝塔》，又改学虞永兴，以为唐书不如晋魏，遂仿《黄庭经》及钟元常《宣示表》《力命表》《还示帖》《丙舍帖》，凡三年，自谓逼古，不复以文徵仲、祝希喆置之眼角，乃于书家之神理实未有入处，徒守格辙耳。比游嘉兴，得尽睹项子京家藏真迹，又见右军《官奴帖》于金陵，方悟从前妄自标许，譬如香严和尚，一经洞山问倒，愿一生做粥饭僧，余亦愿焚笔研矣。然自此渐有小得，今将

① 董其昌：《画禅室随笔》，第66页。
② 董其昌：《画禅室随笔》，第51页。
③ 董其昌：《画禅室随笔》，第52页。

二十七年，犹作随波逐浪书家。"①

　　他表达得虽然谦逊，说是"有小得"，但事实上，在充分研习体悟晋唐法书精妙的基础上，辅以对宋元名家的不断揣摩，董其昌在45岁前后已经进入了个人书法造诣的成熟期。这个时候开始，他对自己的书法越来越有自信，所谓"予学书三十年，不敢谓入古三昧，而书法至余，亦复一变。世有明眼人必能知其解者"②。

　　"亦复一变"，变的是什么？是学习前人精髓，然不受古法束缚，即所谓"书家未有学古而不变者也"③。总体来看，董其昌于书法一道的审美意趣同其画学理论颇有气息相通、互为印证之处，比如他评述历代书法风格演变："晋人书取韵，唐人书取法，宋人书取意。或曰：'意不胜法乎？'不然。宋人自以其意为书耳，非能有古人之意也。"④又说："撰述之家，有潜行众妙之中，独立万物之表者，淡是也。世之作者极才情之便，可以无所不能，而大雅平淡，关乎神明，非名心薄而世味浅者，终莫能近。……无门无径，质任自然，是谓之淡。"⑤关于这"淡"，董其昌另有句话非常好地将书画二者联系了起来，可证他的艺术审美确乎有着内在极为统一的逻辑："淡乃天骨带来，非学可及，内典所谓'无师智'，画家谓之'气韵'也。"⑥

　　师古求变，以淡为尚，董其昌的书法被称作"香光体"，极得世人

---

① 董其昌：《画禅室随笔》，第6—7页。
② 董其昌：《酣古斋帖跋》，《画禅室随笔》，第15页。
③ 董其昌：《评法书》，《画禅室随笔》，第5页。
④ 董其昌：《容台别集》卷二《题跋·书品》，转引自薛永年：《谢朝华而启夕秀——董其昌的书法理论与实践》，《董其昌研究文集》，第725页。
⑤ 董其昌：《容台集》卷一《诒美堂集序》，转引自薛永年：《谢朝华而启夕秀——董其昌的书法理论与实践》，《董其昌研究文集》，第726页。
⑥ 董其昌：《容台别集》卷三《题跋·书品》，转引自薛永年：《谢朝华而启夕秀——董其昌的书法理论与实践》，《董其昌研究文集》，第727页。

推崇。比如"四王"之一的王时敏就说："文敏公文章翰墨妙天下，书法包举晋、唐、宋诸贤，而神韵特超，故为一代临池之冠。尺牍虽璅言剩语，必饶风致，洵是安时碎金，好事者得其只字，不啻吉光片羽。"[1]文化素养高深又颇具审美高度的康熙则评价："华亭董其昌书法，天资迥异，其高秀圆润之致，流行于楮墨间，非诸家所能及也。每于若不经意处丰神独绝，如微云卷舒，清风飘拂，尤得天然之趣。观其结构、字体，皆原于古人……渊源合一，故摹诸子辄得其意，而秀润之气独时见本色，草书亦纵横排宕有古法。"[2]

以上大致描述了"丹青宝筏"的策展思路，从中约略可以体会董其昌在中国书画史上的地位和影响，对于这个展览何以热度如此之高也能稍增理解了。

四、董其昌及其艺术的接受史

说起来，董其昌的身后臧否也是个很有趣的话题。晚清之前，作为南宗北斗，他是神坛上的人物；之后风云变幻，国势危殆，当大多数人都在为了基本的生存而挣扎，当革命、激越成为社会的主基调，董其昌所提倡的那种淡雅、复古就显得格格不入了；再之后，由于政治正确的原因，作为江南士绅的典型人物，有所谓"民抄董宦"故事的董其昌更是被视作反动的、对立于人民的对象，需要被打倒，被批判。

仅从艺术领域而言，董其昌讲气韵，讲顿悟，讲"一超直入"，的确是他数十年精深钻研的结论，是在下了工夫基础上的体会。但之后

---

[1] 王时敏：《烟客题跋》卷上《题董宗伯尺牍》，《南宗北斗董其昌》，第492页。
[2]《华亭县志》卷十五，《南宗北斗董其昌》，第496页。

学他的人，并不是都能如他一样有足够的天赋、开足够的眼界、下足够的工夫，于是在实践"淡""简""自然""寄乐"时，就不免求其皮毛、流于形式了。对此，清人邵梅臣在《画耕偶录》中说："笔墨一道，各有所长，不必重南宗轻北宗也。南宗渲染之妙，着墨传神；北宗钩斫之精，涉笔成趣。约指定归，则传墨易，运笔难。墨色浓淡可依于法，颖悟者会于临摹，此南宗之所以易于合度。若论笔意，则虽研炼毕生，或姿秀而力不到，或力到而法不精，此北宗之所以难于专长也。"①无独有偶，李修易《小蓬莱阁画鉴》表达了类似看法："或问均是笔墨，而世人作画，必推尊南宗，何也？余曰：北宗一举手即有法律，稍觉疏忽，不免遗讥，故重南宗者，非轻北宗也，正畏其难耳。约略举之，如山无险境，树无节疤，皴无斧劈，人无眉目，由淡及浓，可改可救，赭石螺青，只稍轻用。枝尖而不劲，水平而不波，云渍而不钩，屋朴而不华，用笔贵藏不贵露。皆南宗之较便也。"②

也就是说，在部分人看来，对南宗的推崇其实在某种程度上也是源于畏难趋易的心态。而若真是本着这样的心态，创作水平的高度恐怕也就有限。事实上，随着时间的推移，所谓南宗画风也渐渐显出了颓势，近代余绍宋在《书画书录解题》中说："南宗四王一派，百年以来流于疲弱，几成印板，无复生机，矫之者乃以粗笔率笔为高古，所谓江湖恶习，亦已渐为人所厌。"③言辞更激烈的徐悲鸿则说："董其昌、陈继儒才艺平平，吾尤恨董断送中国画二百余年，罪大恶极。"④因此，在新文化运动到来时，对"四王"程式化笔墨论进行了批判，董其昌亦被深挖出

---

① 转引自徐复观：《环绕南北宗的诸问题》，《文人画与南北宗论文汇编》，第437页。
② 同上。
③ 转引自俞剑华：《中国山水画的南北宗论》，《文人画与南北宗论文汇编》，第284页。
④ 转引自阮璞：《对董其昌在中国绘画史上的意义之再认识》，《董其昌研究文集》，第325页。

来，成为受攻击的靶心。

这样的情形一直到20世纪七八十年代才开始产生变化。伴随着改革开放、思想解放，文艺理论的讨论空前活跃起来，这个阶段开始，学界对董其昌的讨论和评价更多地回归到学术层面上来。1989年，上海书画出版社与《朵云》编辑部在松江举办董其昌国际学术研讨会，当时出版了由张连与古原宏伸编的《文人画与南北宗论文汇编》，选录明清以来中外学者评论中国山水画南北宗论的文章七十余篇，从中大致可以掌握截至当时历代对董其昌画论研究的方法、态度以及发展趋势。其后相隔将近十年，上海书画出版社与《朵云》编辑部又于1998年推出一部《董其昌研究文集》，收录了上述松江研讨会的一批论文和1992年美国纳尔逊博物馆举办的董其昌国际学术研讨会相关论文。此后二十年间，台北"故宫博物院"、澳门艺术博物馆、美国波士顿美术馆、东京国立博物馆等机构先后举办规模不等的专题展与研讨会。对比曾经长达六十年的被否定与被批评，董其昌的艺术价值，尤其是笔墨创新与符号价值，通过这一系列的讨论得到了重新认知。学界对董其昌的研究越来越全面，越来越深入，董的人物生平、家庭生活、艺术成就、理论建树、后世影响等各个方面的研究，都有了空前的发展。

此次"丹青宝筏"是中国大陆地区首次举办董其昌专题展，汇聚了全球范围内各大机构所藏的，最能代表董其昌创作生涯各阶段的作品，以及上下两端——即给予他影响和因他影响而生——的相关作品，为中国山水画所谓"南宗"的流变勾勒出了一道相对清晰的轮廓线。展览期间举办的国际学术研讨会有55位研究者提交了论文，与三十年前松江研讨会相比，针对具体作品的研究大大增加，这也清晰地反映出学界的关注重点在这三十年间所发生的巨大变化，董其昌及其理论的重要性已无须反复讨论，当下人们更关注的还是他的创作，希望通过实实在在地研究一幅画、一帖字，来更接近历史上那位巨匠的精神世界。艺术的研究，终究还是要回归作品本身。

事实上，在艺术史之外，关于董其昌这个人还有很多可以探讨的地方。笔者个人就很困惑于他的政治生涯与艺术生涯之间似乎存在着一些互相冲突，或至少不那么容易圆融消解的矛盾点。他出仕，又退隐，崇尚冲淡自然，却不断在朝堂上走向更高的位置；作为进士出身的官员，一度担任皇长子讲官，他在晚明政治中是否原本可能发挥更大的作用，而不是常年在家乡寄情笔墨，悠游山水？然而若说他一味袖手，百事不问，似乎也不是那么公平：天启年间，董其昌从他负责编修的《神宗实录》中精心辑出《万历事实纂要》三百卷，又将其中涉及藩封、人才、风俗、河渠、食货、吏治、边防等关键事宜的留中之疏汇集成《神庙留中奏疏汇要》四十卷，认为此书"可为后世师"。董其昌的时文功底极好，也有着深厚的禅学修养；同"公安三袁"交好，也自矜于得到李贽的认可；于书画一途讲求文人雅气，生活中又不乏对元剧、散曲及白话小说等俗文化的个人趣味；日常交往一大批同样隐逸山林、雅好文艺的友人，同时又长期与诸多在朝官员保持良好关系……越是了解他的不同侧面，就越是令人赞叹：在晚明那样一个风云动荡、复杂多变的社会环境中，董其昌对自己的政治、艺术、生活乃至宗教各方面的理想进行了完美的调和，使得他最终得以成为今日我们所知道的董其昌。

《明清史评论》征稿启事

　　《明清史评论》创刊于2019年，每年两辑，由复旦大学历史学系主办，旨在推动明清史研究，促进海内外学术交流。现特向学界同仁征稿，凡有关明清史的专题论文、文献研究、读史札记、书评和学术动态等类撰述，均欢迎投稿。来稿将经匿名评审，正式刊出后赠送样刊两本，并致送稿酬。来稿要求和投稿方式如下：

　　1. 来稿要求：须未经发表的中文文章，注释格式请参照本辑；稿件请附内容摘要（300字以内）、关键词，以及作者简介和联系方式。

　　2. 投稿方式：请将电子文本发送至编辑部邮箱mingqingshipl@163.com；请勿一稿多投，编辑部将在收稿后两个月内给予是否刊用的回复。

　　刊物初创，敬祈各位同仁大力支持，如有任何建议，请及时和我们联络。

《明清史评论》编辑部

2019年5月1日